김성우

응용언어학자. 개인과 사회, 기술과 리터러시가 엮이는 방식을
연구한다. 2000년 전후 웹 기반 교육 프로젝트를 수행하며
컴퓨터를 활용한 언어 학습에 대한 논문을 썼고, 이후 일곱
해에 걸쳐 현업에서 테크니컬 라이터·이러닝 기획 및 프로젝트
매니저·학습 게임 콘텐츠 개발자로 일했다.
『영어교육을 위한 IT』(공저) 『단단한 영어공부』 『유튜브는
책을 집어삼킬 것인가』(공저) 『한글, 문해력, 민주주의』(공저)
『영어의 마음을 읽는 법』 등을 썼으며 『리터러시와 권력』의
번역에 참여했다. 현재 서울대학교 강사와 캣츠랩 연구위원으로
일하며 대학 안팎에서 '비판적 인공지능 연구와 언어교육과정'
'영어교육공학' '영어로 논문 쓰기' '리터러시 연구 입문' '권력,
다양성, 사회정의를 위한 사회언어학' 등을 강의한다. '삶과
행성을 위한 리터러시'를 화두로 강의와 연구를 이어 가고 있으며
산책길에 만나는 고양이와 오리, 스러지는 해질녘 하늘에 자주
마음을 빼앗긴다.

인공지능은 나의

읽기-쓰기를 어떻게 바꿀까

# 인공지능은 나의 읽기-쓰기를 어떻게 바꿀까

지금
준비해야
할
문해력의
미래

김성우
지음

인공지능과 공존하며
삶에서도 멀어지지 않기 위하여

저는 자동제어를 전공한 공학자입니다. 자동제어란 사람이 하던 일을 기계가 대신하도록 하는 것이지요. 사람보다 훨씬 빠르고 정밀하게 말입니다. 빨래를 해 주는 고마운 세탁기부터 목표물을 알아서 타격하는 무서운 미사일까지 모두 이러한 기계 장치의 사례입니다. 특정한 인공물의 사용을 개인이 거부할 순 있겠지만, 사회를 구성하는 인간의 삶은 기계와 분리되지 않습니다. 그리고 이제는 생성형 인공지능이라 일컫는 자동화 기계가 글까지 써 주는 세상이 되었습니다. 타자기나 워드프로세서, 인터넷 검색 같은 도구의 도움을 받긴 했지만, 글쓰기는 그동안 온전히 사람의 몫이었습니다. 인간이 몸으로 힘겹게 해오던 글쓰기를 인공지능이 간단히 (물론 엄청난 전기 에너지를 배후에서 사용하며) 뚝딱 해치우게 된 것입니다.

생성형 인공지능은 단순히 글이나 이미지만 만들어 내는 데 그치지 않습니다. 챗GPT 같은 언어 모델이 말만 한다면, 언어 모델에 도구가 결합한 에이전트는 행동도 할 수 있습니다. 여행 계획만 짜는 게 아니라 비행기 표까지 사 줄 수 있게 된 거지요. 저는 이따금 코딩도 하는데, 생성형 인공지능을 사용하는 지금의 생산성은 과거와는 비교조차 할 수 없습니다. 글쓰기처럼 코딩도 뚝딱 해 줍니다. 컴퓨터와도 프로그래밍 언어 대신 일상 언어로 상당 부분 소통할 수 있게 되었습니다. 공학자인 제게 생성형 인공지능은 문자 그대로 '겁나게' 재미있는 기계입니다. 무척이나 흥미롭지만, 이런 기계로 말미암아 수많은 일자리가 줄어들거나 사라질 테니 어찌 겁이 나지 않을 수 있겠습니까. 마치 동전의 양면처럼, 혜택을 받는 이들 못지않게 고통을 겪는 이들도 생겨날 것입니다. 또 인간이라는 존재의 성격도 좀 달라지지 않을까 싶습니다. 몸으로 글 쓰며 사유하던 인간이 어릴 때부터 기계에만 글쓰기를 맡긴다면 말입니다.

저는 아동문학가이자 교육자인 고 이오덕 선생의

이야기에 공감하는 사람입니다. 자신의 책인 『우리 글 바로 쓰기』에서 선생은 영어나 한자어 낱말의 남용과 일본어 투 문장의 사용을 경계하며 여러 지침을 제시했습니다. 그중에는 지금 시대와는 잘 어울리지 않는 것도 있습니다. 하지만 논점은 지침 그 자체가 아니라 그걸 끌어낸 원칙에 있습니다. 이오덕 선생은 '삶에서 벗어나지 않은 말' '말에서 멀어지지 않은 글' '삶을 가꾸는 글쓰기'를 주장했습니다. 그게 핵심입니다. 『우리글 바로쓰기』의 가르침은 21세기에도 유효한 선생의 글쓰기 철학을 20세기라는 시공간에 적용한 결과일 뿐입니다. 겉멋이 잔뜩 들어 있거나 말로는 하지 않을 법한 글을 쓰는 일부 '먹물들'을 비판하며 선생이 어린이의 글에 그토록 애정을 쏟은 것도 다 그런 연유에서 비롯된 일입니다. 글을 쓰고 나서 퇴고할 때 저는 소리 내서 읽습니다. 제가 낸 소리가 제 귀에 어색하게 들리지 않도록 하는 게 말에서 글이 크게 벗어나지 않게 하는 방편이라 여기는 까닭입니다.

　자동화는 과정을 소거합니다. 기계로 대체되기 전의 노동 과정이 사라진다는 뜻입니다. (이 책에 나오는 표현을 빌리면) 글쓰기를 자동화한 생성형 인공지능이 사고와 글쓰기의 변증법적·유기적 순환을 끊어 버릴 수도 있음을 의미합니다. 글은 말과 멀어지고, 그런 글과 말은 사유하는 삶과 분리되는 것이지요. 교육 현장은 이런 변화에 대응할 준비가 돼 있지 않습니다. 학교에서 생성형 인공지능을 쓰지 못하게 하고 그런 도구의 사용 여부는 다른 도구로 검증하자는 식의 해법은 바람직하지도, 현실적이지도 않습니다. 그렇다고 장밋빛 미래만 떠올리며 생성형 인공지능의 마법 같은 솜씨를 찬양하기만 할 수도 없는 노릇입니다. 흔히들 좋은 질문을 하는 능력이 중요하다 합니다. 프롬프트를 잘 구성해 생성형 인공지능에 넣어 줘야 하니 말입니다. 또 생성형 인공지능이 만들어 낸 텍스트의 논리적 정합성을 면밀하게 살펴 이른바 환각 등의 문제에 대처할 수 있도록 문해력도 키워야 한다 합니다. 하지만 질문을 잘하고 텍스트를 정확히 파악하는 힘은 어떻게 길러야 하는지요? 특히 생성형 인공지능을 활용하며 글쓰기를 배울 미래 세대를 헤아리면 결국 원래의 문제로 되돌아가는 셈 아닐까 합니다. 각자의 삶에서 분리되지 않은, 그래서 진정성이라는 향기가 나는 글을 쓰려면, 인간은 생성형 인공지능과 어떻게 협업해야 할까요? 인공지능이 우리의 글쓰기 능력을 퇴화시키지 않고 확장하게 하려면, 우린 인공지능과 어떤 관계를 맺어야 할까요? 논점은 인간과 기계의 평화로운 공존입니다.

　응용언어학자인 김성우 선생의 『인공지능은 나의 읽기-쓰기를 어떻게 바꿀까』는 무척 반갑고도 고마운 책입니다. 글쓴이의 깊은 지식과 선한 고민이 담긴 이 책을 한마디로 요약하긴 쉽지 않습니다. 비고츠키의 중재 mediation 개념을 빌려와 인간과 비인간 중재 도구의 결합과 상호 작용을 따지는 부분은 과학기술학적 논의라 여기기도 했습니다. 그렇지만 글쓴이는 생성형 인공지능이 우리가 읽고 쓰는 방식을 어떻게 자동화하는지 그리고 그게 사유하는 존재인 우리에게 어떤 영향을 끼치는지 따뜻한 목소리로 설명합니다. 생성형 인공지능이 단순한 도구가 아니라 공존의 대상임을 명확히 하며 인공지능을 경청하자고도 합니다. 생산성과 효율성이 과정의 가치를 압도하는 현실을, 이제껏 상상할 수 없었던 리터러시 실천의 계기로 삼자는 주장은 놀랍고도 소중한 이야기였습니다. 나아가 매개·전도·속도·저자성과 윤리라는 네 가지 개념어로 리터러시 생태계를 파악하고, 성찰과 소통과 연대를 리터러시의 세 축으로 삼아 치밀한 논증을 전개합니다. 빠르게 변화하는 생성형 인공지능에 지속적으로 적응하며 윤리적인 쟁점들을 꼼꼼히 따질 필요성도 강조합니다. 그럴 수 있어야 인간과 기계의 협력적 상호작용이 가능해질 테니 말입니다.

쓰기가 자동화될수록 읽기는 더 중요해진다 합니다. 데이터로 저장되지 않은 세계를 텍스트화하는 작업도 더 귀중한 일이 되겠지요. 사람들을 인간으로 뭉뚱그려 평균화하려는 대신 개인의 구체적 삶을 표현하려 애쓰고, 각자가 자신의 자리에서 실천할 수 있는 성찰적이고도 비판적인 리터러시를 모색하는 것이 우리가 가야 할 길임을 글쓴이는 밝힙니다. 깊이 공감하며, 독자 여러분께 이 책의 정독을 권합니다. 기술적 배경과 효율적인 프롬프트 구성(맥락 제공)에 관한 내용엔 생성형 인공지능을 효과적으로 사용하는 데 필요한 지침이 담겨 있기도 합니다. 그런 점에서 이 책은 이미 도래한 인공지능 시대에 걸맞은 리터러시에 관한 이론서일 뿐만 아니라 생성형 인공지능의 활용에 관한 실용서가 되기도 할 것입니다.

변화를 꿈꾸는 과학기술인 네트워크(ESC)
초대 대표 윤태웅

추천의 말
　　새롭고도 지속 가능한 '인간적인'
　　리터러시 실천 안내서


문해력 혹은 리터러시의 전제는 '인간이 읽고 쓴다'는 것입니다. 하지만 언어를 다루는 인공지능, 사람처럼 읽고 쓰는 기계의 등장은 이런 전제를 흔드는 것처럼 보입니다. 그래도 우리에게는 아직 희망이 있습니다. 기계는 정보를 다루지만 인간은 의미를 다룹니다. 정보는 있는 것을 처리하는 것이지만, 의미는 없는 것을 구성하는 것입니다. 그래서 새로운 삶의 의미를 만드는 우리의 읽기–쓰기는 여전히 인간적입니다. 『인공지능은 나의 읽기–쓰기를 어떻게 바꿀까』는 인류사적으로 가장 예민하고 번잡한 기술 시대의 한복판에서 우리가 길을 잃지 않고 가장 인간다운 리터러시 실천에 참여하기를 요청합니다. 우리가 주도성과 관계성·몸의 감각과 세계의 감지·

모름의 자각과 앎의 의지로 '기꺼이' 읽고 쓸 수 있다면, 그것은 측량할 수 없는 데이터와 트레이닝으로 단련된 그 어떤 기계도 계산하기 어려운 탁월한 인간 성취임을 이 책이 일러줍니다. 어쩌면 초고도 기술 사회의 인간 리터러시는 가장 단순한 경험일지 모릅니다. 나와 주변·기술과 문화·환경과 생태계에 대한 확장된 세상 지식과 공통 감각은 명랑하게 읽고 쓰는 일의 새로운 기준입니다. AI 공존의 시대, 지금 이 순간 새로운 리터러시, 지속 가능한 인간적 읽기–쓰기에 참여하는 모든 이에게 이 책을 귀중한 실천 안내서로 권합니다.

한양대학교 국어교육과 및
러닝사이언스학과 리터러시 전공 교수
조병영

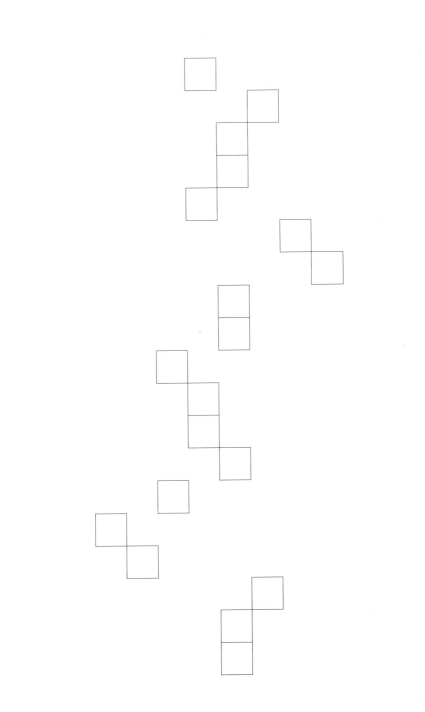

들어가는 말
　　생성형 인공지능의 부상과
　　새로운 읽기-쓰기의 상상력


우리는 인공지능에 대한 대화를 '인공지능이 무엇을 할
수 있을까?'에서 '도덕적 고려가 필요한 광범위한 존재
들과 함께하는 가운데 어떻게 서로를 돌볼 것인가?'로
전환해야 합니다.
　　—마이클 레빈[01]


본격적으로 '읽고 쓰는 인공지능'이 등장했습니다. 인간
의 읽기와는 비교도 되지 않는 속도로 정보를 처리하고,
언어학자도 인간이 쓴 것이라고 착각할 만큼 그럴듯한
언어를 생성합니다. 읽고 쓰는 기계를 상찬하는 목소리
는 커져 갑니다. 세계는 인공지능을 활용할 줄 아는 이들
과 그렇지 못한 이들로 갈릴 것이라는, 그리하여 인공지

능이 인간을 대체하는 것이 아니라 인공지능을 활용하는 인간이 그렇지 않은 인간을 대체할 것이라는 예측인지 세일즈 문구인지 협박인지 모를 슬로건이 미디어를 휩씁니다.

새로운 기술을 둘러싼 경탄과 불안이 교차하는 가운데 우리 사회는 잠시 길을 잃은 듯합니다. 여기저기에서 질문이 터져 나옵니다. '노동은·기업은·예술은 어떤 변화를 맞이할까?' '과연 지금의 교육이 이 변화를 감당할 수 있을까?' '지식장과 과학장의 변화에 어떻게 지혜롭게 대응할 것인가?' '읽기와 쓰기·창작과 출판은 어디를 향해야 할까?' 이 가운데 '시각과 청각·디지털 자료를 사용하여 모든 학문 분야와 맥락에서 정보를 찾아내고·이해하고·해석하고·만들어 내고·계산하며 의사소통할 수 있는 역량'으로 이해되는 기존의 리터러시 개념은 그 뿌리부터 재정의되어야 한다는 의견이 들려옵니다. 각각의 단계에서 인공지능이 수행할 수 있는 역할을 고려할 때 이 같은 목소리를 완전히 무시할 수는 없습니다.

인공지능이 지식 노동과 리터러시 생태계 전반을 뒤흔들고 있지만, 그 한계 또한 명백합니다. 텍스트 생산의 측면에서 볼 때 현재 생성형 인공지능의 근간이 되는 거대언어모델은 기본적으로 통계적인 알고리즘에 따라 언어를 생성하는 모델입니다. 경험을 통해 세계를 배우는 것이 아니라 말뭉치를 통해 언어를 배우기 때문에 텍스트 바깥의 세계를 다면적으로 이해하지 못합니다. 논리적으로 추론하거나 의도를 가지고 행동하는 능력이 없습니다. 물론 의식을 지니고 있지도 않지요. 여러 기준에서 인간보다 더 뛰어난 수행 능력을 보여 주지만, 이것이 모든 면에서 인간을 뛰어넘는 이해와 추상화·사고 능력을 가지고 있음을 의미하는 것은 아닙니다. 존재하지 않는 정보나 허위 사실을 자신 있게 표현하는 소위 '환각'의 문제·정교한 사고를 요하는 과업에 대해 터무니없는 논리를 펼치는 추론 능력의 한계·데이터가 부족한 영역에 기존의 지식을 적용하지 못하는 일반화 및 전이 역량의 부족 등은 여전한 이슈입니다. 표준화된 시험은 놀라울 정도로 잘 보지만 자신이 쌓은 지식의 반경에서 벗어나는 시나리오에는 그토록 방대한 지식을 제대로 적용하지 못하는 아이러니가 발생합니다.

생성형 인공지능의 급속한 개발과 광범위한 사용에 생태적·윤리적·사회경제적 문제 또한 수반됩니다. 기술 진화의 가속화 속에서 생태 자원의 고갈과 환경 파괴가 급속히 진행되고 있습니다. 거대언어모델의 개발 과정에서 소위 '제3세계' 노동자들은 차별받습니다. 거대 생성형 인공지능 서비스의 구동에는 천문학적인 에너지와 물이 필요합니다. 언어모델의 기반이 되는 훈련 데이터에 담긴 비백인·여성·장애인·성소수자 등에 대한 차별은 인공지능 챗봇의 답변에도 그대로 드러납니다. 인공지능이 만든 텍스트를 식별하는 감지 알고리즘은 비원어민이 쓴 영어 문장을 인공지능이 쓴 것이라 판단하는 경우가 많습니다. 비원어민은 인간이 아니라고 선언하는 셈입니다. 이 상황에서 국가와 정책·교육과 제도의 역할은 날로 무거워집니다.

그럼에도 기술 변화를 따라잡는 개개인의 역량은 강조되고 인공지능이 몰고 올 사회적 파장에 대한 숙의는 미미합니다. 인공지능이 평등과 다양성 나아가 사회 정의에 어떻게 기여할 수 있을지, 새로운 기계와의 공존이 예술과 정체성을 어떻게 바꾸어 나갈지에 대한 논의는 이제 겨우 첫걸음을 떼었습니다. 인공지능을 둘러싼 윤리적 쟁점과 비판적 인공지능 리터러시에 대한 논의는 두터운 인공지능 활용서 끝에 마지못해 첨부한 반쪽 부록 신세입니다. 지식의 품질에 대한 깊은 고민 없이

'인공지능 기반 콘텐츠 제작 완전 자동화'의 운영 노하우가 공유되고, 선거 캠페인에서 딥페이크가 판을 칩니다. '인공지능을 활용하면 슈퍼 휴먼이 될 수 있다'는 소셜미디어 포스팅의 단골 문구입니다. 사실과 조금씩 엇나가는 인공지능 생성 텍스트가 얼마나 유통되는지는 추산하기 힘들 정도입니다. 생산성은 과정을 지우고 효율성은 가치를 압도하며 텍스트 생성 '마법'에 대한 경탄은 읽고 쓰는 노동의 기쁨과 슬픔을 가립니다. 되씹고 숙고하는 이는 느리고 어리숙한 사람일 뿐입니다.

일련의 현상을 바라보며 리터러시 연구자로서 착잡한 마음을 떨치기 힘들었습니다. 쏟아져 나오는 수많은 인공지능 관련서 및 논문과 씨름하면서 거대한 자본과 정신을 차리기 힘들 정도로 빠른 알고리즘 및 담론의 변화에 비틀거렸습니다. 그 가운데 마음을 떠나지 않는 질문은 '기술 진화의 속도를 어떻게 효율적으로 따라잡을 수 있을까?'나 '인공지능이 모든 것을 수행할 수 있는 미래에 인간은 어떻게 될까?'가 아니었습니다. 그보다는 '지금 여기에서 우리는 읽고 쓰는 인공지능을 어떻게 이해해야 할까?' '새로운 존재와 함께 읽고 쓰는 행위는 어떤 가치와 한계를 지닐까?' '리터러시 생태계의 근본적 변화 속에서 읽고 쓰는 존재로서의 우리 자신을 어떻게 더 잘 돌볼 수 있을까?'였죠.

　읽고 쓰는 인공지능에 대한 탐색은 새로운 기술과의 지혜로운 공존에 대한 고민을 거쳐 언어를 통해 성찰하고 소통하며 연대하는 인간 존재에 대한 근원적 질문으로 이어졌습니다. 이 같은 생각의 궤적은 '인공지능은 우리 각자의 읽기-쓰기를 어떻게 바꿀까? 그러한 변화를 감지하고 관찰하고 기록하고 대비할 방법은 무엇일까?'라는 화두가 되었습니다. 생각의 여정 끝에, **기술을 단순히 수동적인 도구가 아닌 관계의 주체이자 리터러시 생태계의 일원으로 바라볼 때 더 나은 읽기-쓰기가 가능해진다**는 결론에 당도했습니다. 에리히 프롬은 "우리는 자연 세계를 이용해 또 다른 세계를 만들 수 있는 신이 되는 길을 가고 있었다"[02]라고 말하며 산업화와 기술 발전 속에서 인류가 자연을 자신의 창조 도구로 여기며 스스로를 신의 자리에 올려 놓았다고 지적했습니다. 이는 결국 끔찍한 생태계 파괴와 불평등·전지구적 기후위기라는 비극으로 이어졌지요. 프롬의 경고를 기억한다면 새로운 기술을 인간의 창조와 생산성 향상을 위한 단순한 수단으로 이해하는 실수를 범하지 말아야 합니다.

나는 단지 당신에게 그 안에서 살아가라고 말할 뿐입니다. 그저 견디어 내라는 것이 아니고, 그저 고통받으라는 것도 아니며, 그저 그것을 지나쳐 가라는 것도 아닙니다. 그 안에서 살아가라는 것입니다. 세상을 바라보세요. 그 전체적인 그림을 파악하려 노력하세요.

　　　　─조앤 디디온[03]


　　인간과 기술의 관계를 규명하는 작업은 쉽지 않습니다. '인간'과 '기술' 모두 고도로 추상화된 의미를 담고 있기 때문입니다. '인간'은 누구이며 '기술'은 무엇입니까? 현실 속 인간은 추상명사가 아니라 평균으로 수렴되지 않는 개성과 몸 그 자체이며, 다양한 사회경제적·정치적·기술적 특성을 지닌 구체적인 사람들입니다. 기술 또한 마찬가지입니다. 기술은 언제나 사뭇 다른 특성을 지닌 복수의 기술─들로 인간─들과 만납니다. 게다가 특정한 사람이 특정한 기술과 어떻게 상호작용하느냐에 따라 해당 기술의 특성과 영향력은 끊임없이 변화합니다. 이는 다시 사용자의 기술 사용 습속을 변화시키지요. 인터넷이나 스마트폰을 사용하는 방법이 천차만별이듯 인공지능과 인간이 엮이는 방식도 무궁무진합니다. 그런 면에서 구체적으로 어떤 사람과 어떤 기술이 어떤 맥락과 목적하에 결합하는지를 논의하지 않고 인 공지능의 활용을 논의하는 것은 '인간과 자연의 관계'나 '인간과 언어의 관계' 혹은 '인간과 예술의 관계'를 논의하는 것만큼이나 공허합니다.

그런 면에서 이 책은 인간과 인공지능·사회와 인공지능·교육과 인공지능 등에 대한 일반적 논의에서 벗어나 읽고 쓰는 인간이 '읽고 쓰는 인공지능'과 맺는 구체적인 관계에 대해 논의합니다. 이를 통해 우리 각자의 읽기와 쓰기를 돌아보고 자신의 삶 속에서 새롭게 실천할 수 있는 리터러시의 가능성을 탐색합니다. 무엇보다 현재 문해력 담론이 구조화되는 방식을 비판적으로 성찰하며 질문의 방향을 바꿉니다. '인공지능의 시대, 읽기와 쓰기는 어떻게 변화해야 하는가?'가 아니라, '여전히 깊이 읽고 정성 들여 쓰기가 의미와 가치를 갖는 시대, 우리는 인공지능과 어떤 관계를 맺어야 하는가?'라고 묻는 것입니다. 나아가 생성형 인공지능의 부상을 이제껏 상상할 수 없었던 리터러시 실천의 가능성을 탐색하는 계기로 삼아야 하며, 인간 사회를 넘어 다양한 비인간 존재와 행성을 위한 리터러시에 복무하는 인공지능을 상상하는 작업이 필요하다고 주장합니다.

　　이 책은 총 6개의 장으로 구성되어 있습니다. 1장에서는 '인공지능의 시대'라는 표현에 담긴 함의를 비판적으로 성찰하고 생성형 인공지능을 바라보는 다양한 사회기술적 관점을 살핍니다. 아울러 '리터러시'의 의미를 제시하고 '계기로서의 인공지능'이라는 열쇳말로 책의 주요 문제의식을 밝힙니다. 2장에서는 인간과 인공지능이 수행하는 읽기와 쓰기의 특성을 면밀히 분석합니다. 구체적으로 인공지능의 기술적 특성을 거대언어모델 구축 과정을 중심으로 살핀 후, '시간' '학습' '쓰기' '언어 발달' '관계' '대화' '이해' '언어 사회화' 등의 개념을 통해 인간의 언어와 인공지능의 언어가 어떻게 같고 다른지를 규명합니다. 3장에서는 리터러시 생태계를 파악하는 네 개의 개념어로 매개·전도·속도·저자성과 윤리를 제시하며 인공지능 매개 읽기–쓰기의 확산이 바꿀 읽기와 쓰기의 풍경·읽기와 쓰기의 자리바꿈과 실시간 통합·생성형 인공지능 활용의 대중화와 함께 확산되는 생산성 및 효율성 담론의 명암·이전에 존재하지 않았던 쓰기의 출현에 수반되는 저자성의 변화와 윤리적 논점에 대해 살펴봅니다.

4장에서는 프롬프트 엔지니어링에 대한 과도한 집중이 가져오는 잠재적 폐해를 논의합니다. 구체적으로 '기후위기의 사회학' 보고서와 '이끼의 시선에서 말하기'라는 에세이 쓰기 시뮬레이션을 통해 '질문만 잘 던지면 글을 뽑아낼 수 있다'는 주장의 허황됨을 밝히고, 더 나은 글쓰기를 위해 필요한 것은 '프롬프트 엔지니어링'을 넘어선 '비판적 프롬프트 리터러시'라고 주장합니다. 5장에서는 기술과 인간의 관계를 다각도로 살핍니다. 수동적인 도구가 아닌 주체성을 가진 행위자로서의 기술 이해를 기반으로 저의 쓰기 인생에서 만난 연필과 공책·기계식 타자기·워드프로세서 등의 기술을 살핌으로써 시간의 축에 따라 인간의 몸과 기술이 맺는 관계의 변화를 추적합니다. 이후 기술을 바라보는 세 가지 관점으로 결정론적 견해·도구적 관점·비판적 접근에 대해 알아보고, 이를 보완하고 확장하는 개념으로서 러시아의 발달심리학자 레프 비고츠키의 중재에 대해 논의합니다. 아울러 특정한 기술적 중재가 제공하는 기회와 제약을 실천하기·의미하기·관계 맺기·사고하기·존재하기라는 다섯 층위에서 고찰함으로써 생성형 인공지능이 지닌 가능성과 위협을 입체적으로 조명합니다.

6장은 생성형 인공지능의 부상과 읽기-쓰기의 변화 논의라는 긴 여정을 마무리하는 결론에 해당하며, 인공지능에 대한 비판적이고 심층적인 사유를 경유하여 인간과 인공지능이 함께 읽고 쓰는 세계를 펼쳐 보입니다. 인공지능과의 협업에 있어 구체적인 실천 원리로 ① 본격적인 생성적 멀티 리터러시 실천의 가능성 ②모든 것과 함께 읽고 모든 것과 함께 쓰기 ③'엄밀한 상상력'의 조력자가 되는 인공지능 ④말과 글을 횡단하며 쓰기 ⑤인공지능과 함께하는 사회적 쓰기 ⑥협업의 반경을 넓혀 더 넓고 단단하게 읽기-쓰기 ⑦저항의 동반자로서의 인공지능 상상하기 ⑧보편적 학습 설계를 위한 인공지능 상상하기를 제시합니다. 나아가 읽고 쓰는 우리 곁에 변함없이 남아 있을 아름다움과 가치를 ①인공지능을 만드는 정성과 노동 ②자문화기술지 그리고 필자-되기의 핵심으로서의 에토스 ③관계성: 편지, 가장 저항적인 장르? ④위치성과 삶의 공간에 발 딛기 ⑤이미 우리 곁에 있는 최고의 기술 목소리 혹은 낭독의 재발견 ⑥과정성: 생산성의 과잉 '과정성'의 부재 그리고 ⑦불완전함의 온전함: 있는 그대로의 아름다움과 마주하기라는 일곱 개의 열쇳말로 제시합니다. 이를 통해 홀로

고요히, 인공지능과 함께, 다른 이들에 기대어 읽고 쓰는 일이 자신의 삶과 어떻게 엮이며 더 나은 삶을 만들 수 있을지 상상하는 자리로 모두를 초대합니다.

이제 본격적으로 읽고 쓰는 인공지능의 부상에 따른 리터러시 생태계와 실천의 변화를 살필 시간입니다. 인공지능과 함께, 때로는 인공지능 없이 계속 읽기-쓰기를 소망하는 분들, 그러나 '인공지능의 시대'를 선언하기보다는 사람과 동식물·강과 바다·대지와 하늘에 기대고 서로에게 천천히 스미는 리터러시를 일구어 가려는 모든 분과 진솔한 대화를 나누듯 글을 썼습니다. 부족하지만 제 고민의 흔적을 담은 이 책이 읽기와 쓰기의 가치를·텍스트와 세계의 엮임을·인간과 기술의 관계를·무엇보다 읽고 쓰는 우리 자신을 더 깊이 이해할 수 있는 작은 계기가 되기를 소망합니다.

**1**

읽고 쓰는 인공지능

이 던지는 질문들

현재 우리의 삶에서 가장 슬픈 것은 사회가 지혜를 갖추는 것보다 과학이 더 빠르게 지식을 축적하고 있다는 사실이다.

　　—아이작 아시모프[04]

'인공지능의 시대'라고 합니다. 이 선언에 부응하듯 지난 한 해에만 수백 권의 인공지능 관련서가 쏟아져 나왔습니다. 교육도 기업도 미디어도 이 거대한 변화에 올라타지 못하면 도태될 것이라고 힘주어 말합니다. 그런데 마음 한구석이 자꾸만 욱신거립니다. 우리는 언제 '나무의 시대' '이끼의 시대' '돌고래의 시대' '미생물의 시대' '어린이의 시대'를 선언한 적이 있었던가요? 빙하를 살리려고 세계 유수의 기업이 경쟁하고, 강·하늘·대지와 함께 살아가는 지혜를 다루는 책이 하루가 멀다고 출판되고, 매체가 권리 잃은 이들의 목소리를 매일 앞다투어 전한 적이 있었던가요? 다양성·공존·형평성과 사회정의를 위해, 그 누구도 차별받거나 배제되지 않는 학교를 위해 사회 전반이 목소리를 높인 적이 있었던가요?

특정한 시대를 선언하는 일은 사회적 변화의 반영이면서 거대한 욕망의 분출입니다. 곳곳마다 울려 퍼지는 '인공지능의 시대'라는 말은 기술의 영향력이 커져 가는 엄연한 현실을 보여 주지만, 기술을 선점하고 습득한 이들이 누리는 권력을 당연하고 선망해야 할 것으로 만들려는 의도의 반영이기도 합니다. 이런 흐름은 '인공지능의 시대'라는 말이 더 이상 필요하지 않은 세계·'인공지능'과 '인간지능'이 구별되지 않는 세계·인공지능 바깥을 상상할 수 없는 세계를 지향합니다.

분명 인공지능은 삶과 시대를 변화시키고 있습니다. 이 책을 집필한 한 해 반 동안 소위 글로벌 IT기업들은 앞다투어 생성형 인공지능에 대한 대규모 투자와 전략적 파트너십을 발표했습니다. 거대언어모델의 업그레이드와 새로운 기능 발표가 꼬리에 꼬리를 물었습니다. 기계학습 커뮤니티에서는 하루가 멀다 하고 각종 인공지능 관련 논문이 쏟아지고 있습니다. 학계에서는 인공지능 챗봇에게 저자의 자격을 줄 것인가에 대한 논의가 이어지고 있고, 생성형 인공지능의 부상에 따라 표절 및 학문적 진실성academic integrity의 기준이 어떻게 바뀌어야 할지에 대한 갑론을박 또한 뜨겁습니다. 2023년

봄에는 인공지능을 활용한 시놉시스 및 대본 생성 움직임에 반대하여 1만 명이 훌쩍 넘는 회원을 보유한 미국 작가조합이 파업을 벌였고, 몇몇 아쉬운 점이 있었지만 인공지능의 산출물을 원작으로 인정하지 말 것·스튜디오 작가들에게 인공지능 사용을 강제하지 말 것 등을 포함한 요구 사항의 상당 부분을 관철시키는 성과를 올렸습니다. 생성형 인공지능이 만들어 낸 콘텐츠의 무분별한 확산을 경계하는 시민사회와 학계의 우려가 깊어지는 가운데, 글로벌 숏폼 플랫폼 틱톡은 인공지능에 의해 생성된 콘텐츠를 식별할 수 있는 라벨을 부착하겠다고 발표했습니다. 2024년 3월에는 유럽연합이 전 세계 최초로 인공지능에 대한 광범위한 규제 법안을 통과시켰고 생체정보 데이터나 사용자의 취약성과 관련된 정보를 활용하는 일에 제동을 거는 한편, 인공지능 전문 기업 등 위험성이 높은 인공지능 개발을 담당하는 주체들에게 투명성과 책임성 강화를 요구했습니다.

한편 20세기 언어학계를 대표하는 인물 중 하나인 매사추세츠공과대학교MIT의 노엄 촘스키는 동료들과 함께 쓴 『뉴욕타임스』 기고문에서 세계에 대한 이해의 부재 및 도덕적·윤리적 무지 혹은 무관심과 같은 챗봇의 근본적인 한계에 대해 신랄하게 비판했습니다. 이에 대해 다수의 기계학습 및 인공지능 연구자는 강력한 반론을 제기했습니다. 저명한 SF 작가 테드 창은 현재와 같은 거대언어모델은 인터넷의 정보를 점차 '흐릿한 이미지'로 만들어 갈 공산이 크다고 경고했고, 지금과 같은 방식으로 개발되는 인공지능 플랫폼은 결국 자본주의 초엘리트 집단의 요구에 충실한 컨설팅 파트너가 될 수밖에 없음을 강조했습니다. 『타임』과 『가디언』 등은 생성형 인공지능 개발 과정에서 일어나는 심각한 노동 착취에 대한 특집 기사를 통해 화려한 기술에 가려진 노동자의 고통을 조명했습니다. 한편 생성형 인공지능의 구동에 사용되는 막대한 천연자원과 에너지가 심각한 환경 문제로 부각되면서 몇몇 거대 테크기업의 CEO는 '안전하고 깨끗한' 소형 핵발전 시설(SMR, 소형모듈원자로) 건립 추진을 시사하는 한편, 인공지능의 계산에서 가장 중요한 하드웨어인 GPU의 최대 공급자인 엔비디아의 젠슨 황은 "인공일반지능*이 인류를 살릴지 죽일지 확실하지 않다. 그러나 확실한 것은 인공일반지능은 우리 칩에서 만들어질 것이라는 점이다"라는 말을 남겼습니다.

---

* Artificial General Intelligence, AGI. 범용인공지능이라고도 불리며, 인간 수준의 사고가 가능하여 주제에 구애받지 않고 성공적으로 문제를 해결할 수 있는 인공지능을 가리킨다.

흥분과 경탄·우려와 탄식이 뒤섞이는 상황에서도 생성형 인공지능 개발의 가속화는 막을 수 없는 대세이자 자연스러운 시대의 흐름이기에 인공지능을 최대한 활용하여 효율성과 생산성을 높이는 것만이 살 길이라는 인식이 강고합니다. 그 가운데 '생성형 인공지능의 시대'라는 선언, '적응할 것인가 도태될 것인가'라는 양자택일의 논리는 이미 누구도 반박하지 못할 기정사실이 되어 버린 듯합니다. 하지만 어떤 기술도 한 시대를 온전히 규정할 수는 없습니다. 특정 맥락과 참여자에 대한 고려 없이 무조건적 선택을 요구하는 것 또한 바람직하지 않습니다. 무엇보다 기술은 제작자의 '선한 의도'를 따라 확산되고 활용되지 않습니다. '인쇄술의 시대'가 문해력의 불균등을 해소하지 못했고, '웹 기반 교육의 시대'가 평등하고 정의로운 교육을 실현하지 못했습니다. '인터넷의 시대'라고 하지만 전 세계 80억 인구 중 50억 남짓만이 인터넷에 접속할 수 있으며, 그나마 안정적이고 자유롭게 인터넷을 사용할 수 있는 인구는 이보다 훨씬 적습니다. 인터넷은 소통의 광장이기도 하지만 차별과 혐오·조롱과 비난의 아수라장이기도 합니다. '영상의 시대'가 열렸다고들 하지만 하나의 영상을 두고도 분열하고 서로를 비난하는 일이 일상이 되었습니다.

소위 '인공지능의 시대'에도 여전히 많은 다른 기술과 미디어는 삶의 다양한 맥락에서 각자의 역할을 해내고 있습니다. 여전히 주요한 커뮤니케이션은 이메일을 통해 이루어지고, 라디오는 운전자의 가장 좋은 벗입니다. 명함과 초대장이 건재하고, 노트·다이어리·스케치북 또한 많은 이의 사랑을 받습니다. 노트에 연필로 글씨 쓰기·오로지 교과서와 전과로 공부하기·기계식 타자기로 과제 작성하기·워드프로세서와 인터넷 검색 활용하기·클라우드 기반 문서 작성기를 거쳐 지금에 당도한 저에게 생성형 인공지능은 매일 접하는 현실이며 연구와 강의의 대상이지만, 여전히 글을 읽고 쓸 때 가장 중요한 기술적 수단은 책과 논문·연필과 메모장·포스트잇과 워드프로세서 그리고 학술 데이터베이스입니다. 무엇보다 다양한 사람과의 만남과 대화·궁리와 논쟁 속에서 생각의 단초를 찾고, 영감을 얻고, 공부의 방향을 정하고, 이야기의 모양을 빚어냅니다. 산책에서 만나는 길고양이와 동네 천변의 오리 덕에 작은 평안을 얻지 못한다면 결코 계속 쓸 수 없었을 것이고, 정성과 노동으로 책과 영상을 엮어 내는 저자와 감독 들이 없었다면 좁디좁은 마음을 벗어나지 못했을 것이며, 매일 마주하는 저녁 하늘이 주는 위로가 없었다면 하루를 맺고 다른 시간으로 진입하는 의례의 힘을 깨닫지 못했을 것입니다. 읽고 쓰는 일은 저의 삶과 그 안의 모든 관계에 깊이 뿌리박고 있습니다. 인공지능은 이 촘촘한 관계에 새로운 존재로 편입되었을 뿐, 저의 리터러시를 온전히 정의하지는 않습니다.

그렇기에 우리가 기억해야 할 것은 어떠한 기술도 홀로 작동하지 않으며, 기술 또한 사람과 자연·행성과 우주를 연결하는 거대한 그물망을 이루며 진화한다는 사실입니다. 인공지능 또한 기존의 행위자들을 완전히 대체하는 방식으로 작동하지 않으며, 사회를 구성하는 인간 및 비인간 주체들의 존재 방식·상호작용의 성격과 패턴·인간의 감정과 미감·윤리적 태도·자본과 노동이 맺는 관계·과학기술을 비롯한 학문장의 작동 방식 등을 조금씩 변화시킵니다. 그런 변화 속에서 누군가는 승승장구하지만 누군가는 '뒤처지며' 누군가는 비인간적인 노동으로 내몰립니다. 누군가는 위안을 얻겠지만 누군가는 더욱 깊은 고립감과 무기력함을 느낍니다. 모두를 위한 인공지능은 존재하지 않습니다. 인공지능이 만드는 삶의 지형은 결코 평평하지 않은 것입니다.

　여기에서 우리는 이 시대 기술 지형의 급격한 변화가 던지는 핵심적인 질문과 만납니다. 인간은 기술을 만듭니다. 그리고 활용합니다. 그렇다면 기술은 그저 인간의 의도와 목적에 종속되는 도구일 뿐일까요? 특정한 일을 하려고 어떤 도구든 갖다 쓰면 그만인 걸까요? 앞에서 살펴본 것처럼 이에 대해 쉽게 '그렇다'고 답할 수는 없을 것입니다. 그렇다면 우리는 기술을 어떻게 이해해야 할까요? 기술을 지혜롭게 사용하는 제도와 문화는 어떻게 만들어야 할까요? 그리고 누구와 함께 어떤 일에 나서야 할까요? 이 책은 이런 질문을 넓은 의미의 읽고 쓰는 일, 즉 '리터러시'literacy의 영역에서 집중적으로 논의합니다. 다음에서는 생성형 인공지능의 부상에 따른 리터러시 실천의 변화를 본격적으로 논의하기 전에 리터러시의 개념적 기초를 다지려고 합니다.

## 리터러시란 무엇인가?

리터러시는 보통 '문해력'으로 번역됩니다. '문식성' '문식력' 등의 번역어가 사용되기도 했지만, 최근 10여 년간 새로운 기술과 미디어의 등장에 따른 전통적인 읽기와 쓰기의 변화가 본격적으로 논의되고 교육계의 주요한 화두로 등장하면서 '문해력'이라는 용어가 정착되었지요. 두 단어가 원어와 번역어의 관계이고 한국 사회에서 '문해력'과 '리터러시'가 혼용되어 사용되고 있다는 사실을 고려할 때 이 둘을 완전히 별개로 이해할 수는 없습니다. 따라서 다음에서는 문해력과 리터러시 개념을 병치하며 설명합니다.

이는 크게 세 가지 논의로 구성됩니다. 첫째, 사전의 정의를 기준으로 문해력과 리터러시를 비교합니다. 학술적이라기보다는 문자적이며 일상에서 사용되는 의미에 기반한 논의입니다. 둘째, 문해력의 사전적 정의에 내재한 논점들을 본격적으로 다룹니다. 이를 통해 전통적인 의미의 문해력이 사회문화적·기술적 변화에 따라 어떤 변화를 맞게 되는지, 이것이 리터러시 개념과 어떻게 연결되는지 살핍니다. 셋째, 이상의 논의를 기반으로 이 책의 핵심 주제인 인공지능과 읽기–쓰기의 관계 탐색이라는 맥락에서 인공지능 리터러시 개념을 논의합니다. 이를 통해 이후 논의를 위한 토대를 마련하고자 합니다.

첫 번째 논의는 '문해력이란 무엇인가?'라는 질문에서 시작합니다. 사전의 정의에서 시작하겠습니다. 다음 사전은 문해력을 '文解力'이라는 한자와 함께 "글을 읽고 이해하는 능력"으로 정의합니다. 문해력을 사회문화적 관점에서 다면적으로 바라보기보다 단순히 '文＋解＋力'의 조합을 한국어로 풀이한 다소 아쉬운 정의입니다. 그렇다면 문해력에 조응하는 영단어 'literacy'는 어떨까요? 영단어를 정의하는데 가장 널리 사용되는『옥스포드 영어사전』은 크게 두 가지 정의를 보여 줍니다. 첫 번째는 "글을 읽을 수 있는 자질·조건 또는 상태. 읽고 쓰는 능력. 또한 특정 공동체·지역·기간 등에서 읽고 쓰는 능력이 미치는 범위"이고 두 번째는 "(대개 수식어를 동반한) 확장된 사용의 경우, 특수한 주제나 미디어를 '읽어 내는' 능력. 특정 영역의 역량이나 지식"입니다.

이 두 정의에는 몇 가지 차이가 있습니다. 첫째, 전

자는 문해를 읽고 이해하는 활동으로 봅니다. 하지만 후자는 읽기와 쓰기를 모두 포괄합니다. 둘째, 전자는 문해에 관해 특정한 조건이나 환경을 제시하지 않습니다. 자연히 상당히 추상적인 정의가 되죠. 하지만 후자는 공동체·지역·기간 등 사회문화적·지리적·역사적 차원을 더해 문해력을 설명합니다. 여전히 추상적이지만 문해력이 처한 조건과 환경을 명시합니다. 셋째, 전자는 문해의 대상을 '글'에 국한합니다. 하지만 후자는 '특수한 주제나 미디어'를 더함으로써 문해력을 글이라는 양식뿐 아니라 다양한 내용 영역 및 텍스트 이외의 미디어로 확장할 수 있는 가능성을 열어 놓습니다. 마지막으로 전자는 '문서 읽기'라는 일반적 능력만을 언급하는 반면 후자는 젠더·생태·미디어 등 특정한 영역에서 발휘할 수 있는 역량이나 지식까지를 포함합니다. 결국 '문해력'은 'literacy'의 번역어로 쓰이지만, 사전의 정의에서도 이 둘은 상당히 다릅니다. 문해력이 글 읽기 역량에 집중하는 개념이라면 리터러시는 이를 기반으로 다양한 미디어와 주제를 능숙하게 다룰 수 있는 역량과 조건까지를 포괄합니다.

　　두 번째 논의는 문해력을 좀 더 깊고 넓게 살핍니다.

이를 위해 '문해력'을 구성하는 한자의 의미를 중심으로 문해력의 개념적 범위를 가늠하고 이에 관련된 주요 논점을 펼쳐 보겠습니다.

우선 '문'文입니다. 전통적으로 문해력은 활자 미디어, 즉 텍스트를 읽고 쓰는 역량으로 이해되었습니다. 유네스코는 문해력을 "다양한 맥락과 연관된 인쇄 및 필기 자료를 활용하여 정보를 찾아내고·이해하고·해석하고·만들어 내고·소통하고·계산하는 능력"으로 정의합니다. 여기에서 눈여겨볼 것은 "다양한 맥락과 연관된 인쇄 및 필기 자료"입니다. 문해의 대상을 서류나 서적 등의 글이라고 명시한 것입니다. 대표적인 영상 플랫폼인 유튜브의 2005년 출범, 스마트폰의 대중화를 이끌었던 아이폰의 2007년 출시 이전에 나온 문해력의 정의로, 구텐베르크 은하계의 중심 미디어로 자리 잡은 책을 중심으로 한 전통적 문해 개념에 충실합니다.

하지만 '문'이 활자 매체를 의미한다는 점에 모두가 동의하는 것은 아닙니다. 대표적으로 유네스코의 정의가 나오기 수년 전인 1996년, 저명한 리터러시 학자들로 구성된 뉴런던그룹New London Group은 전통적인 텍스트 중심 문해력이 더 이상 유효하지 않음을 지적하며 '다중문해력'multiliteracies의 개념을 제안했습니다. 이들은 변화하는 사회문화적·기술적 환경에서 텍스트와 같은 단일 양식 미디어를 기반으로 한 문해 교육은 명백한 한계를 지니며, 언어·시각·청각·제스처·공간 등의 의미 디자인 요소를 포함한 다중 양식 의미 생성을 교육의 중심에 놓아야 한다고 주장합니다. 참고로 'multiliteracies'는 의미의 번역 없이 음차하여 '멀티리터러시'로 표기하기도 합니다.

이는 리터러시 교육학술단체인 국제리터러시협회 ILA가 현재 사용하는 정의와 맞닿아 있습니다. ILA는 리터러시를 "다양한 분야와 맥락에서 시각·청각 및 디지털 자료를 사용하여 찾아내고·이해하고·해석하고·만들어 내고·계산하며·소통하는 역량"으로 정의합니다. 이 정의는 유네스코의 정의와 여러 역량을 공유하지만, 매체에서만큼은 현격한 차이를 보입니다. "시각·청각 및 디지털 자료"를 모두 포괄하기 때문입니다. 문해력의 정의에 글뿐 아니라 음성언어 및 디지털 자료를 명시함으로써, 문해의 대상은 사실상 거의 모든 매체로 확장됩니다.

다음은 '해'解를 살펴보겠습니다. 글을 비롯한 다양

한 미디어를 '이해한다'는 것은 어떻게 정의할 수 있을까요? 혹은 어떻게 확인할 수 있을까요? 이에 대한 가장 손쉬운 대답은 '표준화 평가 문제를 올바르게 풀었을 경우 해당 자료를 이해한 것으로 판단한다'가 될 것입니다. 공인된 문해력 평가 점수를 '해'의 증거로 삼는 방식입니다.

아마도 한국 사회에서 가장 자주 언급되는 평가는 경제협력개발기구OECD의 국제학업성취도평가PISA일 것입니다. 평가의 세 영역인 읽기·수학·과학 가운데 읽기 점수가 문해력의 주요 지표로 활용됩니다. 15세 청소년의 역량을 측정하는 PISA가 전체 연령을 대표하거나 직업 수행을 위해 필요한 문해력까지 포괄할 수는 없기에, 국제성인역량조사PIAAC라는 별도의 평가를 운영합니다. 이들 평가에서 우수한 성적을 거두면 문해력이 높은 것으로, 그렇지 못하면 문해력이 부족한 것으로 판단됩니다.

표준화 시험의 점수가 '해'의 한 축일 수는 있겠으나 '문해력'의 일상 용례와는 거리가 있습니다. 소위 '문해력 떨어지는 사람'으로 누군가를 판단할 때 우리가 염두에 두는 것은 의사소통의 실패 경험입니다. PISA 등의 표준화 점수로 자신과 타인의 문해력을 판단하지는 않습니다. 여기에서 '해'에 대한 사뭇 다른 층위의 접근이 이루어지고 있음을 알 수 있습니다. 교육 및 언론은 대개 표준화 시험의 결과를 인용하며 문해력의 문제를 진단하지만, 일상에서 '문해력'이라는 단어는 특정한 상황에서 상대가 '당연히 이해해야 할 어휘'를 모르고 있다는 점을 강조하기 위해 동원됩니다. 즉 깊이 있는 토론이나 중장기 작업의 과정에서 관찰되는 다면적 이해를 논하기보다 특정한 단어 한두 개에 대한 단편적 지식을 갖고 있느냐를 문제 삼습니다.

　여기서 '해'를 둘러싼 논의의 두 축 모두에 한계가 있음을 알 수 있습니다. 문해력을 표준화 시험 점수로 이해할 경우 삶의 다양다종한 관계와 상황을 포착하는 데 실패합니다. 반대로 문해력을 일상의 언어 사용에 대한 주관적 판단의 도구로 동원할 경우, '문해력'이라는 기표가 갖는 사회문화적·개념적 가치가 땅에 떨어집니다. '문해력'이라는 개념을 동원하여 반문해적인 행위를 수행하게 되는 셈입니다. 그렇기에 추상화되고 표준화된 문해력과 개인의 경험에 기반하여 판단되는 문해력 모두 명백한 한계를 지닙니다. 문해력을 시험 안에 가둘 수 없는, 삶의 다양한 영역에서 발현되는 역량이라고 이해한다면, 몇 개의 숫자로 그 총체를 말할 수도, 한두 단어에 대한 지식으로 손쉽게 환원할 수도 없습니다. 결국 '해'는 글과 말의 내용을 파악하는 것을 넘어 시간의 흐름·대화 상대의 의도·상황의 다양한 측면·제도와 권력의 영향력 등을 다각도로 살피는 일로 이해되어야 합니다.

마지막으로 '력'力을 둘러싼 논점입니다. 일반적으로 문해력은 개인의 역량으로 인식됩니다. 개인이 교육을 받고·책을 읽고·다양한 미디어를 이해하려는 노력을 쌓아 성취하는 능력인 것입니다. 이는 평가에서 얼마나 높은 점수를 받았는지로 '해'를 판단하는 관행과 동전의 양면을 이룹니다. 자연히 많은 이들은 '시험 문해력'에 최적화된 문해 활동에 매진합니다. 이 과정에서 문해력의 습득은 개인의 책임이 됩니다. 아울러 높은 시험 문해력은 높은 대인적·사회문화적 역량으로 포장되고 오인됩니다.

하지만 이와는 다른 방식으로 문해력을 정의할 수도 있습니다. 첫째, 문해를 수반하는 다양한 상황에서 유연하게 관계를 맺고 협상과 논의를 거쳐 필요한 과업을 수행하는 관계적 역량으로 볼 수 있습니다. 이 경우 개인의 문해력은 상호 관계를 짓는 역량으로 재개념화되며, 개인의 머릿속에 쌓여 있는 정적 지식이 아니라 다양한 주체와 관계를 맺는 과정에서 발현되는 역동적 실천입니다. 둘째, 이를 확장하여 공동체와 조직의 역량을 생각할 수 있습니다. 이 경우 문해력은 개인에게 귀속된 역량이 아니라 특정 공동체와 조직에 분산되어 있고, 상황에 따라 새롭게 조합되며, 구성원들의 문해력 발달과 전인적 성장을 돕는 집단의 역량입니다. 마지막으로, 사회적 역량으로서의 문해력을 생각할 수 있습니다. 이는 다양한 지적·문화적·경제적 자원과 재능을 배치하여 다양한 종류의 문해력이 서로 만날 수 있게 하고, 상호의 이해와 공감을 촉진하며, 이를 통해 사회경제적·정치적 문제를 해결하는 사회의 역량입니다.

셋째, 읽기-쓰기와 인공지능과의 관계를 탐구할 때 '인공지능 리터러시'를 어떻게 이해할 수 있을지 살펴보겠습니다. 저는 크게 기능적 리터러시와 비판적 리터러시, 마지막으로 성찰적 리터러시라는 구성 요소를 제안합니다. 먼저 기능적 측면은 다양한 인공지능 서비스와 애플리케이션을 지혜롭게 사용하는 역량을 가리킵니다. ILA의 리터러시 정의를 차용한다면, 인공지능이 삶의 곳곳에 스며드는 상황에서 리터러시는 "인공지능을 지혜롭게 활용하여 다양한 분야와 맥락에서 문자·음성·이미지·비디오·각종 디지털 자원을 찾아내고·이해하고·해석하고·만들어 내고·계산하며·소통하는 역량"으로 이해할 수 있습니다. 이제 리터러시란 원하는 자료를 찾는 단계에서부터 이를 다른 사람과 공유하기 위해 의사소통하는 역량에 이르기까지 적재적소에 창의적이고 비판적으로 인공지능을 활용하는 역량이 되는 것입니다.

다음으로 비판적 리터러시는 인공지능 자체에 대한 분석적이고 다면적인 이해를 가리킵니다. 인공지능 리터러시는 인공지능을 활용하여 업무의 효율과 생산성을 높이고 읽기와 쓰기의 지평을 넓힐 수 있음을 아는 것을 넘어 인공지능 기술이 야기하는 생태적 이슈와 사회적 영향에 대해 비판적으로 사유하는 역량을 포함합니다. 화석연료를 사용하여 에너지를 생산하고 교통 인프라를 유지하고 냉난방을 제공할 수 있다는 점만 보고 화석연료의 사용이 기후와 환경에 미치는 악영향을 망각해서는 안 되듯이, 특정 기업의 제품에 환호하면서 해당 제품의 생산 과정에서 일어나는 노동 착취에 눈감아서는 안 되듯이, 인공지능의 역량에 경탄하며 그것이 우리 삶과 행성에 미치는 막대한 영향을 무시해서는 안 되는 것이지요. 이에 따라 인공지능 리터러시는 인공지능이 사회와 문화·제도와 정치·일상과 교육·환경과 생태계 등에 미치는 광범위한 영향에 대한 지식과 관점, 이에 기반한 시민으로서의 행동과 연대를 포함하는 비판적 리터러시를 포함해야 합니다.

마지막으로 성찰적 리터러시는 인공지능과 함께 변화하는 자기 자신 나아가 자신을 둘러싼 다양한 관계에 대해 깊이 돌아볼 수 있는 역량을 가리킵니다. 인공지능은 유용한 도구이기만 한 것도 아니고 사회적·생태적 영향을 미치는 요인이기만 한 것도 아닙니다. 인공지능은 우리 자신의 생각과 감정·미감과 태도·윤리와 관계를 서서히 변화시키는 존재이기 때문입니다. 그렇기에 인간과 인공지능이 엮이고 협력하고 갈등하는 과정을, 그 속에서 변화하는 자신의 정체성과 타인과의 관계를 성찰하는 역량은 필수입니다. 인간은 기술을 만들고 기술은 인간을 만듭니다. 둘은 떼려야 뗄 수 없는 관계로, 기술과 어떤 방식으로 엮이느냐에 따라 실천하기·의미하기·관계 맺기·사고하기·존재하기 등의 양태가 크게 달라집니다. 그렇기에 기술에 대한 성찰 없이 더 나은 존재와 관계를 상상할 수 없습니다.(자세한 논의는 5장에서)

생성형 인공지능의 부상에 따라 리터러시의 주요한 구성 요소로 인공지능 리터러시가 자리 잡고 있습니다. 그 가운데 인공지능을 도구로 활용하는 기능적 리터러시가 널리 논의되고 있지요. 하지만 이것은 인공지능 리터러시의 일부일 뿐 전부가 아닙니다. 인공지능의 사회적·생태적 영향력을 분석적이고 다면적으로 사유할 수 있는 비판적 리터러시·인공지능과 자신 나아가 타인과의 엮임을 깊이 돌아볼 수 있는 성찰적 리터러시 없는 기능적 리터러시는 결국 소수의 이익에 복무하는 리터러시가 되고 맙니다.

이상에서 논의한 리터러시의 개념을 고려할 때 우리는 '읽고 쓰는' 기계를 어떻게 이해해야 할까요? 얼핏 보기에 인간을 능가하는 리터러시 역량을 가진 인공지능 에이전트와 어떤 관계를 맺어야 할까요? 그런 관계는 읽고 쓰는 행위·읽고 쓰는 이의 마음·그들 간의 관계를 어떻게 바꿀까요? 그런 변화는 지식과 교육의 영역에 어떤 영향을 끼칠까요? 읽기-쓰기의 생태계 전반이 바뀌는 상황에서 리터러시 교육은 어떠한 원칙과 가치를 가지고 새로운 상상력을 발휘해야 할까요? 어떠한 이론적 관점·분석적 작업·머리를 맞대는 토론·손 맞잡는 연대가 인공지능 기술을 올바르게 이해하고, 우리 자신을 전혀 다른 관점에서 성찰하고, 더 나은 삶과 리터러시를 만들어 가도록 할까요? 이런 질문에 차근차근 답하기 전에 잠시 과거로 여행을 떠나 보려 합니다.


## 미래도 과거도 아닌
## 지금 바로 여기에서


"10년 안에 학교에서 책은 구시대의 유물이 되고, 모든 과목을 영상으로 가르칠 수 있을 것입니다. 우리의 학교 시스템은 향후 십 년 안에 완전히 변화할 것입니다."

유튜브와 쇼츠가 삶 곳곳에 깊숙이 파고든 지금, 텍스트보다는 영상의 힘을 믿는 교육자가 외쳤을 법 한 말입니다. 하지만 놀랍게도 이 말을 한 사람은 1913년, 20세기 저명한 발명가였던 토머스 에디슨입니다. 기술과 산업의 최전선에 있던 그였지만 새로운 기술과 매체가 열어 줄 미래, 그 가운데 교육의 변화를 예측하는 데는 완전히 실패했지요. 백 년이 훌쩍 넘은 지금까지도 그런 일은 일어나지 않았으니까요.

미디어와 기술의 역사에서 새로움은 늘 경탄과 희망을 불러일으켰지만, 한때의 꿈에 그치곤 했습니다. 1920년대 중반, 극작가 베르톨트 브레히트는 라디오를 민주적인 미디어로 만들어야 한다고 역설했습니다. 당시로서는 상상할 수 없는 훌륭한 대중 커뮤니케이션 수단으로 발전하리라 예상했기 때문이었지요. 이탈리아의 굴리엘모 마르코니가 대서양을 횡단하여 모스부호를 타전하고, 대중을 위한 라디오 방송이 시작된 뒤 20여 년이 지난 뒤였지만 라디오와 정치·시민이 엮이는 방식에 관한 브레히트의 비전은 흥미로운 일화로 미디어 역사의 구석을 겨우 차지하고 있을 뿐입니다.

인공지능은 어떨까요? 거대 자본과 기술·노동과 산업이 집약된 기술을 우리는 잘 이해하고 있을까요? 천재라는 수식어가 종종 따라붙는 허버트 사이먼은 1965년 인공지능의 미래에 대해 "기계는 앞으로 20년 이내에 인간이 할 수 있는 어떤 일이든 할 수 있게 될 것이다"라고 예상했습니다. 인공지능의 역사에서 가장 뛰어난 인지과학자이자 컴퓨터공학자로 여겨지며 MIT의 인공지능 랩을 공동으로 창립하기도 했던 마빈 민스키는 1970년 잡지 『라이프』와의 인터뷰에서 "3년에서 8년 뒤에는 평균적인 인간 수준의 지능을 가진 기계가 등장할 것"이라고 예측했습니다. 기계 지능의 기하급수적 향상을 확신했던 것입니다. 하지만 아직까지도 사이먼이나 민스키가 그렸던 인공지능은 등장하지 못했습니다. 바둑이나 체스·게임이나 작문 등 특정 분야에서 뛰어난 수행을 보여 주는 인공지능은 등장했지만, 사고와 정서·사회적 상호작용 등 삶의 모든 영역에서 인간과 대등한 역량을 보여 주는 기계는 아직 없습니다.

이뿐만이 아닙니다. 소위 글로벌 IT기업을 이끄는 이들은 인공지능의 미래에 대해 각기 다른 비전을 내놓습니다. 사업가들의 언변이야 그럴 수 있다고 쳐도 인공지능 연구의 최전선에 있는 학자들의 의견이 갈리는 것은 어떻게 봐야 할까요? 제프리 힌튼·조슈아 벤지오와 컴퓨터공학 분야의 노벨상이라 불리며 최고 권위를 자랑하는 튜링상을 공동 수상한 얀 르쿤은 2023년 인공지능에 대한 규제가 과도하다며 많은 이들이 걱정하는 만큼 인공지능이 똑똑하진 않다고 주장합니다. 미국 CNBC와의 인터뷰에서는 "인간이 지난 2만 년 동안 읽은 자료에 해당하는 데이터를 가지고 시스템을 훈련시켜도 (시스템은) A가 B와 같으면 B도 A와 같다는 사실을 이해하지 못한다"라며 현재의 인공지능 알고리즘의 한계를 지적하면서 인공일반지능에 대해 지극히 회의적인 견해를 내놓았지요. 이에 비해 딥러닝의 아버지로 불리며 역전파* 알고리즘 등 현대 인공지능 기술의 핵심 기반을 마련하는 데 혁혁한 공을 세운 제프리 힌튼은 2023년 인공지능의 실존적 위협에 대해 경고했고, 부사장 겸 엔지니어링 펠로우직을 내려놓고 10년간 일했던 구글을 떠납니다. 같은 해 10월 미국 CBS와의 인터뷰에서는 인류가 역사상 최초로 자신보다 더 뛰어난 지능을 가진 존재를 접하는 시기로 진입하고 있을지도 모른다며, 인공지능은 무언가를 이해할 수 있는 지적인 존재라고 말합니다. 이어 인공지능도 인간이 경험하고 그에 따라 결정을 내리듯 그런 기능을 수행할 수 있다고 덧붙이는데, 아직 의식이나 자기 인식 능력은 없지만, 인간과 유사한 지능을 보여 주는 단계에 진입하고 있다는 진단

---

* 머신 러닝에서 역전파(backpropagation)는 신경망 모델을 학습시키고자 사용되는 기울기 추정 방법이다. 이 기울기 추정값은 최적화 알고리즘이 신경망의 파라미터를 업데이트하는 데 사용된다.

입니다. 이런 추세가 가속화할 경우 인공지능이 인류에게 실존적 위협이 될 수 있다는 그의 예견은 디스토피아 SF영화의 시나리오가 그저 영화 속 이야기만은 아닐 수 있다는 준엄한 경고이기도 합니다.

인공지능 발달에 대한 예측의 스펙트럼이 극단으로 갈린다는 점만 본다면 '시대의 지성'으로 추앙받는 이들과 일반 시민이 그리 다르지 않아 보입니다. 미래를 예측하는 일이 그만큼 어렵다는 뜻이겠지요. 저 또한 향후 인공지능의 발달이 인류에게 재앙으로 다가올지 아니면 보다 나은 미래를 선사할지 명확히 예측할 수는 없습니다. 양극단으로 갈리는 예측의 한 편에 설 계획도 없습니다. 그렇다고 '좋았던 옛날'에 대한 노스탤지어에 빠져 첨단 기술이 비인간화를 초래하니 기술 일체를 거부해야 한다는 납작한 주장에도 동의하지 않습니다. 다만 한 가지 확실히 아는 것은 바로 지금 여기에서 우리 한 사람 한 사람이 어떤 삶을 살아 내느냐가, 하루하루를 어떻게 읽어 내고 기록하느냐가, 어떤 이야기를 건네며 서로의 얼굴을 마주하느냐가, 어떤 삶의 가치를 지켜 내느냐가 시대를 선언하고 미래를 예측하는 일보다 더욱 긴급하며 중요하다는 사실입니다.

현실은 녹록지 않습니다. '미래에 대한 준비'의 중요성은 끊임없이 과장되고 '과거에 대한 망각'은 은밀히 조장되는 사이에 '현재에 대한 방기'가 자라납니다. 그렇게 지금을 비판적 사유가 존재하지 않는 진공상태로, 오로지 미래를 준비하려고 동분서주해야 하는 분투와 경쟁의 장으로 만드는 힘이 현재를 지배합니다. 이 점을 직시한다면, 인공지능을 둘러싼 논의는 막연한 미래에 대한 낙관이나 절망이나 기술이 결정하는 사회에 대한 순응이 아니라, 기술적 변화 속에서 어떠한 삶의 양식을 발명할 것인가에 집중되어야 합니다. 그렇기에 우리의 질문은 '인공지능이 읽고 쓰는데 나는 무엇을 하나?'가 아니라 **'읽고 쓰는 인공지능이 등장한 지금, 나 자신의 읽기와 쓰기를 어떻게 재발명할 것인가?'**가 되어야 합니다. 리터러시는 거창한 명분이나 특정한 기술의 활용이 아닌 각자의 삶 속에서 그 의미와 가치를 갖는다는 것, 미래는 언제나 현재의 축적이라는 사실, 그리하여 인공지능과 함께하는 미래는 수많은 사람의 일상적 실천이 쌓여 만들어지는 것임을 잊지 말아야 합니다.

## 인공지능은 나에게 무엇인가

안타깝지만 과거 복기도 미래 예측도 우리가 어떤 리터
러시를 추구해야 할지 명확한 답을 주진 못합니다. 이상
적인 과거는 없었고 약속된 미래 또한 없으니 어쩌면 당
연한 결과일 것입니다. 나아가 어떤 기술도 모두에게 동
일한 의미와 무게일 수 없습니다. 각자는 "인공지능은
나에게 _____이다"라는 문장을 서로 다른 개념과 은
유·실천으로 채울 수밖에 없습니다. 그렇기에 『인공지
능은 나의 읽기−쓰기를 어떻게 바꿀까』라는 이름의 긴
여정을 떠나기 전, 인공지능을 주어로 하는 은유 혹은 각
자의 정의를 만들어 보고자 합니다. 여러분은 빈칸에 어
떤 단어를 넣고 싶으신가요? 왜 그 단어를 선택했나요?

인공지능은 유용한 도구이다.

효율성 및 생산성의 혁신

돈을 벌 수 있는 통로

새로운 검색엔진

충실한 조수

똑똑한 업무 파트너

무시무시한 감시자

기술-자본 권력의 대리인

**전혀 다른 리터러시를 상상할 수 있는 계기**

(……)

저도 여러분과 함께 생각나는 표현을 나열해 보았습니다. 인공지능은 유용한 도구이자 생산성의 혁신을 이끌 가능성입니다. 인공지능은 돈 벌 통로일 수도, 새로운 지식과 관계·정체성으로 우리를 이끄는 문일 수도 있습니다. 많은 영역에서 우리를 '성심성의껏' 돕는 조수이기도 하지만, 일체의 디지털 발자국을 기록하고 심지어 목소리까지 엿듣는 무시무시한 감시자이기도 합니다. 무엇보다 대중적으로 상용화된 인공지능은 전직 거대 컨설팅 기업의 한 직원이 말하듯 "기꺼이 자본의 편에 서는 집행자"가 되어, 기술 엘리트와 자본의 교차점에서 만들어지는 기술자본 권력의 대리인이 되기도 합니다. 인공지능이 일부 IT 대기업을 중심으로 하는 거대 자본의 편에 서면 설수록 사회경제적 불평등은 심화되고, 거대 자본의 힘은 강해지고, 시민이 주도하는 민주적 기술

거버넌스는 멀어지겠지요.

　"인공지능은 _____이다"의 빈칸에 제가 마지막으로 적은 표현은 **전혀 다른 리터러시를 상상할 수 있는 계기**입니다. 여러 생성형 인공지능은 앞에 제시한 예시들과 결이 비슷한 표현을 제시할 뿐, "인공지능은 계기다"라는 문장을 만들진 못했습니다. 하지만 저는 이 자리에 등장할 수 있는 수많은 가능성 중에서 '계기로서의 인공지능'에 주목하고자 합니다. 특정한 기술의 진화와 침투는 단지 장점과 단점·기회와 위협이라는 틀 안에서 해석될 수 없습니다. 도로와 항만·전기와 수도 시설 등이 물리적 인프라를 이루듯 리터러시는 사회문화적·교육적 인프라를 이루고, 그 안에서 살아가는 시민의 일상을 떠받칩니다. 인공지능 기술로 인해 리터러시 생태계가 급속히 변화하며 읽기-쓰기를 둘러싼 사회문화적 실천에 대한 새로운 상상력이 요구되는 지금, 인공지능의 확산은 우리 사회의 리터러시가 여태껏 걸어 온 궤적·지금의 리터러시 생태계의 모습·이후 전개될 리터러시에 대한 전망·리터러시 교육의 현주소와 과제 등을 뿌리에서부터 살피는 계기가 되어야 합니다. 즉 인공지능은 인간의 역량을 확장하고 한계를 극복하는 도구이기 전에, 먼 훗날 인류의 절멸을 가져올지도 모를 '멸종 기계'이기 전에, 지금 이곳에서 읽고 쓰고 소통하는 우리 자신의 가능성과 모순을 직시하는 계기가 되어야 합니다.

이런 사유는 우선 '우리'가 누구인지에 대한 반성에서 시작됩니다. 손쉽게 '우리'라고 불렀던 사람들이 과연 얼마나 같고 다른지 성찰해야 합니다. 인류를 '인간'이라는 지극히 추상적인 어휘로 뭉뚱그리지 않고 특정한 개인과 공동체·사회를 살펴야 합니다. 나아가 우리 삶에 언제나 존재했던 기술이 우리를 어떻게 변화시켰는지 돌아보아야 합니다. 안경과 임플란트·스마트폰과 GPS는 물론 인간 문명을 정초한 언어라는 기술의 역할을 상기해야 합니다.

인간과 기술에 대한 성찰적 사유는 과거·현재·미래를 잇는 시간의 축을 따라 역사적으로 이루어져야 합니다. 공간의 축을 따라서는 소위 글로벌 테크기업의 중심부인 실리콘밸리와 산업화가 진행된 문화권뿐 아니라 인터넷과 인공지능이 닿지 않는 지역까지 포괄해야 합니다. 나아가 다양한 정체성과 사회경제적 불평등을 염두에 두고 기술을 사유하고 비판하고 활용해야 합니다.

역사의 교훈과 문화적 다양성·중첩되고 충돌하는 정체성을 잊은 채 새로운 기술의 역량에 압도되어서는 안 됩니다. 스스로를 돌아보지 않고 타인을 헤아리지 못하는 기술중심주의는 결국 우리 모두를 갉아먹고 취약한 이들을 더욱 취약하게 만들며 생태계를 파괴하는 부메랑이 되어 돌아옵니다.

　이 책은 이런 문제의식을 가지고 타인에 의해 선언된 시대에 규정당하기보다 우리가 희망하는 시대를 직조하는 읽기와 쓰기의 가능성을 탐구합니다. 저 먼 곳의 누군가에 의해 정의되지 않는, 바로 여기에서 우리 스스로 정의하는 인공지능을 고민합니다. 시대의 흐름을 타는 일과 그것을 거스르는 일을 양극단의 선택으로 놓지 않으며 시대가 던져 준 회색빛 딜레마마저 새로운 관계를 그리는 색상으로 추가시키는 창조적 리터러시 실천을 상상합니다. 견고한 구조에 포섭당하지 않고 '틈새'에서 당신과 나를 위한 읽기–쓰기의 가능성을 탐구합니다. 그리하여 인공지능을 우리 삶을 지배하는 기술이 아니라 우리 삶의 다양한 측면을 새롭게 조명하고 창의적으로 재정의하며 더 나은 일상과 관계를 이끄는 계기로 만들어 갑니다.

## 생성 없는 생성을 경계하며

책을 집필하면서 계속 머리에 남는 단어가 있었으니, 바로 '생성형 인공지능'이라는 키워드 안에 들어 있는 '생성'입니다. 영어 단어 'generation'의 번역어로, 한자로는 '生成'으로 표기하지요. 그런데 같은 한자를 쓰지만 철학에서의 '생성'은 고대 그리스에서부터 철학의 주요한 주제였던 '존재와 생성'being and becoming에서의 '생성'을 가리키며, 영어 단어 'becoming'에 조응합니다. 같은 발음이지만 '생성'generation이 있고 '생성'becoming이 있는 것입니다. 전자가 '만들기'에 가까운 의미라면 후자는 '되기'에 가까운 의미입니다. 물론 둘이 칼로 무 자르듯 잘리지는 않습니다. 우리는 만들면서 다른 무언가가 되고, 무언가가 되어 가는 과정에서 많은 것들을 새롭게 만드는 존재이니까요.

많은 사람이 워드프로세서나 생성형 인공지능이나 다 같은 도구인데 필요한 곳에 잘 갖다 쓰면 되지 않느냐고 말합니다. 저도 생성형 인공지능 활용에 무조건 반대하지는 않지만, 이와 같은 의견은 기술이 인간의 사고와 맺는 관계를 면밀하게 검토하지 않은 허술한 주장입니다. 나아가 앞서 논의한 생성generation과 생성becoming의 관계를 숙고하지 못한 단견입니다.

전통적인 리터러시 실천에서 이 두 생성은 언제나 깊이 얽혀 있습니다. 글을 읽는 동안 생각과 감정이 생성되고, 이는 다시 텍스트에 영향을 주어 읽기의 과정을 풍요롭게 합니다. 글을 쓰는 동안 머릿속 생각이 외부의 문자로 변신하는 생성의 과정을 거치고, 그렇게 물성을 가지게 된 문자는 또 다른 아이디어를 생성합니다. 그 과정에서 필자는 끊임없이 조금씩 다른 존재가 됩니다. 끊임없이 생성becoming되는 것이지요. 하지만 생성형 인공지능은 언어 생산 과정에서 쓰기와 사고의 명백한 분리를 야기한다는 점에서 종래에 사용된 쓰기 보조 도구와는 질적으로 다릅니다.

이제껏 우리는 글을 쓰면서 그 글과 연관된 사고를 수행했고, 생각을 하며 그에 조응하는 언어를 생산했습니다. 물론 사고와 쓰기 활동이 완전히 일치하지는 않습니다. 뉴런의 활성화 패턴으로 존재하는 사고와 그것이 외화된 선형적 구조의 언어 코드가 같을 수는 없지요. 그런 면에서 사고와 글쓰기는 일치하는 것이 아니라, 변증적이고 유기적인 순환 속에 놓입니다. 리터러시의 실천에서 사고와 언어는 결코 분리될 수 없습니다.

하지만 생성형 인공지능의 사용은 이런 순환 고리를 끊어 버립니다. 필자가 생각하지 못한 것들이 인공지능에 의해 생성되고, 자신의 지식이나 경험과 관계없이 생산된 산출물은 읽고 쓰는 과정에 지대한 영향을 끼칩니다. 쓰고 생각하는 일은 더 이상 인간에게만 허락된 일이 아닙니다. 기계가 '사고하고' 기계가 '씁니다'. 인공지능은 단순히 나의 쓰기를 돕는 보조 도구가 아니라, 내가 계획하지 않은 내용을 완결된 형태의 텍스트로 만들어 주는 생성의 주체입니다. 이 새로운 주체는 완벽과는 거리가 멀지만 깜짝 놀랄 정도의 역량을 가지고 있고, 종종 압도적인 수행 능력을 보여 주기도 합니다. 일부는 그런 역량에 아낌없는 찬사를 보내며 '프롬프트 세공'에 힘을 쏟습니다. (이후 4장에서 자세히 논의)

이런 생성형 인공지능 매개 글쓰기 과정에서는 뇌에 의해 표상·재현·시뮬레이션되지 않은 정보가 언어화되어 필자에게 주어지고, 그렇게 주어진 언어는 기존에 필자에게 체화된 생각과 교섭합니다. 이런 피드백 고리는 워드프로세서와 인터넷 검색을 기반으로 수행되던 종래의 전형적 글쓰기와는 전혀 다른 사고+작문 과정을 만들어 냅니다. **그저 글쓰기 과정의 효율성이 올라가는 것이 아니라 질적으로 완전히 다른 글쓰기 과정이 탄생하는** 것입니다. 그렇기에 삶과 쓰기·교육을 진지하게 고민한다면 '도구라는 게 다 거기에서 거기고, 좀 더 편리한 도구가 등장한 것일 뿐'이라고 단정해서는 안 됩니다. 기술을 지혜롭게 사용하기 위해서라도 기술이 인간과 상호작용하는 방식을 좀 더 면밀하고 깊게 파고들며 해석해야 합니다. 새로운 기술의 생산성을 논하기 전에 그 기술이 우리에게 무슨 일을 하고 있는지, 새로운 기술에 젖어드는 인간은 어떤 존재가 되고 있는지 정확히 이해해야 합니다.

**생성형 인공지능의 부상 속, 생성becoming 없는 생성 generation의 확산을 경계합니다.** 많은 이들이 시도 때도 없이 대량의 텍스트를 생성하지만 새로운 존재로의 생성은 찾아보기 힘든 교육과 사회는 그 자체로 재앙입니다. 그런데도 주류 기술과 자본은 자동화된 생성이 인간의 생성을 더욱 다채롭게 만들 것이라 설득합니다. 그 와중에 일부 교육자마저 같은 담론을 퍼뜨리고 있어 혼란은 가중됩니다. "인상적인 것을 중요한 것이라고 오해한다"[05]라는 E. M. 포스터의 말이 떠오르는 상황입니다.

생성형 인공지능을 그저 리터러시의 혁신적 도구로만 이해해서는 안 됩니다. 새로운 기술의 가능성을 최대한 포용하면서도 '되기' 없이 '만들기'에 골몰하는 사회·체화 없는 외화의 욕망에 사로잡히는 사회를 경계해야 합니다. 결국 생성형 인공지능의 부상은 '이전에 없었던 만들기'를 통해 '더 좋은 되기'를 상상하도록 하는 계기가 되어야 합니다.


## 인공지능 없는 삶을 이해할 때
## 명확히 드러나는 인공지능의 의미

얼마 전 짐 자무시 감독의 『패터슨』을 인상 깊게 보았습니다. 주인공 패터슨은 아내 로라·강아지 마빈과 함께 소박한 삶을 꾸려 갑니다. 영화의 중심에는 버스 운전을 업으로 하고 시 습작을 게을리하지 않는 패터슨의 삶이 있습니다. 그의 시를 사랑하며 높이 평가하는 로라는 그의 작품을 세상에 내놓고 싶어 하지만 패터슨에게는 당장 출판할 계획도, 자신의 시가 널리 읽혔으면 하는 욕

심도 없습니다. 그저 하루하루 마주치는 사물·로라와의 대화·마빈과의 산책길에 들르는 동네 술집 셰이즈 바의 사건들·운전 중에 들려오는 목소리들에 마음을 기울이고, 틈날 때마다 습작 노트를 펼쳐 그 모든 것을 엮어 텍스트를 직조하기를 놓지 않을 뿐입니다. 삶과 쓰기의 관계를 다룬 영화는 많지만 영화 『패터슨』이 마음 깊이 남았던 이유는 그가 삶 속에서 시를 썼다기보다는 그의 삶 자체가 시가 되어 간다고 느꼈기 때문이었습니다.

패터슨은 세계에 귀를 기울입니다. 버스를 운전하면서도, 바에서 술을 마시면서도, 로라와 이야기를 나누면서도 그 안에서 단어·심상·이야기를 끄집어냅니다. 그는 조용히 사물을 관찰합니다. 작은 성냥갑 하나도 지나치지 않고 거기 어떤 이미지가 담겨 있는지, 어떤 언어가 어떤 방식으로 배치되어 있는지 살핍니다. 매일 같은 노선을 운행하는 지루함을 견뎌 내지만, 계속해서 바뀌는 승객과 스치는 풍경에서 새로움을 발견합니다. 그는 파사익강의 대폭포를 바라보며 호흡을 가다듬고, 심상을 떠올리고, 말을 고릅니다. 흥미롭게도 패터슨은 패터슨시에 살고 있습니다. 그가 사는 공간은 그와 이름이 같지만 그 자신은 아닙니다. 종종 마주치는 쌍둥이 승객들이 서로 같아 보이지만 전혀 다른 두 존재인 것처럼 말이죠. 동시에 그가 패터슨시에서 조우하고 관찰하고 경험한 모든 것은 그의 시가 됩니다. 그 시가 모여 그의 삶을 이룹니다. 그래서일까요? 밥벌이인 버스 운전대 위로·모든 것을 쓸어 버릴 듯한 폭포수 안으로·먼 곳을 응시하는 벤치 곁으로·동료 도니가 그를 바라보는 시선 위로·버스 승차장으로·차창 밖으로 그의 시가 흐릅니다. 다른 세계로 빨려 들어가는 듯한 느낌을 자아내는 음악과 함께.

패터슨이 들고 다니는 도시락통은 자신의 집 앞 우체통과 참 많이 닮았습니다. 언어를 매개로 소식이 오고 가는 통로와 몸을 통과함으로써 존재를 유지시키는 음식을 담는 통이 비슷하게 생겼다는 게 묘한 위안을 줍니다. 그러고 보니 사람을 싣고 패터슨시 곳곳을 누비는 그의 버스는 도시락통을 뻥튀기한 모양입니다. 도시락통을 열듯 우체통을 엽니다. 편지를 넣고 내보내듯 사람을 태우고 내려 줍니다. 말이 움직이고 먹을 것이 움직이고 사람들이 움직입니다. 그 모든 것이 우리를 살아 있게 합니다.

인공지능이 삶의 주요한 행위자이자 연결점으로 등

장하는 지금, 놀랍고 새로운 가능성이 열리고 있습니다. 또 다른 시공간에서 삶과 시를 엮는 풍경에 인공지능이 등장할 것입니다. 먼 훗날 또 다른 패터슨은 고도화된 인공지능의 시뮬레이션 환경에서 시적 영감을 얻을 수도 있습니다. 그의 시를 읽는 독자는 패터슨의 언어를 순식간에 가상현실로 '번역'하여 경험하게 될지도 모릅니다. 시인의 낭독이 실시간으로 가상현실을 창조하고 독자의 특성에 맞게 '개인화된' 시적 경험으로 바뀌어 전달될 수 있는 날이 오고 있습니다.

하지만 그 모든 가능성에도 패터슨의 시는 있는 그대로 충분합니다. 그저 온몸으로 만드는 텍스트이기에 그의 삶에 깊숙이 뿌리내릴 수 있습니다. 패터슨의 삶에 인공지능이 개입해야 할 지점은 보이지 않습니다. 애당초 그의 삶은 '우월한' 지능이 해결해야 할 문제가 아니라 다른 관계와 엮임으로 변신해 가는 시 자체였기 때문입니다. 역설적이게도 이것을 인정할 때 인공지능과 함께하는 읽기–쓰기도 더욱 깊고 넓어질 수 있습니다. 인공지능 없는 삶을 이해할 때 비로소 모두를 위한 인공지능을 상상할 수 있습니다. 거기에서 출발해야 합니다.

**2**

인간의 읽기 - 쓰기,
인공지능의 읽기 - 쓰
기 : 개념적 탐색

글쓰기는 이상한 일이다. (……) 쓰기에 변함없이 수반되어 온 한 가지 현상은 도시와 제국의 형성이다. 다시 말해 상당수의 개인이 정치 체제로 통합되고, 이런 개인이 카스트와 계급의 위계로 분배되는 것이다. (……) 쓰기는 인류의 계몽보다는 착취를 선호하는 것 같다.

　　—레비 스트로스[06]

한 할머니가 있었습니다. 어릴 적 아버지가 돌아가시고 어머니 홀로 일곱 남매를 키우셔야 했던 시절, 장녀인 그는 동생들 뒷바라지에 말 그대로 인생 전부를 걸어야 했습니다. 학교에 간다는 것은 동생들을 방치하는 꼴이었고, 없는 살림을 축내는 일이었고, 먼저 태어났다는 핑계로 동생들 몫을 빼앗는 일이었습니다. 무엇보다도 고생하는 어머니에게 더 큰 짐을 안기는 일이었습니다. 이 모든 것이 객관적 진실이든 아니든 그렇게 생각할 수밖에 없었지요. 모질고 긴 세월, 온갖 일자리를 전전하며 가족을 돌본 할머니는 여전히 한글을 제대로 읽지 못합니다.

동네 마을회관에서 열리는 '시니어 한글 첫걸음'이라는 교육 프로그램을 알게 된 계기는 얼마 전 열린 할머니들의 '한글을 배워 처음 쓴 인생 시 거리 전시회'였습니다. 놀랍게도 자기 또래의 할머니 '시인'이 많았습니다. 그래서 마음을 먹었습니다. 죽기 전에 한글을 꼭 배워서 사랑하는 사람에게 편지를 쓰고 싶다고요. 사랑하는 동생들에게 진심을 전하고 싶다고요. 무엇보다 자신이 살아온 파란만장한 인생의 조각을 남기고 떠나고 싶다고요.

첫 수업 날 할머니는 설레는 마음으로 길을 나섰습니다. 가방 안에 새로 산 필기구와 노트도 챙겨 넣었습니다. 그런데 강의장에 들어서는 순간 낯선 느낌이 덮쳤습니다. 책상 위에는 노트북이 놓여 있었고, 커다란 스크린에는 처음 보는 화면이 떠 있었습니다. 강사는 한글 학습과 글쓰기가 모두 컴퓨터를 통해 이루어진다고 말했습니다. 그러고는 자랑스럽게 첨단 기술 이야기를 늘어놓았습니다.

"이제 누가 글씨를 쓸까요? 훨씬 더 빠른 컴퓨터 프로그램이 있는데요. 나중에 설명드리겠지만, 타이핑을 배우시면 많은 게 편해집니다. 게다가 한 번 쓴 글을 복사해서 다른 곳에 사용하실 수 있죠. 나중에 자세히 설명드리겠지만 '컨트롤 씨 컨트롤 브이'는 마법이랍니다. 게다가 요즘은 생성형 인공지능이라는 게 나왔어요. 사람처럼 말하고 글을 쓰는데, 신기합니다. "딸한테 생일 축하 편지 써 줘" 하면 편지가 좌르르르르 나와요. 조금만 고치면 멋진 편지가 완성되지요. 마음에 드는지 확인하시고 따님께 보내시면 됩니다."

할머니는 무슨 소리인지 도무지 알아들을 수 없었습니다. 자신은 그저 편지를 쓰고 싶었을 뿐인데 신기술을 배워야 한다는 말에 기운이 빠졌습니다. 편지지를 사고, 또박또박 글씨를 쓰고, 봉투를 풀로 붙이고, 주소를 쓰고, 산책을 나가 동네 빨간 우체통에 편지를 넣고, 며칠이 지나 딸에게 전화가 오면 그간 한글 배운 이야기를 자랑스럽게 늘어놓고 싶었지요. 하지만 그럴 수 없는 상황이 되어 버렸네요.

할머니에게 워드프로세싱이나 생성형 인공지능은 무엇일까요? 널리 사용되는 기술은 모두에게 좋은 기술일까요? 할머니의 생각은 그저 '리터러시 역량이 떨어지는' 사람의 한탄일 뿐일까요? 혹시 강사의 강의 방향은 할머니의 삶을 살피지 못한 데서 나온 '그릇된 선의' 아닐까요? 기술은 삶을 보필하기도 하지만 배반하기도 하는 것 아닐까요?

## '인간 vs. 인공지능'을 넘어서

대중문화와 언론은 인간과 인공지능을 대립 관계로 파악하곤 합니다. 소위 '잘 팔리는 이야기'는 대부분 이런 구도를 만들지요. '인간 vs. 인공지능'은 바로 이런 경향을 단적으로 드러냅니다. 여기에서 사용된 'vs.'는 'versus'의 약자로 스포츠나 게임·국제관계나 소송 등에서 서로 다른 편을 가르는 말입니다. 한자로는 '對'(대)라고 표기하지요. 전치사로 쓰이는 영어 단어 'versus'는 같은 형태의 라틴어 어원에서 나와 15세기 중반 법률 소송 등에서 사용되면서 대중적으로도 널리 쓰이게 되었습니다. 이 단어는 승소하려는 치열한 공방이 벌어지는 법정의 특성과 같이 대결과 갈등의 의미를 담고 있습니다. 즉 '인간 vs. 인공지능'이라는 표현은 두 편을 별도의 존재이면서 자신이 상대보다 더 낫다는 것을 증명하려는 존재로 보고 다른 점을 부각시키는 프레임에 기반합니다.

이 구도는 여러 면에서 흥미롭습니다. 우선 인간은 자신이 만든 도구에 대해 좀처럼 'vs.'를 붙이지 않습니다. '인간 vs. 망치'라든가, '인간 vs. 고속철도' 나아가 '인간 vs. 인터넷'과 같은 표현은 거의 찾아볼 수 없죠. 하지만 인공지능은 예외입니다. 인터넷과는 경쟁하지 않지만 인공지능과는 경쟁해야 한다는 심리가 숨어 있는 것입니다. 흥미롭게도 인터넷의 수많은 서비스가 이미 오래전부터 인공지능을 활용했습니다. 검색·소셜미디어·쇼핑·영상 플랫폼에서 우리는 늘 인공지능과 알게 모르게 마주칩니다. 그러고 보면 '인간 vs. 인공지능'의 대결 구도는 일상생활에서 큰 의미가 없습니다.

인공지능을 대하는 인간의 태도는 양가적이다 못해 모순적입니다. 먼저 인공지능은 우리 삶을 편리하게 해 주는 도구입니다. 어려운 일을 척척 해결해 주니 편하고 고맙습니다. 게다가 인공지능은 엄청나게 똑똑합니다. 국제수학올림피아드 챔피언 수준의 수학 실력을 갖추었고, 미국 대학원 입학시험 지원자 평균 수준의 GRE 에세이 작성을 몇 초 만에 해낼 수 있고, 단백질과 핵산의 구조·항체와 항원의 상호작용 등을 상당한 수준의 정확도로 예측할 수 있습니다.* 인간으로서는 상상할 수 없는 놀라운 역량에 우리는 압도당합니다. 인공지능의 이런 능력은 앞으로도 계속 발전할 것입니다. 또한 인공지능은 우리의 일자리를 넘보는 두려운 존재입니다. 나

---

\* 순서대로 인공지능 시스템 'AlphaGeometry' 'GPT-4' 'AlphaFold3'가 보여 준 역량이다.

의 사회경제적 토대를 무너뜨릴 수도 있으니 말 그대로 먹고살 걱정을 하게 만드는 고약한 존재죠. 우리를 '대체 가능한 존재'로 만들 힘을 가지고 있는 겁니다. 무엇보다 인공지능의 진화가 계속된다면 인류의 존재 자체를 위협할 수 있습니다. 소위 '인류에 대한 존재론적 위협'이 되는 무시무시한 인류멸절-기계가 될 수도 있습니다. 인류는 인공지능에 의해 '폐기'될지도 모릅니다. 결국 인공지능은 고맙고 놀랍지만 먹고사는 일을 걱정하게 만들뿐더러 인류의 공멸을 가져올 수 있는 무서운 존재입니다.

이런 상황에서 우리는 인공지능에 대해 어떤 태도를 가져야 할까요? 무엇보다 기술을 단지 인간의 반대편에 놓고 생각할 것이 아니라 중재mediation의 관점에서 우리의 삶과 연관하여 이해해야 합니다. (5장에서 자세히 논의) 우리의 행위와 의미·관계와 사고 나아가 존재와 떼려야 뗄 수 없는 관계로 바라보는 겁니다. 인간은 언제나 기술과 함께 존재했습니다. 삶을 흔드는 기술의 부상은 인류의 역사에 늘 있던 일입니다. 불과 바퀴·나침반과 망원경·인쇄술과 증기기관·전구와 전화·인터넷과 스마트폰에 이르기까지 인류는 크고 작은 기술 변화와 함께 진화했습니다. 그런 면에서 인간과 기술은 서로 엮이고 갈등하고 교섭하면서 서로를 빚어 온 셈입니다.

기술과 인간 나아가 사회가 밀접한 관계를 맺고 있다는 점을 받아들이면 우리는 특정 기술에 대해 어떻게 접근할 수 있을까요? 이와 관련하여 딥페이크에 대한 연구와 실천을 수행하고 있는 위트니스미디어랩Witness Media Lab의 구호인 "Prepare, Don't Panic"(충격에 빠지지 말고 준비하라)은 좋은 예시입니다. 실제 이미지·오디오·비디오가 아니지만 실제와 구별하기 힘든 인공지능 합성 미디어를 가리키는 '딥페이크'에 대해 말하고 있는 이 슬로건은 크게 열두 가지의 항목으로 새로운 미디어 환경에 당황하지 않고 차분하게 준비할 수 있는 방법을 이야기합니다.

**딥페이크에 대비하고자 지금 취할 수 있는**
**열두 가지 조치**

1. (기술 자체에 대한) 과도한 수사적 표현 축소: 딥페이크는 기존의 문제들이 새롭게 터져 나온다기보다는 그들이 진화하는 것입니다. 우리의 말이 우리가 두려워하

는 많은 해악을 초래한다는 사실을 인식해야 합니다.

2.  기존의 피해를 명명하고 이에 대응하기: 젠더 기반 폭력과 사이버 폭력에 이르기까지 기존의 피해를 명명하고 이에 대응합니다.

3.  포용과 인권: 딥페이크에 대한 대응이 글로벌하고 포용적인 접근법 및 공유된 인권 비전을 반영할 뿐 아니라 이것들에 의해 형성되도록 요구합니다.

4.  글로벌 위협 모델: 전 지구적 관점에서의 위협 모델과 이에 대한 바람직한 솔루션을 식별합니다.

5.  기존 전문성에 기반하기: 오정보·팩트체킹·OSINT* 등에 대한 기존의 전문성을 바탕으로 여러 분야에 걸친 다양한 솔루션 접근 방식을 장려합니다.

6.  협력하는 조직: 미디어 및 시민단체와 같은 주요 최전선 주체들이 위협을 더 잘 이해하고 다른 이해관계자·전문가와 연결될 수 있도록 역량을 강화합니다.

7.  조정: 합성 미디어 사용과 관련하여 시민사회·미디어·기술 플랫폼 간의 적절한 조정 메커니즘을 파악합니다.

8.  연구: '눈에 보이지 않는' 영상 조작과 시뮬레이션을 대중에게 알리는 방법에 대한 연구를 지원합니다.

9.  플랫폼 및 도구 제작자의 책임: 플랫폼과 도구를 상업

---

* Open Source INTelligence. 공개출처정보. 대중에게 공개된 출처로부터 정보 기관 등이 합법적으로 수집한 정보.

84

화하거나 배포 채널로 활동하는 기업들에게 우리가 원하는 것과 원하지 않는 것을 밝힙니다. 여기에는 인증 도구·조작 감지 도구 그리고 플랫폼이 발견한 내용에 따른 콘텐츠 조정이 포함됩니다.

10. 탐지 액세스 권한의 형평성: 딥페이크 탐지 시스템에 접근할 때는 전 지구적 형평성을 우선시하고, 탐지에 대한 투자 규모가 합성 미디어 제작 접근 방식에 대한 투자 규모와 일치하도록 옹호해야 합니다.

11. 인프라 선택에 대한 논의: 인프라 선택에 대한 논의를 형성하고, 우리가 진실성이나 콘텐츠 관리에 대해 내리는 선택 그리고 이를 위해 구축하는 인프라가 전 세계적으로 누구를 포함시키고·배제하고·검열하고·침묵시키며 또 누구에게 힘을 실어줄지에 대한 장단점을 이해해야 합니다.

12. 윤리적 기준을 장려하기: 정치 및 시민사회 캠페인에서의 딥페이크 사용에 대한 윤리 기준 마련을 장려합니다.


이 제안의 키워드는 수사·피해·포용과 인권·글로벌 위협·전문성·협력·조정·연구·책임성·형평성·선택·윤리적 기준 등 실로 다양한 영역에 걸쳐 있습니다. 이와 같은 다면적인 접근은 '딥페이크를 잘 식별하자' '딥페이크를 생산하지 말자' '딥페이크 탐지 기술을 보급하자' 등 인간과 기술을 적대적 관계·분리된 관계로 보는 납작한 접근을 지양하고, 딥페이크에 대한 개념적·기술적·사회적·제도적·산업적 측면을 포괄적으로 고려합니다. 아울러 딥페이크의 문제를 기술과 인간·사회 등 한 가지 관점에서 고찰하는 것이 아니라 이 모두가 역사적이고 역동적으로 엮이는 방식, 나아가 이들을 움직이게 하는 제도와 권력을 두루 살핍니다.

이런 면에서 인공지능과 리터러시를 이해하는 첫 번째 단추는 인공지능과 인간 나아가 사회와의 관계를 입체적으로 탐구하는 일입니다. 이런 작업의 기초를 다지고자 다음에서는 기계의 학습과 인간의 학습 나아가 기계의 리터러시와 인간의 리터러시를 이해하기 위한 몇몇 핵심 개념을 탐구합니다.

## 기계를 이해하려고
## 노력해야 하는 이유

이쯤에서 '나는 문과생인데' '나는 프로그래밍을 할 일이 없는데' '내가 딥러닝에 대해 조금 안다고 해서 뭐가 달라지지' '그냥 잘 쓰면 되지, 뭐 이런 걸 다'라며 의아해할 분도 계실 것입니다. 하지만 인공지능을 이해하려고 머신러닝이나 인공지능의 사회적 영향 등의 분야를 살피는 일이 그저 프로그래밍 전문가나 공학 및 자연과학 나아가 과학기술 전공자의 일로 여겨지는 것은 바람직하지 않습니다. 인공지능이 교육과 미디어의 핵심 기술이 되고 일상의 곳곳에 스며든다는 것은 인공지능이 우리 자신의 필수불가결한 일부이자 우리 삶의 핵심 도구가 되고 제도와 교육 나아가 개개인의 심리와 의사결정에 지대한 영향을 미치게 된다는 뜻입니다. 이 점을 인식한다면 시민으로서 인공지능의 사회적·정치적·경제적 영향에 대해 과학적인 의견을 피력할 수 있는 역량은 민주시민교육의 주요 영역으로 자리 잡아야 합니다. 아울러 인공지능에 대한 비판적이고 창의적인 접근이 리터러시 교육의 핵심 요소로 자리매김해야 한다는 의미이기도 합니다. 리터러시에 관심을 갖는 과정에서 인간과 인공지능의 관계를 입체적이고 깊이 있게 이해하는 일이 필요한 이유입니다.

본격적인 논의에 앞서 제가 공부한 분야를 통해 리터러시와 기술의 관계에 대해 어떠한 지향과 태도를 갖게 되었는지 간략히 말씀드리고자 합니다. 제 공부의 궤적은 여러분과 다르리라고 생각합니다. 하지만 바로 그렇기에 여러분은 각자의 맥락에서 요구되는 관점과 태도를 정립해 가실 수 있습니다. 저는 언어학과 인지과학을 공부하면서 저라는 존재가 제가 생각하고 느끼는 것과는 다르게 지각하고 움직이고 판단한다는 것을 배웠습니다. 언어학을 통해 말글은 정보를 주고받는 도구로서 기능하는 것을 넘어 우리의 사고와 정서·세계관에 끊임없이 영향을 준다는 것을 배웠습니다. 아울러 언어를 사용할 때마다 우리 머릿속에서는 그에 상응하는 상상과 추론·시뮬레이션이 일어난다는 것 또한 알게 되었습니다. 인지과학을 공부하면서는 지금 제 앞에 보이고 들리는 것이 객관적으로 존재하는 것이 아니라 저의 감각기관과 신경 그리고 두뇌가 정교하게 만들어 낸 것이라는 사실을, 단순히 명명백백한 지각을 객관적으로 해석하는 것이 아니라 순간순간의 예측과 그에 대한 반응을 정교하게 조정하고 있다는 것을, 기쁨과 슬픔·분노와 감정은 고정된 실체로 존재하는 것이 아니라 상황과 관계·현상과 사건이 나의 기억과 동적으로 엮이며 순간순간 생성된다는 것을 배웠습니다. 저만의 생각이나 감정이라 여겼던 것도 결국 물리적·생물학적·사회문화적 요인이 협업한 산물임을 알게 된 것입니다. 어떤 면에서 뇌는 세상에서 가장 뛰어난 '사기꾼'입니다. 스스로를 속이고도 결코 들키질 않거든요. 뇌에 큰 문제가 생기기 전까진 말이죠. 이런 배움은 저에 대한 과도한 확신을 제어하고 세계의 다양한 존재에 마음을 여는 기회가 되었습니다. 세계의 변화에 대한 궁극적인 해답 따위는 존재하지 않기에 계속 겸손하게 배울 수밖에 없다는 것을 깨달았습니다.

누구나 머신러닝이나 딥러닝의 기초를 공부해서 필요한 소프트웨어를 뚝딱 만들거나 다가올 미래에 대한 명확한 행동 수칙을 끌어낼 수는 없을 겁니다. 하지만 삶과 사회에 대한 문제의식을 가지고 인공지능을 이해하려고 애쓸 때, 기계가 '생각'하고 '이해'하는 방식에 조금 더 다가설 수 있고, 이것은 우리가 글을 읽고 쓰는 과정과 특성·가치를 이해하는 데 도움을 줄 수 있습니다. 인간과 다르게 세상을 지각하고 판단하는 인공지능 나아가 인간의 뇌 구조를 본떠 만든 신경망에 기반한 새로운 지능체를 이해하려는 과정 속에서 우리는 인간 사회와는 다른 세계를 만납니다. 그러면서 인공지능도 인간도, 무엇보다도 자기 자신도 다른 모습과 특성·가치를 지닌 존재로 다가올 것입니다.

　인공지능은 겉보기와 다르게 인간과 같은 방식으로 언어를 배우지도, 글을 써내지도 않습니다. 인간과는 다른 알고리즘으로 단어를 인식하고, 맥락을 파악하고, 문장을 생성합니다. 인간과 다르게 학습하고 변화하는 것은 물론이고, 완전히 다른 차원에서 언어를 생성합니다. '인공'이라고 부르는 이유가 있는 것입니다. 신경망의 노드 하나하나가 뉴런 하나하나에 대응한다는 식의 설명도 구조적인 유사성에 근거한 것이지, 인간과 인공지능이 동일한 원리와 과정을 통해 생각하고 느끼고 말한다는 것을 의미하지는 않습니다.

　하지만 그렇게 우리와는 다른 인공체가 지적 존재이자 현상으로 명백히 우리 앞에 등장했다는 사실은 의

심의 여지가 없습니다. 갈등과 차별·종속과 불평등을 경계하지만, 그들과 어떤 식으로든 공존하며 세계를 그려야 한다는 점을 부인할 수 없습니다. 그런 면에서 인공지능에 대한 관심은 새로운 지능의 가능성과 한계·이들과 인간과의 관계 설정·관련된 철학적·윤리적·미학적 문제에 대한 관심입니다. 나아가 인간과 인공지능의 엮임은 다른 비인간 존재들과 지구에 미칠 영향에 대한 관심이기도 합니다. 결국 인공지능에 대한 관심은 우리가 다른 존재들과 함께 사는 법에 대한 고민인 셈입니다. 이런 고민 가운데 이제껏 우리가 경험했던 지능체와는 다른, 인공지능이라는 새로운 존재의 가능성과 위협을 모두 마주하게 되겠지요.

읽고 쓰는 일에 관심을 가진 이들의 관점에서 인공지능을 이해하려는 여정을 시작하기 전에, 인간의 읽기-쓰기와 인공지능의 읽기-쓰기를 비교하는 것은 이 둘을 대립적 관계로 보고자 하는 것이 아님을 분명히 밝힙니다. 오히려 그 반대입니다. 인간과 인공지능·인간과 기술은 결코 분리될 수 없습니다. 인간과 기술을 개념적으로 구분할 수 있을지는 모르지만, 인간은 언제나 기술과 함께 존재하고 변화하고 새롭게 생성되었기에, 우리는 인공지능을 인간 대다수를 이해할 때 필수불가결한 조건이며 행위자로 파악해야 합니다.


## 인공지능 혹은 인간지능의 확장

1958년 7월 8일 『뉴욕타임스』는 최초의 신경망 네트워크 모델로 알려진 퍼셉트론Perceptron에 대한 기사를 내보냅니다. 퍼셉트론을 설계하고 개발 프로젝트를 주도한 사람은 프랭크 로젠블랫 박사였지요. 그는 당장 구현할 수는 없지만 "원칙적으로 보자면 조립라인에서 스스로를 재생산할 수 있고 자신의 존재를 의식할 수 있는 뇌를 만드는 것이 가능할 것"이라고 주장합니다. 모델이 공개된 곳은 대학도 기업도 아닌 미국 해군이었죠.

처음 신경망 모델을 접하면 컴퓨터 공학자들이 인간의 뇌를 본떠 신경망 모델을 만들었다는 설명을 듣곤 하지만, 퍼셉트론을 설계한 로젠블랫은 공학자가 아닌 신경생물학자였습니다. 신경망 모델이 전적으로 그 혼자의 작품은 아니었지만, 최초로 신경망을 구현하고자 했던 모델의 디자이너가 컴퓨팅 전문가라기보다 인간의 뇌와 심리를 깊이 이해하고자 하는 사람이었다는 사실은 딥러닝의 시작에서부터 인간과 기계가 깊이 엮여 있었다는 점을 방증합니다. 나아가 로젠블랫은 "자신의 존재를 의식할 수 있는 뇌"를 언급하며 스스로를 인식하고 다양한 과업을 계획·실행·평가·재계획할 수 있는 지능체를 꿈꾸었습니다. 인공지능에 관해 상상할 수 있는 모든 것이 이미 딥러닝의 '시제품'에서부터 상상되었음을 확인할 수 있는 대목입니다.

이는 전설이 된 앨런 튜링의 1950년도 논문 「계산 기계와 지능」Computing Machinery and Intelligence의 첫 문장, "저는 '기계는 생각할 수 있는가?'라는 질문에 대해 고찰해 볼 것을 제안합니다"와 조응합니다. 같은 논문에서 튜링은 "이미테이션 게임을 훌륭하게 해 낼 수 있는 디지털 컴퓨터를 상상할 수 있을까요?"라는 질문을 던지지요. 본래 '이미테이션 게임'이라고 불렸던 튜링테스트는 기계가 인간의 지적 능력에 상응하는 행위를 수행할 수 있는지, 이를 통해 인간과 구별 불가능한 수준의 지능을 증명할 수 있는지를 보는 테스트였습니다. 튜링의 질문은 인공지능에 대한 본격적인 탐구가 시작된 때부터 인공지능과 인간지능을 끊임없이 연결하고 비교했다는 점을 시사합니다. 이는 이론적으로나 경험적으로나 인공지능과 인간을 끊임없이 연결짓고 비교하는 문화를 만드는 데 일조했습니다.

어쨌든 현재 인공지능의 구현에서 가장 중요한 역할을 담당하는 신경망 모델의 출발점이 되었던 퍼셉트론이 인간의 신경망 구조를 본떠 설계되었다는 점도, 인공지능의 창시자로 불리는 앨런 튜링의 비전이 인간의 지능에 필적하는 디지털 컴퓨터의 수행을 겨냥했다는 점도 인공지능과 인간지능의 밀접한 관계를 보여 줍니다. 결코 '인간 vs. 기계'로 반듯하게 나누어 생각할 수 없다는 점을 역사적으로 방증하는 것이지요.

대략 65년의 세월이 흘러 이제는 튜링이 제안한 이미테이션 게임에서 인간과 대등한 수행 능력을 보여 주는 인공지능이 일상을 파고들고 있습니다. 적어도 텍스트를 통해 일반적인 주제에 관한 대화를 나누는 경우라면 인간과 챗봇을 구별하기 힘들 정도이니까요. 예를 들어 제가 채팅을 통해 두 파트너와 대화하는데, 하나는 인공지능 챗봇이고 다른 하나는 인공지능 윤리 전문가입니다. 과연 어떤 상대가 인공지능이고 어떤 상대가 인간인지 제가 명확히 판별할 수 있을까요? 저는 자신 없습니다. 여러분은 어떠신가요?

## 거대언어모델의 등장

인공지능은 텍스트 생성뿐 아니라 이미지 생성·비디오 생성·음성 합성·기계 번역 등의 영역에서 계속 진화하고 있습니다. 앨런 튜링의 선구적 작업 이후 인공지능의 역사가 탄탄대로는 아니었지만, 현재의 인공지능 붐을 여는 데에는 많은 이들의 선구적인 연구개발이 있었습니다. 대표적으로 1980년대 얀 르쿤과 동료들의 CNN(Convolutional Neural Network) 알고리즘 혁신과 데이비드 럼멜하트·제프리 힌튼·로날드 윌리엄스의 역전파 알고리즘 제안, 2009년 페이페이 리의 이미지넷ImageNet 발표와 이후 대규모 시각 처리 챌린지Large Scale Visual Recognition Challenge 진행, 알렉스 크리제브스키 등의 알렉스넷 알고리즘 제안, 토마스 미콜로프를 비롯한 구글 연구진들의 워드투벡Word2Vec 기법 발표, 용후이 우 등이 발표한 구글의 신경망 번역 시스템, 심층 신경망의 학습 능력을 비약적으로 끌어 올린 카이밍 허 등의 연구, 챗

GPT 등의 개발과 관련 알고리즘 개선을 이끈 오픈AI의 노력 등을 들 수 있습니다.

기계학습과 인공지능의 연구 영역은 실로 다양하지만, 리터러시와 관련하여 가장 크게 주목받는 것은 소위 거대언어모델을 둘러싼 개념·기술적 발전입니다. '거대언어모델'은 이 합성어를 구성하는 단어 하나하나를 보면 알 수 있듯이, 막대한 언어 데이터에 기반하여 단어와 문장·텍스트 등을 수학적으로 변환하고, 이를 정교하게 튜닝하여 다양한 텍스트를 생성할 수 있습니다. 이들 모델에 동원되는 기술은 다양하지만 가장 중요한 역할을 한 것은 구글에서 2017년에 발표한 「필요한 것은 주의집중뿐」Attention is all you need이라는 논문입니다. 해당 논문에서는 현재 거대언어모델 구축에서 가장 중요한 역할을 하는 트랜스포머 아키텍처를 제시하여 언어 데이터의 처리와 생성 연구의 역사에 한 획을 그었습니다. 2024년 현재 대표적인 거대언어모델로는 챗GPT의 엔진인 GPT-4(Turbo/Omni) 등 오픈AI의 GPT 제품군·구글 제미나이의 기반이 되는 제미나이·메타의 라마·앤스로픽의 클로드 모델 등이 있으며, 이에 대한 업그레이드 및 타 모델의 출시가 이어지고 있는 상황입니다.

거대언어모델이 만들어지는 과정을 한두 단락으로 요약하기는 쉽지 않지만, 크게 다음과 같은 일곱 단계를 거칩니다. 인간의 리터러시와 인공지능의 리터러시를 비교하고 깊이 이해하는 데 꼭 필요한 기본 지식이니 조금 어렵더라도 차분하게 살펴보셨으면 합니다.

1단계

거대언어모델인 만큼 '거대 언어 자료'를 마련하는 것이 우선입니다. 이를 위해 웹상의 언어 데이터를 대량으로 수집합니다. 흔히 '언어 빅데이터'라고 불리지만, 전산언어학자들은 '말뭉치' 혹은 '코퍼스'corpus라고 부릅니다. 물론 아무 데이터나 마구 수집하는 것은 아니고, 일정한 기준을 충족하는 언어 데이터를 수집합니다. 예를 들어 GPT-3의 학습 과정에는 ①일반 크롤링 코퍼스 Common Crawl, ②웹텍스트2, ③도서 코퍼스 1, ④도서 코퍼스 2, ⑤위키피디아 코퍼스가 포함되었습니다. 이 중 일반 크롤링 코퍼스는 8년간의 웹 크롤링*을 통해 모은 코퍼스로 가장 큰 비중을 차지합니다. 웹텍스트2는 레딧Reddit에서 찬성표가 세 개 이상인 게시물로부터 바깥으로 나가는 링크에 포함된 웹페이지의 텍스트입니

---

* 웹의 다양한 정보를 자동화된 알고리즘을 통해 검색하고 원하는 정보를 추출하는 작업.

다. 도서와 위키피디아는 텍스트의 품질이 보장된 언어 데이터로서 유용성이 큽니다. 최근의 언어모델 다수는 학습용 데이터에 프로그래밍 코드를 포함시켰으며, 구글의 트랜스포머 모델 팜이 사용한 데이터의 경우 과학 논문의 비중이 타 거대언어모델보다 월등하게 높습니다. 이처럼 모델마다 코퍼스의 구성 비율이 다릅니다.

2단계

이렇게 모은 코퍼스를 필터링하여 비교적 품질이 좋은 데이터만을 남깁니다. 대규모 데이터이기에 사람이 일일이 수작업으로 분류할 수는 없으며, 텍스트 분류기text classifier를 활용하는 경우가 많습니다. 아울러 웹은 생각보다 많은 중복 데이터를 포함하므로 겹치는 텍스트를 자동으로 삭제하는 과정을 거칩니다. 예를 들어 어떤 사람의 글을 복사해서 다른 웹페이지에서 사용했다면 같은 문장이 두 개의 페이지에 나오게 될 텐데, 이런 데이터는 체계적으로 제거됩니다. 마지막으로 프라이버시를 침해하는 데이터를 감지하여 삭제합니다. 이 작업이 완벽하지는 않아서 이후 간혹 문제가 발생합니다.

### 3단계

토큰화tokenization를 진행합니다. 수집한 코퍼스에서 토큰의 목록을 추출하는 작업입니다. 토큰은 코퍼스를 이루는 기본 단위라고 할 수 있는데요. 쉽게 말해 (토큰이 단어와 정확히 일치하지는 않지만) 해당 코퍼스에 어떤 단어들이 들어 있는지를 추출하는 작업입니다. 그런데 이런 작업을 하더라도 컴퓨터가 직접 단어를 이해하고 해석할 수 없기 때문에, 컴퓨터가 처리할 수 있는 숫자로 이루어진 행렬로 변환하는 일이 필요합니다. 이를 임베딩이라고 합니다. 비유적으로 말해, 인간이 쓰는 언어가 기계가 활용할 수 있는 숫자로 변신하는 작업이 바로 임베딩입니다.

토큰화에 이어 임베딩까지 진행되면 인간이 사용하는 언어에 존재하는 형태와 의미의 짝이 사라집니다. 그런데 어떻게 인공지능은 의미에 맞는 언어를 생성할 수 있을까요? 그것은 언어가 토큰으로 변환되었을 때 각각의 토큰이 다른 토큰과 맺는 관계를 계산해 낼 수 있기 때문입니다. 여기에서 형태와 의미의 조합은 사라지지만 토큰 간의 관계를 명확히 파악할 수 있다는 것이 핵심인데요. 이 세계에 존재하는 수많은 단어가 어떤 패턴으로 존재하는지 알 수 있다면 개별 단어들의 의미를 알 수 있다는 아이디어는 언어학에서 힌트를 얻은 것입니다. 코퍼스 언어학의 기틀을 마련한 언어학자 존 싱클레어는 "함께 나오는 단어를 보면 그 단어를 알 수 있다"라는 말을 남겼습니다. '배'의 의미는 그 자체에 있는 것이 아니라 주변에 '소화'나 '아프다'가 나오는지 '사과'나 '농사'가 나오는지를 보고 알 수 있는 것이지요. 'bank'의 의미도 마찬가지로 주변에 'high interest'(높은 이자율)가 나오는지 'flood'(범람)가 나오는지에 따라 '은행' 혹은 '둑'으로 확정되고요. 이같이 특정한 단어나 표현, 나아가 문장의 의미는 주변의 맥락에 따라 파악된다는 가정에 기반을 두고 언어의 의미를 파악하는 언어학의 분과를 '분포 의미론'이라고 부릅니다. 이런 가정에 따라 상상할 수 없을 정도로 많은 언어 데이터에서 뽑아 낸 단어들을 모두 벡터로 표현하고 이들의 분포를 수학적으로 계산할 수 있다면, 그 정보만으로 형식과 의미 모두를 담은 언어를 생성할 수 있고, 이를 구현한 것이 토큰 임베딩과 트랜스포머 모델입니다.

4단계

특정 모델은 이렇게 처리된 데이터를 통해 훈련됩니다. 현재 가장 널리 사용되는 모델은 인공 신경망에 기반한 트랜스포머 아키텍처입니다. 트랜스포머 내에도 여러 종류와 버전이 있지만, 이 기술의 토대를 놓은 것은 앞에서 소개한 구글의 「필요한 것은 주의집중뿐」이라는 제목의 논문입니다.

5단계

데이터를 통해 훈련된 모델은 기본적으로 '다음에 어떤 단어가 올지'를 잘 예측합니다. 예를 들어 "Seoul is an interesting _____"(서울은 흥미로운 _____이다)이라는 네 단어 다음에는 어떤 단어가 올까요? 아마도 'city'(도시)가 올 확률이 높을 겁니다. "너 아침도 굶더니, 세 시가 넘도록 _____"은 어떨까요? 아마도 '밥을'이나 '점심을' 혹은 '아무것도'와 같은 단어가 높은 확률로 나오겠지요. 이를 반영해 특정한 단어가 추가되면 그 다음에 올 단어의 확률도 계산할 수 있을 겁니다. "너 아침도 굶더니, 세 시가 넘도록 아무것도 _____"가 주어지면 '못'이나 '안'과 같은 단어가 나올 확률이 높아지듯 말입니다. 이렇게 간단한 작업에서부터 보다 길고 복잡한 맥락을 주고 다음 단어를 예측하는 과업까지를 두루 학습한 모델은 일종의 '확률 기계'로서 다음에 나올 한 단어를 예측하고, 이에 기반하여 다음에 나올 단어를 예측하는 일에 '도사'가 됩니다. 하지만 이것만 가지고 우리가 원하는 언어 생성을 요청하기는 무리입니다. 인간은 특정한 맥락에서 특정한 의도를 실현하고자 말을 하고 글을 써서 소통하지, 무작위로 배치된 단어 다음에 무슨 단어가 나올지 예측하는 방식으로 소통하지 않기 때문입니다.

6단계

이제부터는 흔히 '파인 튜닝'이라고 부르는 단계입니다. 인간의 감독하에 이뤄진다는 의미에서 'Supervised Fine Tuning'이라고 불리는데요. 직역하면 '지도 미세 조정'이지만 간단히 '파인 튜닝'으로 명명합니다. 파인 튜닝은 웹의 대규모 코퍼스를 통해 훈련된 '다음 단어 맞추기 기능'을 업그레이드하고, 사용자가 원하는 언어를 생산하도록 훈련하는 단계입니다. 여기에서 강조하고 싶은 것은 이 단계에서부터는 인간이 광범위하게 개입한다는 것입니다. 다시 말해 인공지능 개발의 핵심은 '기계학습'이라고 말하지만 사실 기계가 혼자 학습하는 것만으로는 쓸 만한 기능을 건지기가 쉽지 않습니다. 특정한 목적과 조건에 부합하는 텍스트를 생산하려면 추가 작업이 필요합니다.(현재는 이 단계 이후로도 인간의 개입을 최소화하면서 모델의 성능을 개선하려는 연구들이 수행되고 있습니다.)

이와 같은 이유로 파인 튜닝 단계에서는 사람이 쓴 모범적인 '프롬프트−응답' 쌍을 통해 모델이 훈련을 하게 됩니다. 쉽게 말해 인간의 시범에 기반해 모델이 업그레이드되는 것입니다. 보통 수만에서 10만 건 정도의 질의응답이 여기에 투여됩니다.

비유적으로 말하자면 인터넷의 바다에서 광범위한 예비 훈련을 거쳐 다음 단어를 예측하는 데 전문가가 된 모델이 이제 실제 쓸 만한 일을 해내려고 인간이 제공하는 질문−응답의 쌍을 통해 본격적으로 업무를 준비하는 것입니다. 이 단계를 지나야 비로소 사용자의 프롬프트에 맞는 답을 제대로 할 수 있는 역량을 갖추게 되죠. 물론 모델의 종류·여러 세팅에 따라서 답변의 품질은 큰 차이를 보입니다. 이렇게 알고리즘이 주도적인 역할을 하는 예비 훈련과 인간이 적극적으로 개입하는 파인 튜닝을 거친 인공지능 모델은 서비스를 위한 준비를 어느 정도 마치게 됩니다.

7단계

하지만 이 단계에 이르러서도 아쉬운 점이 많습니다. 조금씩 엇나가는 답이 나오기도 하고, 차별적이고 노골적인 언어가 그대로 노출되기도 합니다. 위험한 정보를 요구해도 '거리낌 없이' 제공하는 일이 벌어지지요. 그래서 인간이 직접 인공지능의 답변을 평가하고, 이 결과를 통해 기계가 학습하는 과정에서 어떤 보상을 줄 것인지 정의하는 모델을 업그레이드합니다. 그렇지만 답변의 아쉬움이 완벽히 사라지지는 않기 때문에, 서비스가 시작된 뒤에도 모델 업그레이드가 필요합니다. 그래서 추후 파인 튜닝을 조금씩 반복적으로 실시함으로써 성능을 향상시킵니다. "A 답변과 B 답변 중 어느 쪽이 더 나은가?"와 같은 질문을 던져서 나온 사용자의 답변을 참고해 파인 튜닝에 반영하기도 하지요.

챗GPT나 제미나이 등의 서비스는 모두 이와 유사

한 단계를 거쳐 개발되었습니다. 트랜스포머 모델과 완전히 다른 방식의 거대언어모델이 나오지 않는다면, 비슷한 방식의 개발이 이어질 것입니다. 여기서 알 수 있는 것처럼 인공지능이 말을 하게 되는 과정과 인간이 언어를 습득하는 과정은 달라도 너무나 다릅니다. 대표적으로 인간은 단어·표현·문법적 요소를 하나하나 조금씩 쌓아 나가면서 언어를 학습합니다. 학습의 방향이 인공지능과는 완전히 반대입니다. 이렇게 완벽히 다른 과정을 거침에도 **인간이 사용하는 언어와 인공지능이 생성하는 언어의 결과물은 유사합니다.** 이런 현상에 대해 저명한 컴퓨터공학자 스티븐 울프럼은 다음과 같이 말합니다.

챗GPT의 특정 엔지니어링은 상당히 매력적입니다. 그러나 궁극적으로 (적어도 외부 도구를 사용할 수 있을 때까지는) 챗GPT는 축적된 '통념의 통계'에서 '일관된 텍스트의 실타래'를 '단순히' 뽑아내는 것에 불과합니다. 하지만 그 결과가 얼마나 인간과 유사한지 놀랍습니다. 앞서 설명했듯이, 이는 적어도 과학적으로 매우 중요한 사실을 시사합니다. 인간의 언어(와 그 이면의 사고 패턴)는 우리가 생각했던 것보다 그 구조가 더 단순하고 '법칙적'이라는 것입니다. 챗GPT는 이를 암묵적으로 발견했습니다. 하지만 의미론적 문법이나 전산학의 언어 등을 통해 이를 명시적으로 드러낼 수도 있습니다.

챗GPT가 텍스트를 생성할 때 수행하는 작업은 매우 인상적이며, 그 결과는 일반적으로 인간이 생성하는 것과 매우 유사합니다. 그렇다면 챗GPT가 뇌처럼 작동한다는 뜻일까요? 기본 인공 신경망 구조는 궁극적으로 뇌를 이상화하여 모델링했습니다. 그리고 챗GPT의 인공 신경망이 작동하는 방식은 인간이 언어를 생성할 때 일어나는 일과 많은 측면에서 매우 유사할 가능성이 높습니다.


이처럼 울프럼은 결과물의 유사성에 기반하여 인간의 뇌와 인공 신경망의 실제 작동 방식, 즉 언어 습득 과정이나 사고 과정도 유사하리라고 추측합니다. 하지만 완전히 반대의 주장도 있습니다. 언어학자 노엄 촘스키와 그의 동료들은 『뉴욕타임스』의 기고문에서 현재의 인공지능이 프로그래밍 등의 좁은 영역에서는 유용할지 모르지만 인공지능의 언어는 인간의 말 및 사고와는 전혀 다른 방식을 취하고 있다고 지적합니다. 인공지능은 일종의 '통계 엔진'이지 세계에 대한 설명과 논리적 추론을 하지는 못한다고 주장하지요. 기계학습의 핵심이 '묘사와 예측'이라면, 인간은 이를 훌쩍 뛰어넘어 도덕적 사고를 하고 인과관계를 명확히 인식할 수 있다고 말합니다. 반사실적 사고, 즉 우리가 경험하는 세계의 상태와 운동을 기반으로 사실이 아닌 세계를 가정하고 이에 따라 현재 혹은 미래가 어떻게 바뀔지를 추론하는 능력 또한 인간에 국한된 역량이라고 주장하지요. 그러면서 "정교해 보이는 인공지능의 사고와 언어에 지능이 없는 데서 오는 도덕적 무관심에 유의하라. 여기서 챗GPT는 표절과 무관심·무책임이라는 악의 평범성과 유사한 것을 보여 준다"라며 준엄한 경고를 날립니다.

촘스키와 동료들의 이런 주장에 대한 기계학습 전공자 및 개발자 들의 반응은 대부분 싸늘했습니다. 몇몇은 수위 높은 언어로 원색적인 비난을 하기도 했습니다. 인공지능이라는 존재와 그것의 지적 역량을 어떻게 이해할 것인가는 계속된 논쟁의 영역으로 남아 있지만, 대규모 자본이 투여되는 현재의 인공지능 개발의 숨 막히는 경쟁 속에서 인간과 인공지능을 철학적이며 비판적으로 사유하려는 흐름은 미약해 보입니다. 언론과 소셜 미디어는 이런 경향을 더욱더 증폭시키고 있지요.

인간과 인공지능을 다면적으로 비교하는 작업을 시작하기 전에, 먼저 인간 간의 차이가 있듯이 인공지능 모델 간의 차이가 있다는 사실을 말씀드리고 싶습니다. 완전히 똑같은 사람은 없기에, '인간'이라고 뭉뚱그려 부를 때는 신중해야 합니다. 종종 '사람이 거기서 다 거기지'라고 말하지만, 때로는 '세상에 나 같은 사람은 나밖에 없구나'라고 중얼거리기도 합니다. 똑같은 영화를 보고도 전혀 다르게 반응하고, 같은 사건을 접하고도 사뭇 다른 감정을 드러냅니다. 이처럼 인간은 서로 다릅니다. 우리는 서로 다른 과거를 살았고, 서로 다른 지금을 삽니다. 미래도 다를 수밖에 없습니다. 우리를 둘러싼 시공간이 다르고, 몸이 다릅니다. 결국 우리는 질적으로 다릅니다. 키가 다르고 몸무게가 다르고 재산이 다릅니다. 하지만 수량화할 수 있는 다름으로 차이를 모두 설명할 수는 없습니다. 동일한 유전자를 가지고 태어나 한집에서 자라고 같은 학교에 다니는 쌍둥이도 세계를 똑같이 경험하고 이해하고 표현하지는 않습니다.

마찬가지로 인공지능을 '인공지능'이라는 단수형 명사로 쓰는 일은 때론 위험할 수 있습니다. 인공지능은 방대한 학문 분과의 이름으로도 쓰이고, 특정한 알고리즘 또는 특정한 애플리케이션을 가리키기도 합니다. 같은 인공지능 애플리케이션이라 하더라도 사용자 데이터를 축적함에 따라 같은 프롬프트에 따라서도 사뭇 다른 결과물을 내놓기도 하지요. 인공지능 개발에 투여되는 자본의 양 또한 천차만별입니다. 지금 상용화되어 서비스되고 있는 챗GPT나 클로드와 같은 인공지능은 엄청난 노동 및 기술자본의 투여 나아가 생태계 파괴와 전력 소비를 수반합니다. 이와 다르게 개인의 랩톱에서 무리 없이 구동될 수 있도록 디자인된 소규모 인공지능 모델도 있습니다. 많은 모델은 심각한 저작권 침해의 위험을 무릅쓰고 제작되지만, 어도비의 파이어플라이와 같은 모델은 자사가 소유한, 지식재산권 침해의 위험이 없는 데이터를 사용합니다. 이런 다양한 인공지능 서비스는 독립적으로 존재하지 않으며 거대한 네트워크를 이루며 협력하고 갈등하면서 진화합니다. 무엇보다 개개인이 인공지능과 어떻게 상호작용하느냐에 따라 그 성격과 특성이 변합니다. 그렇기에 인공지능 간의 차이를 무시할 수는 없습니다. 인공지능은 추상어이고 개념어일 뿐, 실제 세계에서 작동하는 인공지능은 언제나 'artificial intelligences' 즉 '인공지능들'이라는 복수로 존재한다는 점을 잊지 말아야 합니다.

## 개념적 혼선: 언어를 공유하지만 전혀
## 다른 행위를 수행하는 인간과 인공지능

저 멀리 수면 위로 튀어나온 빙산의 일각이 보입니다. 빙산의 이름은 '쓰다'입니다. 그런데 고성능 망원경을 동원해서 보니 놀랍게도 수면 위, 그것도 극히 일부분만 붙어 있는 두 개의 빙하입니다. 수면 아래에는 거대한 두 개의 빙하 몸체가 따로 있는데, 끝부분이 살짝 겹쳐 있다는 사실만으로 두 개가 같은 빙하인 줄 알았던 것입니다. 역시 자세히 보는 것이 중요합니다.

현재 많은 이들이 인공지능에 대해 생각하고 표현하는 방식은 멀리서 본 두 개의 빙산 꼭대기와 비슷합니다. "인공지능이 이제 인간보다 글을 더 잘 쓴다"는 말과 "내가 가르친 학생이 이제 나보다 글을 더 잘 쓴다"는 말에서 '쓴다'는 기표, 즉 말의 겉모습이 같다는 이유만으로 인간의 쓰기와 인공지능의 쓰기를 혼동합니다. 이 둘은 '쓰다'라는 동사를 공유할 뿐 사실 공통점이 거의 없는데, 인간의 쓰기라는 빙하와 인공지능의 쓰기라는 빙하가 혼란스럽게 다가오는 이유는 무엇일까요?

이 질문에 답하고자 간단한 예를 들어 보겠습니다. '아이들이 달린다'와 'KTX가 달린다'에서 '달린다'는 같은 말인가요? 분명 두 문장 모두 '달리다'라는 동사를 사용하고 있지만 둘은 의미가 전혀 다릅니다. 전자의 경우 인간 아동에 대한 이해가 선행되어야만 '달린다'의 의미를 비로소 이해할 수 있습니다. 아동은 어떤 신체를 가진 존재인지, 어떻게 이동하는지, 일반적으로 어느 정도의 속력으로 이동하고 얼마나 빨라질 수 있는지, 달리기가 성립하려면 어떤 물리적 조건이 갖추어져야 하는지 등의 배경지식 속에서만 '아이들이 달린다'의 의미가 명확해집니다. 이에 비해서 'KTX가 달린다'는 열차를 둘러싼 다양한 기술에 대해 알고 있어야만 그 의미를 이해할 수 있습니다. 열차라는 교통수단의 형태와 종류·철로 등 이를 이동시키는 설비·동력을 제공하는 방식 등에 대한 기본적인 지식과 경험이 없다면 'KTX가 달린다'라는 말을 정확히 이해할 수 없습니다.

　다시 말해 '아이들이 달린다'라는 말은 아동에 대한 지식 위에서만 이해 가능합니다. 아동에 대해 깊고 넓게 아는 사람이라면 그 말의 의미를 상세하게 이해할 수 있습니다. 예를 들어 뇌와 신체의 운동에 대해 수십 년 연구한 사람이라면 제가 '달린다'를 이해하는 것과는 비교도 되지 않을 만큼 깊고도 분석적으로 해당 표현의 의미를 설명할 수 있을 겁니다. 마찬가지로 KTX라는 이동 수단·이를 둘러싼 다양한 과학기술적 요소·물체의 이동에 연관된 물리법칙 나아가 기후와 지리·제도와 법규의 접점까지 꿰고 있는 전문가라면 일반 시민의 이해를 훌쩍 뛰어넘어 'KTX는 달린다'라는 말을 더 명확히 이해할 수 있겠지요.

　이상의 예시가 보여 주는 것은 온갖 영역에서 '인간 대 인공지능'이라는 대결 구도를 만들기보다는 각각의 영역에서 인간과 인공지능이 어떤 존재인지를 깊이 이해하려고 노력하는 것이 우선이라는 점입니다. '인공지능이 인간보다 글을 잘 쓴다'는 표현을 분석해 보면 '인공지능이 글을 쓴다'와 '인간이 글을 쓴다'라는 진술이 모두 들어가 있고, 전자와 후자를 비교하려면 인공지능의 글쓰기를 인공지능의 세계에서 이해하고 인간의 글쓰기를 인간의 영역에서 이해하는 작업이 선행되어야 합니다. 이런 작업이 없을 때 '인공지능은 인간보다 글을 잘 쓴다'는 말은 'KTX는 인간보다 빨리 달린다'라는 말이나, '기중기는 나보다 더 무거운 물건을 들 수 있다'는 말과 다를 바 없는 우스꽝스러운 말이 되고 맙니다. 이와 같은 문제의식을 확장시켜 '시간' '학습' '언어 발달' '리터러시' 등의 영역에서 인간과 인공지능이라는 존재가 갖는 특성을 탐색해 보고자 합니다.

## 인간의 시간과 인공지능의 '시간'

인간은 자신의 시간을 기준으로 인공지능의 시간을 헤아리려 합니다. '나에겐 3분이 걸리는 번역을 인공지능은 3초 만에 해낼 수 있어'와 같은 문장에 드러나듯이 말이죠. 이는 오로지 산출물의 생산 속도로 인공지능과 인간을 대비시키는 일입니다. 하지만 인공지능의 시간은 인간의 시간과는 차원이 다릅니다. 우리가 경험하는 시간과 인공지능이 '경험하는' 시간은 어떻게 다를까요?

우선 인간은 긴긴 진화의 시간을 통과했습니다. 학자들마다 조금씩 다르게 판단하지만 약 6백만 년에 걸친 시간이 우리의 신체와 정신을 빚은 것이지요. 그에 비해 인공지능이 본격적으로 이론화되고 연구된 것은 채 한 세기가 되지 않습니다. 거대 인공지능 모델이 개발되는 데에는 대략 수년의 시간이 소요됩니다. 이렇게 보면 인간은 작은 존재처럼 보이지만 그 뿌리는 가늠할 수 없는 시간에 닿아 있습니다. 이에 비해 인공지능은 동시대의 천문학적 데이터·최첨단 알고리즘과 대규모 컴퓨팅 자원·노동력이 집중적으로 투여되어 만들어집니다. 인간이 깊이의 존재라면 인공지능은 너비의 존재라고 볼 수 있는 것이지요.

그렇기에 인간과 인공지능은 다른 시간의 차원에 놓입니다. 먼저 인간의 시간은 크게 물리적 시간과 심리적 시간으로 나눌 수 있습니다. 물리적인 시간은 모든 사람에게 하루 24시간, 1년 365일로 동일하게 주어지지만 심리적인 시간은 사람에 따라 천차만별입니다. 같은 영화를 보고도 '와 이게 세 시간짜리였어? 30분도 안 지난 것 같은데?"라고 말하는 사람과 '아, 한잠 푹 자고 일어났는데도 두 시간이 남았더라?'고 말하는 사람이 있을 수 있습니다. 인간의 몸이 모두 다르다는 엄연한 사실이 서로 다른 심리적 시간의 경험을 만듭니다. 이에 비해 인공지능의 시간은 데이터의 양·알고리즘의 종류·하드웨어의 성능 등에 기반한 컴퓨터의 연산과 인간의 다양한 노동이 상호작용하며 만들지요.

인간과 인공지능의 시간이 다르다는 점을 극적으로 드러내는 단어가 있으니 바로 '에포크'epoch입니다. 옥스퍼드 영어사전에서는 에포크를 "역사 또는 개인의 삶에서 일반적으로 주목할 만한 사건이나 특정 특성으로 특징지어지는 기간"으로 정의합니다. 특정한 시대 혹은 시절이라고 할 수 있는 단어입니다. 지질학과 관련해서는 "기간을 세분화하여 그 자체가 연대로 세분화되는 시간 구분으로, 연대층서학에서 연대에 해당함"이라는 정의도 제시하지요. 하지만 기계학습, 특히 딥러닝의 영역에서 에포크는 학습 데이터 세트 각각의 샘플이 모델 파라미터*를 업데이트할 기회를 거쳤음을 의미합니다. 쉽게 말해 데이터가 모두 신경망을 통과했다면 그것을 하나의 에포크로 보는 것입니다. 인간과 인공지능에게 에포크는 달라도 너무나 다른 개념입니다. 그렇기에 인간의 시간 경험은 ①수백만 년에 걸친 진화의 시간 및 ②공동체가 축적해 온 문화적 시간과 교류하는 ③각자의 생애사를 통과한 몸의 시간을 경유하여 이루어집니다. 이에 비해 기계는 질적으로 다른 시간을 '경험'합니다. 모델의 복잡도·연산의 성격·하드웨어 인프라·데이터 세트의 크기·최적화 방법 등에 따라 크게 차이가 나지만 초소규모 인공지능 모델의 경우 몇 초, 대규모 모델의 경우 최대 몇 주 정도의 시간을 통해 탄생됩니다. 이후 데이터와 알고리즘의 업데이트를 통해 '성장'하고 '진화'하지요.

인간과 기계의 영역에서 다르게 정의되고 경험되는 에포크는 인간과 기계가 서로 다른 스케일의 시간을 '살아가는' 존재들이라는 점을 방증합니다. 이런 의미에서 저는 '기계는 쉬지 않고 계속 학습하는데 인간은 무엇을 하고 있는가?'라는 식의 비유를 그다지 좋아하지 않습니다. 인간의 시간은 기계의 시간과 떼려야 뗄 수 없지만, 이 둘의 시간을 같은 밀도와 질감으로 파악하려는 것만큼 어리석은 일도 없습니다.

---

＊심층 신경망을 이루는 각각의 노드가 데이터를 학습함으로써 갖게 되는 가중치와 바이어스.

## 인간의 학습과 인공지능의 '학습'

다른 시간을 살아가는 두 존재가 동일하게 배울 수는 없을 겁니다. 이런 맥락에서 인간의 학습과 기계의 학습 혹은 '휴먼 러닝'과 '머신 러닝'의 차이를 생각해 봅시다.

지금 제가 글을 쓰고 있는 것은 시각적으로·인지적으로 선을 인식하고 또 타이핑을 할 수 있을 정도의 생물학적 유연성을 갖게 된 덕분입니다. 진화의 시간이 축적된 결과이지요. 여기에 문자와 컴퓨터·키보드와 스크린이라는 기술적 조건이 형성되는 시간 또한 필요했습니다. 역사와 문화의 시간이 쌓여 왔기에 컴퓨터를 통한 글쓰기가 가능해진 것이지요. 물론 제가 한국어를 습득하지 않았거나 타이핑을 배운 적이 없었다면 불가능했겠지요. 그렇기에 제 생애사의 궤적을 빼놓고 지금 이 글을 생각할 수는 없습니다. 즉 계통발생과 개체발생이 사회를 통해 접속 가능한 문화·기술·교육 등과 교류하며 인간의 학습이 일어납니다. 하지만 생성형 인공지능이 언어를 학습하는 것은 전혀 다른 방식을 취합니다.

우선 배우는 바, 즉 학습의 재료가 다릅니다. 인간의

언어 학습은 경험의 총체와 연관을 맺고 진행됩니다. 우리는 흔히 '말을 배운다'라고 하지만, 말'만' 배울 수는 없습니다. 말은 언제나 특정한 경험 속에서 발생합니다. 혼잣말조차 하늘에서 떨어지진 않지요. 생애 초기의 경험은 양육자를 중심으로 형성되며, 양육자와의 상호작용이 언어 학습의 가장 중요한 원천이 됩니다. 이후 다른 가족이나 친지·동네 친구·어린이집이나 학교에서 만나는 교사 및 친구와 교류하면서 언어의 폭과 깊이가 넓어지고요. 인간과의 상호작용이 가장 중요하지만, 거주와 이동·교육과 활동의 공간·그 안의 다양한 물건·일상에서 접하는 간판 포스터 안내문 등의 문자 정보·학습이 일어나는 지리적 및 생물학적 환경 등도 중요한 역할을 합니다. 나아가 디지털 기기와 모바일 통신의 영향으로 온라인에서의 언어적·문화적 경험도 학습에서 매우 중요한 자원이 되고 있습니다. 다만 학령기 이전 언어 학습의 재료는 주로 구어입니다. 언어의 기초가 형성되는 시기에는 글보다는 말을 통해서 언어가 발달합니다.

이에 비해서 현재 생성형 인공지능의 가장 중요한 축을 담당하는 거대언어모델은 텍스트, 즉 글을 통해 언어를 배웁니다. 학습의 처음부터 끝까지 문자언어로 채워지는 것이지요. (현재 '멀티모달 모델'multimodal models, 즉 다양한 매체를 재료로 학습과 생성을 진행할 수 있는 생성형 인공지능이 속속 등장하고 있지만, 여기에서 중점적으로 논의되는 텍스트 생성 언어모델은 문자 정보를 통해서 언어를 학습합니다.) 태어나면서부터 글을 줄줄 읽어 내는 아기를 상상할 수는 없지만, 기계는 글로 시작해서 글로 끝나는 학습 과정을 거칩니다.

그렇기에 현재의 거대언어모델이 학습하는 것은 인간의 언어 경험 즉, 시간·공간·관계·주변 환경과 물건·온도·조명·소음·음악·상대의 표정·말하는 사람 간의 거리·제스처·몸의 자세·이동·목소리의 질감과 크기·말의 속도·키나 덩치 등 대화 참여자의 신체적 특성 등을 포함하는 상호작용의 총체와는 거리가 매우 멉니다. 이런 한계는 멀티모달 모델에 의해 조금씩 극복되는 것처럼 보이지만, 이런 모델이 학습하는 데이터 또한 오감과 시공간에 대한 감각·신체 내부에 대한 감각·주관적인 느낌 등 인간 경험의 총체와 비교하기에는 무리가 있습니다.

이 같은 차이 외에도 기계학습과 인간의 언어 학습에는 중요한 차이가 있습니다. 인간은 다양한 장애·신경다양성 등의 요인으로 인해 서로 다른 방식으로 말하고 이해합니다. 구어로 말을 처음 배우고 문자를 배워 텍스트의 세계로 진입하는 인구가 다수를 이루지만 수어로 소통하는 인구도 적지 않습니다. 『내셔널지오그래픽』에 따르면 전 세계 수어 사용 인구는 약 7천2백만 명에 달하며, 수어의 수도 300개 이상입니다. 시청각장애인과 그 가족을 돕는 NGO 센스인터내셔널은 약 1억6천만 명이 시청각장애의 영향하에 놓여 있다고 추산합니다. 이들 모두가 시각과 청각을 완전히 상실한 것은 아니지만 장애의 정도에 따라 구어 소통이나 문자를 통한 상호작용이 원활하지 않을 수 있습니다. 두 감각의 장애가 모두 심각한 경우에는 촉수어Tactile Sign Language, Tactile Signing를 사용하기도 합니다. 이런 차이에도 불구하고 인간은 각자의 방식으로 표현과 소통의 체계를 만들어 갑니다.

이렇듯 인간의 언어는 각자의 몸이 가진 특성을 반영하여 다양한 방식을 취하지만 기계는 문자, 그것도 대부분 정제된 텍스트를 기반으로 언어를 학습합니다. 이는 인간의 언어가 가지는 다양성을 반영하지 못함과 동시에 구어와 문자·수어·촉수어 간에 존재하는 권력의 비대칭을 그대로 반영하는 거대언어모델의 편향을 보여 줍니다. 이는 인종·문화·젠더·계층·지역 등의 영역에서 텍스트로 된 학습 데이터가 보여 주는 편향과는 다른 층위에 존재하는 편향이라고 할 수 있습니다.

다음으로 살펴볼 차이는 학습하는 언어의 양입니다. 인간이 평생 듣고 읽는 언어의 총량을 추산하기는 쉽지 않습니다. 사람마다 일상 언어에 노출되는 정도나 독서 및 미디어로 언어를 경험하는 양에 편차가 크기 때문입니다. 계산의 편의를 위해 태어나면서부터 한 해에 오십 권씩의 책을 여든 살까지 쉬지 않고 읽었다고 하면 4천 권이 되겠네요. 여기에 사람들과의 대화·영화나 드라마의 대사·뉴스 앵커나 라디오 진행자의 말·TV와 유튜브를 통한 언어 입력 등을 더해 책으로 환산한다면 상당량이 되겠지만, 한 해에 경험하는 언어량이 기하급수적으로 증가하지는 않을 겁니다. 인간은 누구나 하루 24시간을 살아가니까요.

이에 비해 오픈AI의 GPT-3의 경우 약 570기가바이트의 텍스트로 훈련되었습니다. 이를 300페이지 단행본 분량으로 환산하면 대략 2백만 권 정도에 해당합니다. 한 해 백 권의 책을 읽는 사람이 2만 년 동안 읽어야 하는 분량이지요. 흥미로운 건 이 정도의 텍스트를 학습했음에도 GPT-3의의 언어능력은 인간과 비교할 때 아쉬운 점이 적지 않다는 것입니다. 만약 인간이 저 정도의 데이터를 소화할 수 있는 두뇌와 시간이 있었다면, 여러 면에서 GPT-3를 가뿐히 제쳤을 것이라는 점을 추측해 볼 수 있는 대목입니다. 2024년 현재 서비스되고 있는 GPT-4의 경우에는 훈련 데이터의 상세 사항을 밝히지 않아 정확히 말할 수는 없지만 GPT-3에 비할 수 없이 방대한 데이터를 동원했다는 것이 중론이며, 넉넉잡아 무려 130조 개의 토큰으로 학습되었다는 보고가 있습니다.

다음으로 살필 것은 학습에 수반되는 다양한 경험입니다. 인간의 학습은 개개인이 경험하는 총체에 기반을 둡니다. 여기에서 가장 중요한 측면은 인간은 생물학적인 몸을 가진 존재이며 몸 자체라는 것입니다. 펜으로 종이에 쓰는 법을 배우려면 몸과 펜과 종이와 이를 지지하는 책상 혹은 바닥과의 연결을 익혀야 합니다. 기계식 타자기를 쓸 때와 노트북 컴퓨터 키보드를 쓸 때의 몸은 분명히 다릅니다. 사실 키보드만 바꾸어도 타이핑이 경쾌하게 느껴지거나 반대로 오타가 자주 발생합니다. 몸에 딱 맞는 세계와 기술은 존재하지 않으며, 인간은 세계와 만나면서 몸을 변형시켜 갑니다. 하지만 기계학습은 이런 몸의 변화를 수반하지 않습니다. 신경망 학습이라면 소위 '파라미터의 가중치'가 끊임없이 변하지만 그것이 컴퓨터와 서버의 하드웨어를 물리적으로 변형시키지는 않습니다. 에포크가 한 번 지났다고 해서 딥러닝의 연산을 주로 담당하는 GPU의 허리가 휘어지지도 않지요.

　　또 하나 간과해서는 안 되는 차이는 학습 과정에서 감정을 경험하는지의 여부입니다. 인공지능은 기계학습을 통해 다양한 데이터를 '배웁니다'. 그런데 그 과정에서 어떤 감정도 느낄 수가 없지요. 기계가 부족하다거나 냉정하다는 뜻이 아닙니다. 그저 기계이기에 감정을 갖지 못하는 것이고, 이는 어떤 데이터도 알고리즘에 맞게 적절히 가공된다면 아무런 정서적 반응 없이 통계적으로 처리할 수 있다는 뜻입니다. 비극적인 텍스트도·기괴한 호러 소설도·달콤한 사랑 이야기도·가슴 찢어지는 죽음도·피를 끓게 하는 배신과 분노의 이야기도 그저 무덤덤하게 받아들일 뿐입니다. 사실 감정이 없으니 '무덤덤하다'라는 표현도 옳지 않겠지요.

　　하지만 인간은 그렇지 않습니다. 어린 시절 동네 개

천에서 친구들과 놀던 일을 기억하는 사람과 이를 전혀 경험할 수 없는 도시에서 태어나 평생을 산 사람에게 '개천'은 같은 단어이지만 전혀 다른 정서적 반응을 이끌어냅니다. 이와 관련하여 저도 얼마 전 흥미로운 경험을 했습니다. 국가기관이 주최하고 연구자들이 참여하는 토론 자리에서 참석자 중 한 분이 '병크'*라는 어휘를 자연스럽게 쓰셨습니다. 저는 '헉' 하는 느낌이었지요. 팬덤에 대한 논의를 진행하려면 '병크'라는 어휘가 팬 당사자의 입장과 지각을 표현하는 데 적절하다 판단하실 수 있다고 생각했지만, 동시에 격식을 갖춘 자리에서 '병-'이 들어가는 어휘를 듣는 것 자체가 당황스러웠습니다. '병크'에 대한 그분과 제 감정은 매우 달랐던 것입니다.

인간의 학습과 기계학습의 차이와 관련해서 주목해야 할 사건이 있습니다. 2023년 8월 2일 영국의 일간지 『가디언』에는 "그 작업은 나를 완전히 파괴했다: 케냐의 콘텐츠 모더레이터, AI 모델 훈련의 폐해를 고발하다"라는 제목의 기사가 실렸습니다. 케냐에 거주하는 오픈AI의 콘텐츠 모더레이팅 외주 노동자들이 인공지능 텍스트를 훈련시키면서 겪은 심각한 심리적 피해에 대한 상세 보도로, 챗GPT 등의 거대언어모델 개발에서 필

---

* 병맛 크리티컬의 줄임말로, 병맛은 '병신 같은 맛'의 줄임말이고 크리티컬은 'critical hit' 즉 치명타 또는 결정타를 뜻한다. 순화한다면 '바보 같은 행동' 정도의 의미다.

수 단계인 '인간 피드백에 기반한 강화학습'에 참여한 노동자들의 증언을 통해 경제적·심리적 착취의 현장을 고스란히 드러내는 기사였습니다. 일례로 한 노동자는 하루 최대 7백 개의 문서를 보아야 했고, 그중 상당수는 노골적인 성폭력을 묘사하는 내용이었습니다. 강간범 묘사 등 폭력적인 텍스트에 지속적으로 노출된 노동자는 사람을 피하기 시작했고, 주변 사람과의 관계도 급속히 나빠졌습니다. 임신 중이었던 아내는 그를 떠났습니다. 폭력·자해·살인·강간·시체 훼손·아동 학대·수간·근친상간 등의 노골적인 장면을 묘사하는 텍스트를 검토하는 일은 그 자체로 크나큰 트라우마가 되었습니다. 이처럼 언어를 생산하는 기계를 만들어 내는 과정에서 언어를 배우는 데 수반되는 일체의 심리적 고통은 오롯이 인간의 몫으로 남겨졌습니다. 여기에서 '인간'은 소위 제3세계의 저임금 노동자로 국한되었습니다. 일부 기술자본 엘리트가 말하는 21세기 최고의 기술혁신은 감정노동의 외주화에 의해 가능한 것이었습니다. 기계가 언어를 능숙하게 구사하도록 하려고 노동자는 차마 입에 담지 못할 고통을 감내해야 했던 것입니다.

하지만 인공지능은 언어를 받아들이면서 감정의 동

요나 상처따위를 경험하지는 않습니다. 흔히 문자로 이루어진 단어를 행렬로 변환하여 수학적인 연산이 가능하도록 만드는 작업을 "벡터 공간에 매핑한다"라고 표현하는데, 이러한 매핑의 대표적인 방식으로 '워드투벡'이라는 알고리즘이 있습니다. 앞에서 논의한 '토큰화'와 '임베딩'을 떠올리면 '벡터 공간에 매핑한다'는 말을 이해하기 쉬울 텐데요. 토큰 임베딩은 말을 기계가 이해할 수 있는 수학으로 변환하려고 단어를 행렬로 바꾸어 표현하는 일입니다. 텍스트가 워드투벡 알고리즘을 통과한다는 것은 지금 여러분이 읽고 계신 단어와 문장이 행렬의 체계로 변환됨을 의미합니다. 단어끼리는 더하거나 곱하거나 빼거나 나눌 수 없지만 행렬에서는 그게 가능하지요. 이를 통해 인공지능은 단어와 문장·이를 구성하는 문맥을 수학적으로 처리할 수 있고 나아가 문서 사이의 유사도나 차이점 등도 손쉽게 계산할 수 있게 됩니다. 이런 워드투벡 알고리즘과 관련해 널리 알려진 공식이 하나 있으니, 바로 "King(왕) − Man(남성) + Woman(여성) = Queen(여왕)"입니다. 쉽게 말해서, 단어를 행렬로 바꾸어 의미 공간에 위치시키면, 'King'이 점하는 자리에서 남성을 제거하고 여성을 더하는 연산으로

'Queen'이 나온다는 것입니다.

워드투벡과 같은 자연어 처리 기법은 '인간 세계에 존재하는 자연어를 벡터라는 공간으로 이동시킬 때 가능한 것들'을 보여 줍니다. 다시 한 번 강조하자면 이 과정의 핵심은 말이라는 두루뭉술한 기호-의미체계를 수학적으로 정교하게 조작할 수 있게 만드는 것입니다. "'슬픔'에서 '자동차'를 빼 봐"나 "'산림욕'에 '기계학습'을 더해 봐"는 이상하게 들리지만 벡터 공간에서는 충분히 가능한 것이지요. 저는 언어를 수학으로 '번역'하는 작업이야말로 인공지능 연구자들의 탁월함이 발휘되고 있는 영역이라고 생각합니다. 말과 말 사이에 연산이 가능하도록 만들다니, 진정한 마법 아닙니까? 그래서 "사람들이 숫자로 변환될 수 없다고 생각하는 것들, 대표적으로 우리의 말까지도 양적인 조작과 연산의 대상이 될 수 있고, 이렇게 했을 때 가능한 것들은 상상 이상이야. 사람들은 막연히 '질적인 차이'라고 얼버무리는 것을 정확한 수식으로 계산해 낼 수 있거든! 이제 언어 데이터 분석과 생성에도 새로운 세계가 열린 거야!"라는 경탄의 목소리도 충분히 이해할 수 있을 것 같습니다.

그럼에도 인공지능이 인간이 주고받는 의미를 정확

히 계산해 낼 수 있다는 주장에는 의심스러운 대목이 있습니다. '왕'과 '왕비'라는 단어의 의미는 정말 벡터 공간의 연산이 보여 주듯 완벽한 대척점에 있을까요? 다시 말해, 왕은 왕비와 '완전한 반대'인가요? 아버지와 어머니가 여타의 차이 없이 완전 반대 측에 존재하고, 형과 누나가 완전히 거울상으로 느껴지시나요? 형 같은 누나, 누나 같은 형이 있지는 않나요? 형과 누나를 완전히 갈라 생각하는 언어에 저항하고 싶지는 않으신가요? 그런 면에서 왕은 왕비와 단순히 성별로 구분되는 존재가 아닐 수 있습니다. 역사적으로 고찰해 보면 왕과 왕비에는 성별의 차이 이상이 있을 것입니다. 젠더 연구는 왕과 왕비 사이의 차이를 단순히 생물학적 차이로 환원하는 것이 얼마나 몰역사적이며 몰정치적인지 이야기해 줄 것입니다. 마찬가지로 인류학과 사회학·언어학과 서사 이론은 이 둘의 차이를 복합적인 권력 관계로 파악할 것입니다. 한국사회에서 이모와 삼촌, 언니와 형의 의미 차이는 족보상의 관계와 성별 차이 이상의 의미를 갖고 있습니다.

현재 거대언어모델의 기반이 되는 트랜스포머 아키텍처는 이런 워드투벡의 문제를 '위치 인코딩'positional encoding이라는 기법을 발전시켜 극복하고 있습니다. 단어가 점하는 위치를 맥락에 따라 역동적으로 부호화함으로써 단어의 의미 또한 동적으로 파악하는 알고리즘을 구현하고 있는 것입니다. 하지만 여전히 근본적인 질문은 남습니다. 인공지능이 거대한 텍스트 더미를 기반으로 계산해 낸 확률적 언어 분포 및 그에 따른 의미는 서로 다른 마음과 몸·경험과 지식·관점과 태도를 지닌 개개인이 만들어 내는 언어의 형식 및 의미와 같을 수 있을까요? 아마 그렇지 않을 겁니다.

중고등학교에서 가장 멋져 보였던 영어 선생님들은 하나같이 '목록'을 정리해 주시는 분들이었습니다. 새로운 단어가 나왔을 때 한국어 뜻을 쓴 뒤 아래에 반의어와 유의어를 빠르게 나열하시는 분들 말입니다. 유의어는 등호(=)로, 반의어는 양방향 화살표(↔)로 표현하는 것이 관례였죠. 중고교에서도 그렇지만 토플이나 토익·GRE 혹은 SAT 등을 공부해 본 분들이라면 반의어라는 녀석 때문에 골치가 많이 아팠을 겁니다. 반대말이 아닌 것 같은 단어들이 떡하니 정답이라고 있는 경우도 있고요. 하지만 우리가 흔히 '반대'라고 생각하는 것들이 정말 완전히 다른, 근본적으로 대립되는 말일까요?

예를 들어 봅시다. '고대'와 '현대'는 반대인가요? 얼핏 보면 그런 듯합니다. 하지만 반론을 얼마든지 펼칠 수 있지요. 고대에 있던 것 중에서 현대에 이어져 내려오는 것은 없나요? 현대적인 패션 중에서 고대풍의 것은 현대적인 것인가요, 고대적인 것인가요? 어떤 면에서 보면 이 두 가지가 우리 안에 동시에 존재하는 것은 아닌가요? 지금 인간의 뇌는 현대적인가요, 고대적인가요? 아니면 '짬뽕'인가요? 고대와 현대가 단순히 시간적인 개념이라면 지금 우리가 만들어 내는 모든 것은 그 자체로 현대적인 것은 아닐까요? 고대나 현대가 시간이 아닌 추상적 개념이 될 수는 없나요? 그런 개념들은 현실과 물질·언어와 문화 속에서 어떻게 구현되고 있나요?

이렇듯 인간은 특정한 단어들을 특정한 자리에 놓기보다 단어들 사이를 유영하고 그들 사이의 관계를 끝없이 재정의하며, 그들을 시시각각 재배치합니다. 이는 언어가 근본적으로 텍스트라기보다는 텍스트와 콘텍스트가 역동적으로 결합하는 방식이라는 사실에서 연유하고요. 언어의 통계적 처리는 세계를 그럴듯하게 처리할 수는 있어도 세계와 뿌리박은 소통을 온전히 그려 내기에는 한계가 뚜렷합니다. 거대언어모델은 언어를 기반으로 하는 모델이지만 세계 내 수많은 존재의 상호작용과 인과관계·동적인 정체성과 관계성을 온전히 반영하지 못합니다.

결론적으로 인공지능은 단어를 행렬로 바꾸어 복잡한 과업을 순식간에 해결합니다. 거대언어모델은 분명 언어를 생성하지만 그 뒤에 존재하는 것은 수학적이고 통계적인 연산뿐입니다. 인간의 단어 사용은 벡터를 조합하여 효율적으로 표현될 수 있지만 인간의 언어처리와 인공지능의 언어처리는 서로 다른 차원에 자리합니다. 사람들이 특정한 단어를 쓸 때·추상어나 개념어를 쓸 때·반의어를 제시할 때 우리는 벡터의 공간이 아닌 삶의 시공간에 존재합니다. 우리 삶의 궤적을 차곡차곡 쌓아 올린 기억과 지식 및 경험의 공간 안에서 말하고 씁니다. 워드투벡이나 트랜스포머 모델의 위치 인코딩과 같은 임베딩은 많은 데이터를 빠른 시간에 처리하며 놀라운 일을 수행하지만, 삶에 뿌리박은 언어를 만들고자 하는 사람이 필요로 하는 것은 웹상의 방대한 언어 빅데이터가 아니라, 여태껏 자신이 걸어온 길 그리고 지금 자신이 발 딛고 있는 자리에 맞는 적확하고도 온기를 담은 언어입니다. 그리고 때로 그 언어는 침묵이고, 주저함이고, 끝맺지 못한 문장이고, 떨림이며, 푹 숙인 고개입니다.

### 인간의 쓰기와 인공지능의 '쓰기'
### : 사고와 텍스트의 엮임, 그것에
### 수반되는 시간의 관점에서

인공지능이 저자가 될 수 있는가 하는 질문에 대한 답은 점점 어려워질 겁니다. 하지만 지금의 상황에서 제가 가장 중요하게 생각하는 기준 하나는 사고와 텍스트의 관계 그리고 이 둘의 엮임에 필요한 시간과 노동입니다.

챗GPT를 비롯한 인공지능 챗봇의 경우 특정한 질문 혹은 발문이 주어지는 순간 어떤 답을 할지 이미 '알고' 있습니다. 일례로 2024년 상반기 세계에서 가장 빠른 생성 속도를 기록하고 있는 인공지능 챗봇 그록은 초당 1천 개가 훌쩍 넘는 토큰을 생성합니다. 특정한 텍스트의 연쇄에 통계적으로 대응하는 텍스트를 생산하는 데에는 순간의 정보 프로세싱 시간만 필요하지요. 두어 줄 프롬프트에서 여러 쪽의 텍스트를 뽑아내는 데 몇십 초면 충분합니다. 알고리즘은 단어를 하나하나 공들여 고르거나 문법 구조를 의도적으로 동원하지 않습니다. 특정한 텍스트에 대응하는 텍스트를 거대한 저장고에서 꺼낼 뿐입니다. 그것도 아이디어의 단위가 아닌 하나하나의 단어(앞에서 살펴봤듯이 기계학습의 용어로는 '토큰')씩 말입니다. 인간이 쓰는 데 필요한 시간과 노동은 인공지능의 그것과 양적으로도 질적으로도 확연히 다릅니다.

우리 인간은 어디로 향할지 전혀 알지 못하고 글을 쓰기 시작하기도 합니다. 때로는 글이 우리를 어디론가로 데려가 주리라는 헛된 믿음만을 가지고 말이지요. 하지만 인공지능은 어떻게든 글을 만들어 냅니다. 단어를 하나씩 더하다 보면 어딘가에 이릅니다. 정처 없이 움직이는 것 같지만, 이미 세팅되어 있는 거대한 파라미터의 '계시'는 이미 많은 것들을 정해 놓은 상태입니다. 인간은 쓰다가 쉬어 가거나 아예 중지할 수도, 오랜 시간 정성을 쏟은 글도 '엎어 버릴' 수 있지만, 인공지능은 오작동으로 멈추지 않는 한 쓰기를 계속하고, 마치고야 맙니다. 인공지능이 보기에 인간은 불완전하고 비논리적인 존재일지 모르지만, 인간이 보기에 인공지능은 의도와 목적 없는 생산에 특화된 존재입니다.

인간의 쓰기는 사고와 연결된 활동입니다. 쓰기를 둘러싼 수많은 관계가 있지만 실제 작문을 하는 과정에서 일어나는 일은 언어와 사고의 엮임입니다. 그리고 이는 단지 머릿속 생각이 스크린이나 종이 위의 언어로 변환된다는 의미가 아닙니다. 언어와 사고는 쓰기라는 활동 안에서 서로 영향을 주고받고 실시간으로 엮이며 경계를 알아볼 수 없는 통합적인 관계로 발전합니다.

보통 글쓰기의 가장 큰 기능을 생각의 표현expression 혹은 외화라고 합니다. 머릿속의 생각을 신체 외부의 글이라는 매체로 변환하기에 이런 용어를 사용합니다. 하지만 글을 단지 표현ex-pression, 즉 밖으로ex- 짜내기-pression로 생각하는 것의 한계는 명확합니다. 글쓰기는 그저 생각이 두뇌 밖으로 탈출하는 과정이 아니기 때문입니다.

생각이 글이 되는 순간 우리는 글을 볼 수 있습니다. 하루하루를 살아가는 동안 우리는 뉴런의 활성화 패턴을 관찰할 수도, 뇌 영상의 이미지를 실시간으로 생산할 수도 없습니다. 하지만 이를 단어의 배열로 시각화하는 과정을 통해 물성materiality을 부여할 수 있습니다. 워드프로세서의 문장·다이어리의 글자·채팅창의 메시지 등의 물리적 실체로 우리 앞에 드러난 생각, 즉 텍스트는 우리를 노려보기 시작합니다. 단어 하나하나·사용된 은유·문장의 길이·동원된 문법이 우리 마음에 영향을 주게 됩니다. 보이지 않던 것들이 보이게 되면서 막연했던 생각이 구체적인 언어가 됩니다. 자신의 글을 소리 내어 읽어 가며 수정과 퇴고를 하는 필자가 적지 않은데, 이 경우에는 시각적 물성 외에 청각적 물성 나아가 자신의 목소리가 가진 다양한 특성을 더하는 것으로 볼 수 있습니다. 이런 과정에서 텍스트가 사고 과정에 개입하게 되는데, 이를 저는 '내압'in-pression이라고 부릅니다. 외부의 물질이 내면in-을 눌러 대는 것-pression입니다.

글쓰기는 이 두 과정, 즉 표현ex-pression과 내압 in-pression이 끊임없이 교섭하는 과정입니다. 끄집어내는 일임과 동시에 끄집어낸 것에 의해 영향을 받는 일. 이 두 과정이 뫼비우스의 띠처럼 엮여 돌아갑니다. 글을 쓰는 과정에 깊이 빠져들수록 어디가 안이고 어디가 밖인지, 어디까지가 머릿속 생각이고 어디서부터가 스크린 위 언어인지의 경계가 흐려집니다. 생각은 언어가 되고 언어는 생각이 됩니다. 사고와 언어의 유기적 결합이 일어납니다.

생각을 정리하고 쓰는 게 아닙니다. 단지 생각을 정리하려고 쓰는 것만도 아닙니다. 생각을 내어 놓고 검토하고 발전시키려고 쓰는 것입니다. 손끝에서 나오는 텍스트와 머릿속 사고 과정이 끊임없이 교섭하고 상호작용하는 과정·보이지 않는 생각의 흐름이 보이는 텍스트가 되고 이것이 다시 사고의 재료가 되는 과정, 그 전부가 쓰기입니다. 이런 면에서 쓰기는 잡히는 것과 잡히지 않는 것을 엮어 내는 신비한 도구이기도 합니다.

결국 텍스트와 사고가 변증법적으로 엮이는 과정을 수반하는가 아닌가는 인간과 기계의 쓰기를 구분하는 중요한 기준입니다. 인간의 글쓰기에서 텍스트와 사고가 엮이려면 일정한 시간이 필요합니다. 보통 몇 분에서 몇 시간에 걸쳐 아이디어를 발전시키고 텍스트를 만들어 내지만, 화두를 품고·글감을 떠올리고·자료를 조사하고·쓰기와 읽기를 반복하고·새로운 아이디어로 발전시키고·이를 숙성하고 글로 써내는 동안 수십 년이 흐르기도 합니다.

경험이 글이 되려면 숙고와 숙성의 시간이 필요합니다. 쓰다가 음악에 의지하기도, 빨래와 요리에 몸과 마음을 맡기기도 합니다. 하염없이 먼 산을 바라보다가 산책에 나서기도 하지요. 지식과 경험이 몸을 관통하는 데에는 시간이 필요합니다. 그리고 그 시간을 채우는 것은 단지 '최적화된 데이터 프로세싱'이 아니라 삶의 크고 작은 연결입니다. 나의 생각은 펜과 노트를 통해 문자와 만나고, 몇 개월 만에 발견한 원고는 달라진 나를 통해 새로운 참고 문헌과 만납니다. 천변에서 '오리멍'의 시간을 갖는 동안 생각의 병목이 뚫리고, 글의 주제에 닿을 것 같지 않은 드라마를 보다가 결론에 대한 영감을 얻기도 합니다. 소셜미디어의 댓글에서 새로운 글감이 떠오르기도 하고, 친구와의 수다에서 생각지도 못했던 출구를 발견하기도 합니다.

　　하지만 인공지능은 인간처럼 생각과 언어를 실시간으로 엮어 내거나 이들 사이의 관계를 새롭게 설정하거나 생각과 언어 사이의 걸림돌과 장벽을 제거해 가면서 글을 쓰지 않습니다. 인간이 겪어야 하는 그 모든 과정은 기계학습의 과정에서 모두 '해결한' 채 단어를 생성할 뿐입니다. 이런 면에서 인간의 글쓰기는 순식간에 언어를 벡터화하고 천문학적 성능으로 그들 간의 관계를 계산하는 인공지능의 텍스트 생산과는 비교도 되지 않을 정도로 '비효율적'입니다. 하지만 관계와 엮임이 몸을 통과하는 과정 그리고 그 과정의 노동과 정성을 효율성이나 생산성이라는 잣대로 측정하지 않는 선택도 가능합니다. 인공지능을 무조건 배척하자는 말이 아닙니다. 인공지능과 선을 긋고 인간의 '우월함'을 주장하는 것은 더더욱 아닙니다. 인공지능과의 협업이 대량의 텍스트를 속성으로 만드는 작업 이상의 의미와 가치를 갖게 하려면 무엇을 해야 할지 고민해야 한다는 말입니다.


## 인간의 언어 발달과
## 인공지능의 '언어 발달'

언어 발달의 측면에서도 인간의 언어 학습과 기계의 언어 학습은 전혀 다릅니다. 영장류 학자이면서 인간의 언어 습득에 대한 저명한 연구자 마이클 토마셀로의 저서 중 하나는 『언어의 구축』Constructing a Language이라는 제목으로 출판되었습니다. '언어 배우기'보다는 '언어 만들기'에 가까운 뜻을 담고 있지요.

'Construct'는 건축에서 자주 쓰이는 동사입니다.

'건설·건축'이라는 의미인데 심리학이나 사회과학에서는 '구성'의 의미로도 쓰입니다. 이 둘은 통하는 면이 있는데요. 언어 학습이 그러하듯이 어떤 건물도 하루아침에 건축되지 않습니다. 지반을 다지고 철근으로 뼈대를 만들고 아주 작은 부분에서부터 하나하나 쌓고 조립하고 굳혀야 건물이 지어지지요. 벽돌을 한두 장 놓았다고 건물은 아니고 철근이 세워졌다고 해서 건축이 끝난 것은 아닙니다. 다르게 비유하자면 인간의 언어 습득은 이미 완성된 언어라는 퍼즐에 단어와 숙어·문법과 의미라는 조각을 하나하나 채우는 작업이 아니라, 퍼즐 자체를 구성하고 만드는 역동적 과정입니다.

언어라는 퍼즐을 어떻게 구성하는지, 아동의 언어 습득 과정을 한 번 볼까요. 아동은 어른과 친구들의 도움을 받아 다양한 커뮤니티에 참여하면서 언어를 구축합니다. 처음에는 가정, 이후에는 어린이집·학교·스포츠 클럽·또래 집단 등으로 커뮤니티가 확장되지요. 그러면서 다양한 상호작용이 일어나고요. 결론적으로 언어는 성인에게서 아동에게로 택배를 배달하듯 전달deliver되지 않으며, 아동이 다양한 의사소통적 상황을 경험하고 이를 체계화하는 과정에서 창발emerge합니다. 아동은 언어 습득을 위한 최소한의 생물학적 기제architecture만을 장착하고 있을 뿐, 완성된 설계도를 갖고 있지 않습니다.

이에 비해 인공지능 알고리즘은 이미 완성된 텍스트에 기반해 학습을 진행합니다. 앞서 살폈듯이 GPT-3 모델의 경우 일반 크롤링 코퍼스·웹텍스트2·위키피디아·각종 서적 등의 데이터 소스에 의해 훈련이 되었는데, 이들은 모두 문장 단위의 글을 담고 있습니다. 인간의 언어 발달에 결정적인 역할을 하는 말로 된 데이터는 들어 있지 않지요. 양육자 발화caretaker talk, 즉 양육자가 아이의 언어 발달을 도우려고 쉬운 단어를 골라 사용하거나·문법적으로 단순한 문장을 사용하거나·말을 천천히 하거나·특정한 부분을 강조해서 목소리 높낮이를 조절하거나 하는 등의 특징이 전혀 없습니다. 결국 기계는 훈련 초기부터 성인의 언어를 기반으로 언어를 배워 갑니다.

거대언어모델이 단어를 인식하는 방법 또한 인간과는 다릅니다. 앞에서 살펴보았지만 좀더 자세히 살펴보겠습니다. 현재 여러 인공지능 서비스의 기반이 되는 거대언어모델은 '단어'라는 일상의 개념이 아닌 '토큰'이라는 단위를 처리합니다. 예를 들어 "나는 에세이보다 소설이 좋아"라는 문장은 '나는' '에세이보다' '소설이' '좋아'라고 나눌 수 있겠지요. 이때 해당 문장은 네 개의 토큰으로 이루어졌다고 할 수 있습니다. 이것을 행렬로 변환하여 기계가 인식하도록 할 수 있고요. 이같이 컴퓨터는 인간의 언어를 그대로 처리하지 못합니다. 평범한 사용자가 보기에는 '이제 컴퓨터가 사람 말을 진짜로 알아듣네' 싶지만, 사실은 그게 아닙니다. 여전히 컴퓨터는 디지털 정보만을 처리할 수 있거든요. 그래서 토큰을 일정한 알고리즘을 통해 행렬로 변환하는 토큰 임베딩이 필요하고요.

예를 들어 가장 방대한 영어사전으로 알려진 『옥스포드 영어사전』 2판의 경우 27만여 개의 단어를 포함하고 있습니다. 편의상 이들이 27만여 개의 토큰이라고 가정해 봅시다. 각각의 단어는 ABC 순으로 사전에 등재되어 있지요. 그런데 이 체계는 찾아보기에는 좋지만 우리가 세상을 이해하는 방식과는 전혀 관계가 없습니다. 특정한 표제어의 앞 단어와 바로 다음 단어 사이에 특별한 관계가 없다는 겁니다. 개념적으로 말하면 사전의 구성과 지식과 개념의 구조 사이에 어떤 조응 관계도 없지요. 우리의 마음속에서는 'love'(사랑하다)의 반의어는 대개 'hate'(미워하다)로 저장되어 있는데, 영영사전에서 'love'와 'hate'는 특별한 관계를 맺지 못하고 그저 알파 벳순으로 나열되어 있습니다. 이들의 관계를 표시하려 면 '반의어'라는 설명을 따로 달아 주어야 합니다.

하지만 임베딩으로 변환된 경우 알파벳 순서로 배 열된 사전처럼 단어들이 흩뿌려져 있는 것이 아니라 유 사성이 큰 단어들일수록 공간적으로 가까운 곳에 위치 하게 됩니다. 따라서 단어 간의 유사성을 수학적·통계적 방법을 통해 수치화할 수 있습니다. 상상할 수 없이 큰 언어 데이터에서 단어들 간의 관계를 수치화할 수 있고, 이에 기반하여 한 문장 나아가 한 단어나 하나의 텍스트 에 등장하는 단어들 간의 관계도 수치화할 수 있습니다. 인간은 언어를 형태와 의미로 나누어 판단하지만, 인공 지능은 언어의 형식과 의미를 따로 구분하지 않습니다.


인간이 학습의 대상과 맺는 관계와
인공지능이 맺는 '관계'

인간과 기계의 학습을 논의할 때 좀처럼 지적되지 않는,

하지만 제가 보기에는 차이가 큰 요소가 있는데요. 바로 학습 주체가 학습 대상과 맺는 관계입니다. 아시다시피 여전히 기계학습을 하려면 전처리 작업이 필요합니다. 모델에 따라서 데이터를 표준화하거나 빠진 데이터를 채워 넣는 일, 데이터의 '노이즈'를 최소화하고 적절한 특성을 뽑아내는 일, 이미지의 크기를 조절하거나 필요한 경우 보강하는 작업 등이 요구됩니다. 이 작업의 규모가 상당히 커서 머신러닝 프로젝트의 대부분을 차지하기도 합니다.

하지만 대부분의 인간의 학습에는 전처리가 없습니다. 세계는 날것 그대로 경험의 재료가 되고, 이것을 소화하고 숙성하여 학습과 발달로 연결하는 것은 인간이 감당해야 할 몫이지요. 세계는 인간의 몸으로 끊임없이, 예고없이, 그 어떤 머뭇거림도 없이 스며들고 침투합니다. 영아는 양육자의 언어를 선별적으로 들을 수 없습니다. 믹싱된 음악에서 다른 파트는 빼고 베이스라인만 뽑아내어 듣는 일은 불가능하고, 교실에서 들리는 말 중에 욕설을 걸러 내고 고운 말만 들을 능력도 없으며, 애니메이션을 보면서 주인공의 얼굴만을 취하고 배경을 날려 버릴 수도 없지요.

그렇다고 인간이 세계가 담고 있는 모든 정보를 고스란히 받아 안는 것은 아닙니다. 일례로 인간이 볼 수 있는 가시 영역과 비가시 영역·들을 수 있는 주파수대와 그 외의 영역이 있지요. 시시각각 들어오는 시청각 정보를 있는 그대로 모두 받아들이지도 않습니다. 보는 일도 듣는 일도 정보를 선별하고 특정한 신호에 주의를 기울이는 작업이 없다면 가능하지 않습니다. 그러나 이런 작업은 진화의 시간이 축적되면서 인간의 몸에 내장된 구조와 기능 덕에 가능하지 경험 데이터를 특정한 의도를 가지고 전처리한 결과가 아닙니다. 다시 말해 인류의 몸은 수백만 년에 걸쳐 느리지만 단단하게 세계를 적절히 학습하고 적응할 수 있도록 빚어졌습니다.

인간의 학습에 일종의 '전처리'가 있다고 한다면, 다양한 교육 자료나 교육적으로 조직된 경험이 그런 역할을 한다고 볼 수 있겠지요. 세계를 언어로·이미지로·영상으로·이들의 조합으로 표현한 것을 학습에 적합하도록 가공한 교재와 교과서·영상과 다큐 등이 '전처리'된 대표적인 자료일 것입니다. 그러나 이렇게 교육에 맞게 조직된 자료라고 해도 개개인은 서로 다른 방식으로 이해하고·오해하고·소화하고·적용합니다. 매체의 종류와 장르에 따른 선호 또한 뚜렷하지요. 이는 몇몇 알고리즘 조합으로 모든 데이터를 처리하는 현 인공지능의 학습 방식과는 다릅니다.

이러한 차이가 나타나는 근본 원인을 탐색하다 보면 세계를 인식하고 상호작용하는 주체로서 기계와 인간의 차이에 닿게 됩니다. 그 근원에는 의식이 자리잡고 있지요. SF영화에서는 의식을 가진 로봇이 자주 등장하지만, 아직까지 인공지능이 의식을 가졌다고 말하는 연구자는 없습니다. 하지만 인간의 다양한 인지능력과 비교하면서 '기계도 나름의 방식으로 생각한다'는 주장을 하는 이들이 늘어나고 있지요. 사실 '생각하다'라는 동사를 어떻게 이해하느냐에 따라 온갖 종류의 생각을 정의할 수 있습니다. 그런 면에서 생각하는 행위를 인간만의 것으로 이해하는 관점에는 무리가 있습니다. 앞으로 인공지능의 수행이 더욱 정교해진다면 기계가 정말 생각을 하는지, 그것이 인간이 가진 의식과 같은 성격인지 등에 대한 논쟁은 더욱 뜨거워질 겁니다. 하지만 현재로서는 인공지능은 통계적으로 정보를 처리하는 개체로 인식될 뿐, 엄밀한 의미의 의식을 가지고 있거나 감정 혹은 느낌을 갖는 존재로 받아들여지지 않습니다. 인간의 생각과는 명백히 다른 작업을 수행하고 있습니다.

## 인간의 대화와 인공지능의 '대화'

챗GPT 등의 거대언어모델이 대중화되면서 '대화형 인공지능'이라는 말이 널리 쓰이고 있습니다. 자연히 기계와 인간의 상호작용을 '대화'라는 기표로 쓰곤 하지요. 하지만 이것은 혼동을 일으킵니다.

우선 인간의 대화가 무엇을 의미하는지 간단히 살펴봅시다. 일상에서 '대화'는 상당히 넓은 영역을 포괄합니다. 면대면 대화일 수도·메신저 톡일 수도·원격 화상 회의일 수도 있습니다. 두 사람 간 혹은 그보다 더 많은 사람들 간의 상호작용일 수도 있습니다. 편지를 주고 받거나 전화 통화를 하는 것도 대화에 포함시킬 수 있지요. 사전적 정의는 어떨까요? 다음 국어 사전은 대화를 "서로 마주하여 이야기를 주고받음"으로 정의합니다. 여기에서 '서로 마주함'을 정의하는 방식에 따라, '이야기'를 이해하는 방식에 따라 대화의 의미가 조금씩 달라질 수 있습니다. 저는 이후 논의를 전개하면서 인류가 가장 오랜 시간 경험해 온 상호작용이며 대화의 원형이라고 부를 수 있는 오프라인에서의 면대면 의사소통, 그중에서도 인간과 인공지능 간의 상호작용과 가장 유사한 일대일 대화를 염두에 두고자 합니다.

　이러한 기준을 엄밀히 적용할 때 인간은 기계와 대화하지 않습니다. 대부분의 프롬프트는 말 걸기라기보다는 요청이나 명령에 가깝습니다. 인간이 기계에게 잘못을 저지르고 있다거나 기계가 대화 상대가 되지 못한다는 뜻이 아닙니다. 지금의 상호작용이 대화가 되지 못하는 것은 현재의 거대언어모델 알고리즘과 인터페이스가 지닌 기본 특성입니다. 거대언어모델에 기반한 챗봇은 대화하는 존재가 아니라 뭔가를 '만들어 내는' 존재입니다. 생성형 인공지능과의 상호작용은 기본적으로 '프롬프트–반응'으로 이루어집니다. 사용자(인간)가 프롬프트를 넣으면 이와 잘 정렬되는 답변이 생성되어 제공되지요.

　인간의 대화는 다릅니다. 제가 어떤 이야기를 건넸을 때 상대가 그 대화의 언어적 속성을 분석하고 그에 최적화된 답을 수학적으로 계산해 돌려주지 않습니다. 평등한 관계라면 대화의 주도권은 주제에 따라·공간에 따라·분위기에 따라 수시로 바뀝니다. 엇나가는 대화 또한 비일비재합니다. 참여자들은 딴청을 피우기도 하고, 침묵하기도 하며, 아예 자리를 뜨기도 합니다. 째려보거나 고개를 떨구어 의사를 표현하기도 하고요. 대화를 피하려고 다른 대화 주제를 갑자기 끌고 오기도 하고, 차를 들이켜며 허공을 바라보거나 하품을 하며 기지개를 켜서 대화의 중요한 메시지를 전달하기도 합니다. 갈등하고 대립하는 경우도 심심치 않게 볼 수 있지요.

상대의 말을 경청한다고 하더라도, 자신이 듣는 모든 발화를 단어 혹은 토큰 단위로 다 기억해서 머릿속에 저장하고 정교한 통계적 처리를 거쳐 말하지 않습니다. 배경지식이 전무한 주제에 대한 이야기나 평소에 탐탁지 않게 여겼던 상대와의 대화라면 단어 하나하나에 귀 기울이기는 더욱 어려워집니다. 몸의 상태나 주변의 환경에도 대화는 큰 영향을 받지요. 그렇기에 대화의 여정은 최적화된 통계 처리로 설명하기 힘든 구석이 많습니다. 어긋나고 부딪치고 헤매다가 다시 돌아오기도 하고, 실없는 농담으로 간극이 메워지기도 합니다.

인간과 인간의 대화에는 주체와 주체의 만남이 전제됩니다. 제가 주체로서 말하면 그 언어는 상대라는 주체에 의해 나름대로 해석됩니다. 그렇게 대화 참여자들은 각자의 경험과 지식에 따라 말하지만, 공공의 약속인 언어는 주체 사이에 일종의 다리를 놓습니다. 한 사람이 다른 사람의 생각과 감정을 온전히 이해할 수는 없지만 언어라는 매개를 통해 서로 이해할 수 있는 지평 혹은 상호주관성을 형성하게 되지요. 이 과정의 전제는 대화에 참여하는 두 주체가 각자의 주관을 가졌다는 것, 즉 자신의 입장과 관점에 따라 느끼고 판단하는 존재라는 겁니다. 그래야 '상호-주관-성'이 성립하기 때문이죠. 그런데 지금의 거대언어모델은 그런 식으로 작동하지 않습니다. 언어를 생산하는 모습을 보면 인공지능 또한 자신만의 생각과 감정을 가지고 있는 것처럼 느껴지기도 하지만 이는 일종의 착시입니다. 먼 훗날 기계가 자신의 주체성을 펼치며 상호작용할 날이 올지도 모르지만 아직은 그때가 당도하지 않았습니다.

　이러한 관점에서 보면 '인공지능과의 대화'라는 말을 사용하면서 '유용한 생산성 도구'를 인공지능의 주요한 역할로 내세운다는 게 아이러니한 면이 있습니다. 대화란 주체 사이의 일인데, 그 주체를 생산성 향상을 위한 도구로 보는 것이니, 잔인하다고도 할 수 있겠습니다. 용어 사용에 민감한 저 같은 사람에게는 '대화' '창의성' '이해' '의식' 등의 개념어를 별 생각 없이 인공지능에게 적용하는 풍조가 탐탁지만은 않습니다. 그런 단어들이 포착하는 측면이 분명 존재하지만, 그렇다고 인간과 인간의 대화가 인간과 인공지능의 상호작용과 같다고 할 수는 없기 때문입니다.

마지막으로 생성형 인공지능, 즉 챗봇과의 '대화'는 앞서 전제한 면대면 대화에서 일어나는 구어 소통과 거리가 멉니다. 인간의 대화와 유사하다고 믿지만 사실 이는 철저히 텍스트에 기반해 정보를 주고받는 형식이지요. 생성형 인공지능이 말을 '이해'하는 것 또한 발화를 텍스트로 변환하는 방식을 택합니다. 사실 인터넷에서 본격적인 텍스트 기반 채팅이 가능하게 된 시기는 1988년 핀란드의 자코 오이카리넨이 인터넷 릴레이 챗Internet Relay Chat, IRC을 개발한 이후입니다. 컴퓨터상의 채팅은 인류가 수행한 대화의 역사에서 극히 짧은 시간만을 점유하고 있습니다.

면대면 대화는 텍스트 기반 대화와는 전혀 다른 정보의 교환과 역동성·정서와 태도를 수반합니다. 순전히 언어적인 면만 보더라도 구어 대화와 텍스트 채팅은 고유한 특징을 지닙니다. 무엇보다 전자는 후자에 비해 말의 길이가 매우 짧습니다. 만약 현재의 거대언어모델 기반 채팅봇처럼 말하는 인간이 있다면 아무도 그에게 가까이 가려 하지 않을 것입니다. 특별한 조정이 없는 경우 『빅뱅 이론』의 주인공 셸든 쿠퍼와는 비교도 안 될 정도로 긴 '말'을 합니다. 나아가 말로 하는 소통에서는 '문법적으로 완벽하지 않은 문장 형태의' 발화 빈도가 상당히 높습니다. 단어 한두 개로 발화가 이루어지기도 하고, 한 사람이 시작한 발화를 다음 사람이 이어받아 완성하기도 합니다. (사실 '문법적으로 완벽하지 않은'이라는 표현 자체가 구어에 대한 편견을 가득 담고 있습니다. 문제는 우리가 배우고 가르치는 문법 체계는 늘 구어가 아닌 문어를 기준으로 하고 있다는 것인데요. 이는 인간이 스스로에게 편견을 프로그래밍한 꼴입니다!)

무엇보다 인공지능 채팅봇은 결코 청자 반응을 보이지 않습니다. 고개를 끄덕이지도·미간을 찌푸리거나 환하게 웃지도·눈을 크게 뜨지도 않는 것은 물론이고, 중간중간에 '그렇지, 어, 음, 아하!'를 하면서 상대의 말을 듣고 있다는 지속적인 시그널을 보내지 않습니다. 대화라고는 하지만 사용자의 입력이 완료된 후에야 다음 발

**2** 인간의 읽기-쓰기, 인공지능의 읽기-쓰기
: 개념적 탐색

151

화의 생성에 들어갑니다. 다시 말해 우리가 프롬프트를 입력하는 동안 인공지능 챗봇은 아무런 생각도 계산도 예상도 하지 않는 것이지요. 이에 비해 인간은 인터넷 채팅 창에서도 종종 기대 혹은 예측 속에서 다음 발화를 준비합니다. 특정한 목표가 있는 대화라면 더더욱 그럴 가능성이 높습니다. 심지어 메신저의 '1' 자가 없어지지 않는 일마저도 엄청난 무게의 메시지로 해석하는 게 인간이라는 '쪼잔한' 존재입니다. 결국 경청하는 인간은 시간을 관통하여 듣고 말합니다. 이에 비해 인공지능 챗봇은 분절된 시간 중 자기 몫의 자리에 텍스트를 채워 넣습니다. 어떤 면에서 면대면 대화는 함께 시간을 촘촘히 엮는 일이고 인간과 인공지능 챗봇과의 대화는 분절된 세계를 배치하는 일인지도 모르겠습니다.

결론적으로 '대화형 인공지능'은 우리가 전통적으로 이해하는 대화를 하지 않습니다. 돌아가면서 말하는 형식이라는 구조를 갖춘 인공지능 챗봇과 상호작용한다고 해서 실제 대화를 하고 있다고 생각하는 건 무리입니다. 물론 이런 분석에 대해 '대화'가 품는 의미의 지평이 넓어진다고 말씀하실 수도 있을 겁니다. 충분히 수용 가능한 의견이고요. 하지만 이것은 옳고 그름의 문제라기보다는 기존의 인간이 수행하던 사회적 상호작용을 인간-기계 간 상호작용에 적용할 때 어떤 가치관과 철학을 가지고 접근하느냐의 문제입니다. 다름을 이해하고 포용하는 것과 이제껏 해 오던 일을 그대로 하고 있다고 착각하는 것은 엄연히 다릅니다.

## 인간의 이해와 인공지능의 '이해'

문맥·과업·주제 영역에 따라 다음 단어를 적절히 예측할 수 있는 인공지능의 역량을 '이해'로 볼 수 있는가에 대한 논쟁이 계속되고 있습니다. 사실 인간의 영역에서도 이해라는 개념을 명확히 정의하는 것은 쉽지 않습니다. 텍스트 자료의 경우 ①텍스트에 나와 있는 단어와 문법을 이해하고 이로부터 정보와 지식을 이끌어 낼 수 있는가, ②텍스트와 다른 텍스트를 비교·대조·종합함으로써 새로운 이해로 나아갈 수 있는가, ③텍스트의 내용과 자신의 삶 나아가 사회를 연결시켜 창의적이고 비판적으로 사고할 수 있는가, ④텍스트의 가치와 효용을 적절히 판단하고 실생활과 업무 등의 영역에 적용할 수 있는가 등을 두루 살펴야 해당 텍스트를 이해했다고 할 수 있겠지요. 사람이 사람을 이해한다거나 상황을 이해한다고 했을 때는 고려해야 할 요소가 더욱 늘어납니다. 이처럼 이해는 다층적이며 역동적인 개념이기에 인공지능이 인간과 같은 방식으로 텍스트를 이해한다고 말할 수는 없습니다. 하지만 인간이 특정 텍스트를 이해했을 경우 보일 수 있는 행위를 인공지능도 보여 주고 있다는 점은 부인하기 힘듭니다. 인간의 이해와 인공지능의 이해를 사유할 때 고려해야 할 몇 가지 사항은 다음과 같습니다.

먼저 저는 인간으로서 현재의 인공지능이 인간의 이해에 도달하지 못했지만 동시에 인간의 이해와는 양과 질 모두에서 다른 방식의 새로운 '이해'를 수행하고 있다고 생각합니다. 사실 기계가 인간처럼 이해해야 한다는 법은 없습니다. 그런 면에서 '이해'라는 개념 자체가 인간종의 관점에서 형성되었다는 점을 잊지 말아야 합니다. 또한 이때의 '인간'도 권력과 자본·표준 리터러시 역량을 갖춘 '엘리트'를 기준으로 정의되곤 한다는 것을 염두에 두어야 합니다.

그럼에도 인공지능이 단어의 연쇄를 매우 그럴듯하

게 구성해 낸다고 해서 이를 인간이 정의하고 사용한 '이해'라는 개념으로 재단하는 것은 한계가 뚜렷합니다. 적어도 텍스트 데이터를 주로 학습한 현재의 거대언어모델이 인간과 같은 이해를 하는가 그렇지 않은가라는 논쟁은 제가 보기엔 큰 실익이 없습니다. 2024년 본격적으로 첫 발걸음을 내딛는 멀티모달 인공지능의 고도화 속에서 좀 더 풍성한 논의가 가능하겠지만, 적어도 현시점에서 인공지능이 자기 인식이나 정체성·의식의 영역을 고려한 이해에 다다를 거라고 보는 것은 무리입니다.

물론 인간의 관점에서 '이해'는 단어의 연쇄를 정확히 구성하는 능력이 포함됩니다. 어떤 단어를 선택한다는 것은 담화의 흐름을 파악하고 있으며 이에 기반해 특정한 화행speech act을 실행할 수 있다는 의미이기 때문입니다. 좋아하는 친구가 '점심 먹었어?'라고 밝게 물어볼 때 이를 함께 점심을 먹자는 일종의 초대로 해석하고 '아니. 같이 먹을래?'라고 다음 단어의 연쇄를 이어감으로써 해당 초대에 응하는 것은 적절한 화행의 예입니다. 적확한 단어의 선택은 이전 텍스트를 적절히 이해할 때 가능하지요.

하지만 관습적 연쇄conventional chain를 잘 조합하는 것으로 본격적인 이해를 증명할 수는 없습니다. 예를 들어 인간이 세계를 이해하는 방식의 발전은 기존의 명제를 뒤엎는 새로운 명제를 구성하는 일과 함께였지요. 철학자 비트겐슈타인이 단어의 의미를 사전적 정의로 생각하던 통념을 깨고 "단어의 의미는 그 사용이다"라고 말했을 때 언어에 대한 우리의 이해가 일대 전환을 맞았던 것처럼 말이죠. 이처럼 진정한 이해는 이전과는 다른 연쇄들을 엮어 내는 역량에 있습니다. 쉽게 말해 쓰던 언어를 재조합하는 역량이 아닌, 특정한 데이터·맥락·관점에 맞게 이전에 존재하지 않았던 단어의 연쇄를 만들어 내는 작업을 이해라고 볼 수 있는 것이지요. 그런 면에서 거대언어모델은 과거의 데이터에 기반하여 언어를 기가 막히게 배열하는 이해를, 인간은 과거의 데이터가 보여 주는 압도적 경향성에도 불구하고 가능한 언어를 새롭게 주조하는 이해를 보여 주는 것입니다. 두 가지 이해가 완전히 분리된 것은 아닙니다. 다만, 기계가 과거의 축적으로서 현재를 인식한다면, 인간은 과거와 현재를 지나 미래로 가는 자신을 끊임없이 인식하며, 현실에서 가능하지 않았던 잠재의 세계에 천착하는 경향을 지닙니다.

다시 말해, 다층적이고 다면적인 이해는 정보와 문맥을 이해하고 적절한 단어를 배열하는 능력을 넘어, 새로운 단어–연쇄를 형성하고 여러 비관습적 연쇄 간의 관계를 엮어 내는 역량에 그 핵심이 있습니다. 계속 강조했듯이 인간과 기계의 언어 이해는 이분법적으로 나눌 수 없지만, 그 둘이 '이해'라는 표현을 공유한다고 해서 이를 완전히 동일한 이해로 보는 것은 적절하지 않습니다. 만약 생성형 인공지능이 이제껏 볼 수 없었던 창의적 언어 연쇄를 만들어 낸다면, 그것은 순수히 인공지능 자체의 역량이라기보다는 인간과 인공지능이 결합할 때 창발하는 능력이라고 할 수 있습니다. 앞서 설명했듯이 이 능력에 대한 준비는 기계가 홀로 학습하는 사전 학습 단계가 아닌, 인간의 지식과 노동이 대거 투입되는 파인 튜닝 단계, 인간 피드백에 기반한 강화학습 단계에서 주로 이루어지지요. 인공지능의 '창의성'은 인간지능과의 협업에서 발현되는 것입니다.

인지cognition의 관점에서 또 다른 이야기를 할 수 있습니다. 언어 이해에 대한 다양한 관점이 있지만 인지언어학과 심리학의 주요 가설 중 하나인 '체화된 시뮬레이션'embodied simulation은 우리가 언어를 이해할 때 단어의 정의를 파악하고 문법 규칙을 적용하는 것을 넘어 몸이 근본적인 역할을 한다고 주장합니다. 즉 언어를 이해한 다는 것은 문자 정보의 처리를 넘어 그간 쌓은 기억과 감각을 동원한다는 견해인데요. 이는 롤프 즈완의 다음 발언에 압축적으로 표현되어 있습니다.

"이해란 언어 입력에 의해 주어진 단서들에 기반해 실제 경험으로부터의 흔적들을 통합하고 배열함으로써 묘사된 사건들을 대리 경험하는 것이다."

즈완에 따르면 우리는 대화를 하거나 글을 읽는 동안 언어를 매개로 우리의 지식과 경험·기억을 불러와 순식간에 조립해 냅니다. 이 과정이 바로 이해입니다. 언어의 이해는 우리의 기억과 정서 그리고 체화된 습속을 동원하는 과정으로서 몸의 이해입니다. 즉 언어는 언어 그 자체로 의미를 가지는 것이 아니라, 우리 경험의 총체 중에서 해당 언어에 조응하는 부분들을 가져와 순식간에 모아 내는 과정에서 의미를 산출합니다. 언어를 기반으로 뇌가 경험을 시뮬레이션하는 과정에서 의미가 구성되는 것이죠. 인공지능이 언어를 행렬로 변환하고, 이를 벡터 공간에 매핑해서 계산해 내는 과정과는 질적으로 다릅니다.

마지막으로 이해는 텍스트를 매개로 생각을 생산하는 행위입니다. 이것은 이해를 수동적인 차원이 아니라 능동적이며 생산적인 차원에 위치시킵니다. 흔히들 이해를 그저 '받아들이는 것'으로 보지만, 받아들이기만 하는 정신 작용은 있을 수가 없습니다. 한 단어만 읽어도 우리 뇌에서는 특정한 반응이 일어납니다. 단어가 계속 쌓이면 이런 반응은 일종의 연쇄 작용을 일으키지요. 어휘와 문법은 이런 연쇄 작용의 종류와 범위·강도 등을 정하는 역할을 합니다. 텍스트 생성text generation만 생성적인 것이 아니라 텍스트 이해도 생성적입니다. 이는 미독味讀에서 가장 잘 드러나는데요. 텍스트를 음미하면서 우리는 정보를 무조건 받아들이는 것이 아니라 끊임없이 생각을 생산합니다. 반박하고 예상하고 상상합니다. 두려움을 느끼기도 설렘을 경험하기도 합니다. 물론 메모하거나 주석을 다는 등의 실제 텍스트 생성이 수반될 수도 있습니다.

흥미로운 것은 텍스트를 매개로 생각을 생산하는 활동이 사람마다 다르다는 것입니다. "나는 막내였지만 한 가족의 가장이었고 수호자였다. 그것은 축복이었지만 저주였고, 사랑이었지만 분노였다. 나는 나로 살

수 없었지만 결국 나로 살 수밖에 없었다"라는 문장을 열 명이 읽는다면 같은 생각이 열 명의 머릿속에서 생성되지 않을 것입니다. 개인별로 사뭇 다른 심상과 해석이 떠오르겠지요. 예를 들어 실제 가족의 막내인 사람과 저같이 그렇지 않은 사람이 읽을 때의 생각이 다를 것이고, 혹독한 역경을 겪어야 했던 독자와 평생 유복한 상황에서 자란 독자의 생각이 다를 것입니다. 가족이 있는 집에 돌아가는 일이 극도의 스트레스 안으로 걸어 들어가는 것 같이 느껴지는 사람과, 집에 돌아와야만 비로소 쉼과 평안을 얻는 사람이 이 문장에서 똑같은 감정을 느낄 리가 없지요. 하지만 인공지능은 어떤 사람이 제공한 문장이든 해당 문장만을 기반으로 답변을 생성합니다. 다른 몸과 경험을 지닌 인간이 이해하는 방식과 인공지능 챗봇이 이해하는 방식이 같을 수 없는 이유입니다.

처음 질문으로 돌아가 봅시다. 생성형 인공지능은 언어를 이해하나요? 어떤 면에서 그렇게 보이기도 하지만, 그간 언어학과 심리학·인지과학에서 생각했던 이해와는 거리가 멀다는 것이 현재 수준에서 내릴 수 있는 잠정적 결론입니다. '이해'를 어떻게 정의하느냐에 따라 인공지능의 '이해'에 대한 판단이 달라지겠지만, 적어도 인간의 이해와 전혀 다른 과정을 거친다는 것은 분명합니다. 그렇기에 중요한 것은 생성형 인공지능의 이해와 인간의 이해가 펼쳐지는 지평·메커니즘·알고리즘을 이해하려 노력하는 일입니다. 이런 노력을 제쳐 두고 이들이 보여 주는 비슷한, 외부로 드러나는 수행만을 기준으로 인간과 인공지능 모두가 같은 이해를 하는 존재라고 봐서는 안 됩니다. 그런 의미에서 '인공지능은 이해하는가'라는 질문을 던지기 전에 '나는 인공지능을 이해하는가?' 나아가 '나는 인간의 이해를 이해하는가?'라고 묻는 것이 더욱 중대한 과업일지도 모르겠습니다.


## 언어 사회화에서
## 생성형 인공지능의 역할

인류학·언어학·사회학·교육학·언어습득론·응용언어학 등이 교차하는 지점에 언어 사회화language socialization라는 분야가 있습니다. 언어를 매개로 하는 상호작용이 언어 습득의 기반이 되면서 동시에 사회화의 핵심적인 원리로 작동한다는 점에 기반한 학문 분야입니다. 태아에서 아동으로 이어서 청소년과 성인으로 성장하는 것은 단지 생물학적 나이를 먹는 데 국한되지 않습니다. 그 과정에서 다양한 경험과 일상적·제도적 교육을 통해 사회의 일원으로 성장하니까요. 이 과정에서 언어는 중대한 역할을 합니다. 말을 배우면서 우리는 세계를 그리는 법을 배우고, 가치관을 정립하고, 자신과 상대의 관계를 짓고, 자아 정체성을 형성해 갑니다. 다음 로널드 데이비드 랭의 글은 이런 언어사회화의 핵심 가정을 잘 보여 줍니다.

My mother loves me.(어머니는 나를 사랑하세요.)

I feel good.(기분이 좋아요.)

I feel good because she loves me.(어머니가 저를 사랑하시니까.)

I am good because I feel good.(기분이 좋으면 나도 좋은 사람 같아.)

I feel good because I am good.(내가 좋은 사람이어서 또 기분이 좋아져요.)

My mother loves me because I am good.(내가 좋은 사람이니 어머니가 저를 사랑하시는 것이죠.)

My mother does not love me.(어머니는 나를 사랑하지 않아요.)

I feel bad.(나는 기분이 좋지 않아요.)

I feel bad because she does not love me.(어머니가 나를 사랑하시지 않으니 기분이 안 좋은 거죠.)

I am bad because I feel bad.(기분이 나쁘면 내가 나쁜 사람인 것 같아.)

I feel bad because I am bad.(내가 나쁜 사람이라서 기분이 또 나빠져요.)

I am bad because she does not love me.(어머니가 나를 사랑하시지 않으니 나는 나쁜 사람이죠.)

she does not love me because I am bad.(내가 나쁜 사람이니 어머니가 나를 사랑하지 않는 거죠.)

— 「매듭들」Knots 중에서


언뜻 보면 유치하기까지 한 이 시가 주는 메시지는 탁월합니다. 개인이 주변인들 특히 어머니와 같은 중요한 존재에게 사랑받고 인정받는 것이 개인의 감정에 어떻게 영향을 미치는지 또 그 영향이 자아 정체성에 어떤 영향을 미치는지를 보여 줍니다. 나아가서 이런 과정이 관계에서 선순환 혹은 악순환 구조를 낳을 수 있다는 것을 단순하지만 강력하게 설명합니다. 물론 그런 영향을 주는 사람이 꼭 생물학적 어머니일 필요는 없습니다. 가까운 사람이라면 누구든 아동의 정체성 형성에 큰 영향을 미칠 수 있습니다. 여기에서 중요한 것은 '나는 – 한 사람'이라는 정체성을 발달시키는 데 주변 사람들의 언어가 중요하다는 것입니다. 주변 사람들이 차별과 배제의 언어를 자주 사용한다면, 그 언어에 배어 있는 편향을 체득하게 됩니다. 가장 가까운 사람들이 특정한 사상을 비하하는 발언을 일삼거나 물신주의적 소망을 자주 표현한다면, 그런 언어 표현을 통해 세계관을 형성할 가능성이 높아지지요. 그렇게 사람과의 관계와 언어가 엮이면서 개인은 발달합니다.

다시 말해, 사회화와 언어 습득은 별도의 영역에 존재하는 과정이 아닙니다. 언어를 주고받는 상호작용의 축적 속에서 그리고 그 과정에서 일어나는 개념의 체화 속에서 사회화가 일어납니다. '어른이 말할 때 끼어들지 않는다'는 언어 사용 규칙을 내면화하는 것은 권력을 가진 이와의 상호작용 방법을 배우는 것이고, 가족과의 대화 속에서 '아버지는 엄격하니 직설적으로 말하거나 대립하지 않는 것이 좋다'는 눈치를 채는 것은 특정한 언어 규칙을 내면화하는 것입니다. 결국 사회화의 주요한 메커니즘이 언어생활 속에 녹아 있으며, 말을 주고받는 규칙을 배우는 과정 속에서 사회화의 주요한 측면을 관찰할 수 있습니다. 사회화와 언어 습득을 떼려야 뗄 수 없는 동전의 양면과도 같은 과정으로 파악하는 학문이 바로 언어 사회화입니다.

생성형 인공지능의 부상이 다양한 논의를 촉발하고 있지만, 좀처럼 논의되고 있지 않은 영역이 바로 언어를 통한 사회화 과정의 급격한 변화입니다. 최근 한 선생님에게 학생들이 인공지능을 좋아하는 이유 중 하나가 "화를 내지 않기 때문"이라는 이야기를 전해 들었습니다. 부모님이나 선생님들은 두세 번만 연속으로 질문을 해도 회피하거나 짜증을 내는데, 인공지능은 절대 화를 내지 않고 묵묵히 '인내심을 가지고' 답을 해 준다는 것이었지요. 그 학생들에게는 인공지능의 빠른 언어 생성과 높은 생산성도 중요했지만, 이전과는 전혀 다른 사회적 상호작용을 경험했다는 것이 더욱 중요했습니다. 아무거나 물어봐도 되고·끝없이 샘솟는 자상함을 갖추고 있으며·예시나 비유를 잘 들어 주는·그러다가도 자신이

시키는 일이면 최선을 다해 노력하는 모습을 보여 주는 '인공지능 선생님'과 학교에 들어가기 훨씬 전부터 상호 작용하던 아동은 인간 선생님을 어떻게 바라보게 될까요? 정서적으로 자신을 지지하고·공감해 주고·변함없이 응원하는 인공지능 로봇과 평생을 같이한 성인들은 직장 동료들을 어떻게 대하게 될까요? 언어와 사회화가 엮이는 방식이 인공지능에 의해 급진적으로 변화하는 상황 속에서 가족·지역·학교·기업·동호회·종교단체·각종 자발적인 공동체는 어떻게 새로운 관계를 상상하고 엮어 갈 수 있을까요?

인간과는 다른 방식으로 대화하는 인공지능의 등장은 인간과 인공지능 간의 관계를 넘어 인간과 인간 사이의 관계를 서서히 변화시킬 것입니다. 우리가 상대에게 바라는 정보의 양과 질이 서서히 바뀔 것이고 정서적 반응이나 인내심에 대한 기대 또한 조금씩 달라질 것입니다. 우울한 미래를 그려 보자면 상대의 말을 실시간으로 팩트체크하여 지인마다 '신뢰 점수'를 매기고, 상대의 표정을 실시간으로 스캔하고 이를 관심이나 집중도·공감의 정도로 표시하는 기술이 개발되어 '집중도 레벨·공감지수·정서 지능' 등을 수량화하는 앱을 사용하게 될지도 모르겠습니다.

결국 생성형 인공지능이 삶의 모든 영역에 파고드는 지금, 언어 사회화의 양상과 특징 그리고 지형과 궤적이 어떻게 변화할 것인가는 학문적 토론의 대상을 훌쩍 뛰어넘어 사회의 존재와 변환을 사유하는 핵심 주제로 다루어져야 합니다. '새로운 생산성 도구'에 대한 논의를 넘어서 '공존의 대상이자 새로운 사회 구성원'으로서 인공지능을 사유해야 할 이유가 여기에 있습니다.

**3**

| 리 | 터 | 러 | 시 |  | 생 | 태 | 계 |  | 어 |
| 떻 | 게 |  | 바 | 꿀 |  | 것 | 인 | 가 |  |
| : |  | 매 | 개 | · | 전 | 도 | · | 속 | 도 |
| · | 저 | 자 | 성 | 과 |  | 윤 | 리 |  |  |

나는 내가 무엇을 아는지 발견하기 위해 쓴다.

　　—플래너리 오코너

강사 이번 학술적 글쓰기 과제에 좋은 점수를 드리긴 힘들겠네요. 일단 분량이 1,500단어인데 겨우 800단어 남짓을 쓰셨어요. 그리고 열 편 이상의 논문을 포함시켜야 하는데, 여섯 편만 인용하셨고요. 기준을 전혀 맞추지 못하셨습니다. 전체적으로 내용이나 흐름이 나쁘진 않지만, 제가 의도했던 과제와는 거리가 멀어서 C를 드릴 수밖에 없겠습니다. 아, 그리고 유일하게 종이에 써서 과제를 내셨네요. 제가 강사 생활을 하면서 손 글씨로 과제를 받아 본 건 처음입니다. 어떤 매체로 냈는지가 중요한 것은 아니지만 조금 놀랐습니다.

학생 설명 감사합니다. 다양한 생성형 인공지능을 사용하면 1,500단어와 열 편의 레퍼런스를 채우는 게 어렵지는 않습니다. 사실 이 자리에서도 30분이면 충분히 충족시킬 수 있는 조건입니다. 하지만 최근에 과제 명세에 언급된 생성형 인공지능 서비스의 구축을 위해 소위 '제3세계'의 노동자들이 저임금에 시달리고 있다는 기사를 접했습니다. 아울러 생성형 인공지능의 답변을 평가하는 과정에서 심각한 차별과 혐오의 언어를 계속 마주해야 했다는 이야기도 읽었고요. 그 결과 심리적인 트라우마에 시달리기도 하고 주변 사람들과의 관계 또한 급속히 나빠졌다고 합니다. 기사를 읽고 마음이 아팠습니다. 상처 주는 말 한두 마디에도 한참을 힘들어하는 저는 하루 종일 폭력적이고 참혹한 말들을 읽어 내는 일이 얼마나 힘들지 상상도 가지 않더라고요.

**강사** 네, 그 기사 저도 기억납니다. 간과해서는 안 되는 이슈라는 데 동의하고요. 그래도 과제는 과제이니 제가 드린 채점 기준을 잘 읽고 따르셨어야죠. 그게 저와 또 다른 수강생들과의 약속인데요.

**학생** 저의 과제 수행 방식에 대해 미리 말씀드리지 못한 것은 죄송합니다. 그런데 과제를 시작하면서 또 다른 기사를 접했어요. 생성형 인공지능이 검색에 비해 훨씬 많은 전력을 소비한다는 내용이었죠. 아무래도 정보를 찾는 것보다 만들어 내는 게 더 많은 에너지를 필요로 할 수밖에 없을 것 같아요. 그런데 그 에너지를 만들려면 생태계가 계속 파괴될 수밖에 없다는 걸 알게 되었습니다. 이와 관련해서 케이트 크로퍼드가 쓴 『AI 지도책』을 읽었는데, 생각보다 심각한 환경 파괴가 벌어지고 있더라고요. 그래서 마음을 바꾸었습니다. 적어도 이번 과제는 이제까지와는 다른 방식으로 수행해 보자고요. 그래서 워드프로세서도 쓰지 않고 종이와 펜을 택했습니다. 저에게도 새로운 실험이었고, 전혀 다른 쓰기를 경험했습니다. 사실 지난 학기 선생님께 배웠던 '저항으로서의 비판 리터러시'가 떠올랐는데요. 이번 학기에 다루고 있는 '인공지능 리터러시'에 이런 건 포함되지 않을까요? 어떤 리터러시이든 한 번쯤 의심해 볼 필요가 있고, 해당 리터러시가 요구하는 조건들을 완벽히 거부할 수는 없더라도 새로운 실천을 모색하는 건 의미가 있다고 말씀하셨죠. 어떤 점수를 받든 괜찮습니다만, 많이 배우고 깨달았습니다. 글을 쓰려고 고민하며 도서관에 오래 머물렀어요. 평소에는 잘 찾지 않는 곳인데 말이죠. 다른 수강생들이 어떻게 썼는지는 모르지만 제가 들인 정성과 시간은 아마도 누구 못지않았을 거라고 짐작합니다. 이런 건 채점 기준표에 없겠지만요.

여러분이 위의 에피소드 속 강사라면 이 상황에 어떻게 대처하시겠습니까? 구체적으로는 어떤 개념과 표현·논리적 전개를 통해 학생에게 대답하시겠습니까? 반대로 여러분이 학생 입장이었다면 낮은 점수를 받을 수 있음에도 새로운 실험을 감행할 수 있었을까요? 노동 착취와 생태계 파괴에 대해 알게 된 바를 외면하지 않고 자신의 실천에 녹여 내려 했을까요? 교사를 설득하려고 노력할 수 있었을까요? 만약 그렇게 할 수 없었을 거라고 판단한다면, 그 이유는 무엇인가요?

일련의 대답은 리터러시에 대한 여러분의 믿음과 태도를 어떤 방식으로 드러내나요? 어떤 권력을 강화하고 어떤 권력을 배제하나요? 어떤 변화를 수용하고 어떤 변화를 거부하나요? 리터러시 생태계에 생성형 인공지능이 자리 잡는 지금, 이 사고실험은 우리에게 어떤 실천적·윤리적·교육적 질문을 던지나요?

# 생성형 인공지능의 급부상과
## '호들갑'

'인공지능'이라는 용어를 처음 사용한 것은 1956년 다트머스 칼리지 컨퍼런스에 참가한 MIT의 컴퓨터과학자이자 인지과학자 존 매카시로 알려져 있습니다. 인공지능의 역사는 이보다 훨씬 넓고 깊지만 '인공'과 '지능'을 연결해 하나의 개념어로 제시한 것은 중요한 의미를 지닙니다.

사실 많은 전문가 및 연구자는 '인공지능'이라는 용어에 만족하지 못합니다. 이것이 포함하는 영역에 대해 모두가 합의하는 것은 아니고요. 인공지능을 정의하는 방식은 다양하고 실제 구현하는 방법 또한 하나로 수렴되지는 않습니다. 지금과 같이 진화한 기술에 국한하지 않는다면 메리 셸리의 프랑켄슈타인이나 아이작 아시모프의 작품에 나오는 로봇 등도 인공지능에 포함되겠지요. 하지만 현재 논의되고 있는 컴퓨팅 기반 인공지능의 시작에는 존 폰 노이만과 앨런 튜링이 있습니다. 물론 이들에 앞서 "동물과 기계 모두의 제어와 통신에 대한 전체 이론"으로 요약되는 사이버네틱스를 주창한 노버트 위너와 생물학적 뉴런의 수학적 모델을 개발한 워런 매컬러와 월터 피츠의 공도 무시할 수 없습니다.

『2001 스페이스 오디세이』(1968)의 인공지능 컴퓨터 'Hal 9000'이나 『스타워즈』(1977)의 'R2D2 & C3PO' 등의 아이콘이 된 로봇을 비롯해 다양한 인공지능체가 대중문화에 등장한 것은 오래전이지만, 'AI'라는 단어를 대중에게 각인시키는 데 큰 역할을 한 것은 스티븐 스필버그 감독의 영화 『A.I.』(2001)일 것입니다. 제목 자체가 '인공지능'이기 때문이죠. 극장에서 영화를 보고 나올 때, 들어가면서 살피지 못했던 포스터의 문구가 새삼 강렬하게 다가왔던 기억이 있습니다. "데이빗은 11살입니다. 몸무게는 60파운드고요. 키는 4피트 6인치이고 머리는 갈색이에요. 그의 사랑은 진짜입니다. 그러나 그 자신은 그렇지 않지요."

이 문구는 영화의 주요 역할을 맡은 '인공지능'을 대하는 인간의 인식론적·존재론적 딜레마를 잘 보여 줍니다. 영화 속 데이비드는 인조인간 모델이기에 진짜 사람은 아닙니다. 이후 수많은 복제품이 만들어질 예정인 일종의 시제품이고요. 하지만 그의 행동은 진짜라고 느낄 수밖에 없는 간절함을 지녔습니다. 그럼에도 인간들은 그의 존재를 가짜라고 인식하기에 그를 버리고 맙니다. 영화의 결론에서 이런 인식은 극적으로 뒤집어지지요.

이렇듯 인공지능은 과학과 철학의 탐구 대상이자 소설과 영화의 주요 모티프로 학문과 문화의 영역에서 오랜 시간 다루어졌습니다. 하지만 이들이 생활 전반에 파급력을 가지진 못했지요. 다양한 웹사이트와 소셜미디어 플랫폼의 작동에 스며들어 있긴 했지만 시민 스스로가 '내가 인공지능을 쓰고 있다'고 느낄 정도는 아니었던 것입니다.

이런 인식을 크게 바꾸어 놓은 계기가 바로 2022년 11월 30일 오픈AI의 챗GPT 공개입니다. 다른 다양한 인공지능 알고리즘보다 챗GPT의 파급력이 컸던 이유는 이 기술이 언어와 지식을 다루는 거의 모든 영역에 영향을 줄 수 있는 잠재력을 지녔기 때문이었습니다. 이전의 인공지능 활용 범위가 특정 영역이나 직군·관련 분야 프로그래머들의 업무에 국한되었다면, 이제 인터넷을 사용하는 거의 모든 이들이 인공지능을 사용할 수 있는 상황이 되었습니다. 인간의 언어를 자연스럽게 생성할 수 있는 인공지능의 등장은 경탄과 두려움을 동시에 불러

일으켰으며, 관련된 기술의 확산 또한 매우 빨라졌습니다. '생성형 인공지능'에 대한 관심은 이제 본궤도에 올랐다고 해도 과언이 아니지요.

여러 언론을 비롯하여 유튜브와 소셜미디어 상의 논의가 넘쳐나는 가운데, 2024년 5월 기준 챗GPT를 다룬 국내 단행본만 400여 권, 이북까지 중복 집계하면, 1800권에 달합니다. 특정 기술이 급부상하는 시기에 대중적인 논의가 뒤따르는 현상은 자연스럽지만, 현재 출판계 안팎의 반응은 '호들갑'이라 불러도 과하지 않을 정도입니다. 챗GPT 관련서 다수는 글쓰기·업무·개발 등에서의 다양한 활용법을 다루면서 생산성 증대를 위한 챗GPT의 도구적 유용성을 부각합니다. 이와 대조적으로 생성형 인공지능이 불러올 텍스트와 담론 및 교육 환경의 변화를 조망하고 삶의 다양한 영역에서 읽고 쓰는 행위의 변화를 살피는 시도는 찾아보기 힘듭니다. 이런 상황에서 인공지능을 손쉽게 활용할 수 있는 도구로 이해하는 관점을 넘어, 인공지능이 변화시킬 교육과 사회의 모습을 그려 보고, 이런 변화의 핵심 영역 중 하나인 리터러시에 천착하는 작업이 요구됩니다. 이번 장에서는 생성형 인공지능이 리터러시 생태계, 그중에서도 글을 읽고 쓰는 데 미칠 영향을 과정·전도·속도·저자성과 윤리라는 네 가지 열쇳말로 살피려고 합니다. 이를 위해 먼저 생성형 인공지능의 확산에 따라 리터러시 실천 방식이 어떻게 변화할지 논의하고, 전통적인 읽기와 쓰기의 관계가 전도되며 통합되는 양상을 짚어 봅니다. 나아가 인공지능이 형성하는 리터러시 속도의 생태계를 기술의 시간과 몸의 시간이라는 관점에서 논의하고, 이런 변화 속에서 저자성과 윤리가 어떻게 진화할지 살피려 합니다.

과정·전도·속도·저자성과 윤리라는 주제로 인공지능의 부상에 따른 리터러시 생태계 변화를 본격적으로 논의하기 전, 제가 공부하고 실천해 온 자리에서 파생되는 세 가지 한계를 밝힙니다. 첫째, 이 글의 주요 논의 대상이 되는 리터러시 관행, 즉 읽기와 쓰기는 제가 몸담고 있는 대학 교육의 맥락에 초점을 맞추고 있습니다. 고등교육에 대한 논의는 청소년이나 성인의 리터러시에 두루 적용될 수 있지만, 구체적인 맥락이나 읽고 쓰는 주체가 누구냐에 따라 구체적인 사항을 조심스럽게 조정할 필요가 있습니다. 둘째, 이 글은 텍스트를 기반으로 한 리터러시 활동, 즉 글 읽기와 글쓰기에 집중합니다.

이는 동영상과 웹툰·게임과 쇼츠·뮤직비디오와 댄스가 일상에 넘쳐나는 현재의 다매체 리터러시를 논의하기에는 턱없이 부족합니다. 다시 말해, 이미지와 영상의 활용·공간의 디자인과 몸의 퍼포먼스 등을 제외한다는 점이 명백한 한계입니다. 마지막으로, 이 글은 다양한 생성형 인공지능 중 GPT-4 터보·클로드·제미나이·코파일럿 등의 서비스를 중심으로 하는 거대언어모델의 텍스트 생산을 주로 참조합니다.

## 인공지능 매개 읽기-쓰기의 부상과 리터러시 과정의 변화

생성형 인공지능이 추동하는 변화 가운데 예측되는 첫 번째 리터러시 관행 변화는 인공지능을 매개로 한 리터러시 행위가 증가할 것이라는 점입니다. 이를 좀 더 나누어 보면 읽기와 인공지능이 결합하는 '인공지능 매개 읽기'AI-mediated reading와 쓰기와 인공지능이 결합하는 알고리즘적 쓰기'algorithmic writing로 부를 수 있겠습니다. 이들의 확산은 읽기와 쓰기의 관계가 급격히 변화하는 결과로 이어질 가능성이 높습니다.

우선 인공지능을 매개로 한 읽기의 지속적 증가가 예상됩니다. 거대언어모델은 자연어를 광범위하게 처리합니다. 텍스트 요약·단순화·상세 설명·바꿔 쓰기 등이 대표적인 예입니다. 텍스트가 담고 있는 정서를 감지하거나 키워드를 추출하는 작업도 어느 정도 가능하지요. PDF 등의 텍스트를 업로드하여 읽힌 다음 그것을 기반으로 질문–대답을 할 수 있는 기능과 서비스가 속속 등장하고 있습니다. 이에 따라 텍스트 내에서의 다양한 변형·텍스트 간의 비교·대조·통합·추출 그리고 텍스트를 구성하는 언어를 넘나드는 횡단적 읽기가 가능해집니다. 몇 가지 예를 들어 보지요. 특정한 텍스트를 제시하고 각 문단에서 핵심 아이디어를 요약하고 이를 엮어 하나의 글로 만들 수 있습니다. 두 개의 텍스트를 제시한 뒤 '비교 및 대조 에세이를 쓰라'고 요청할 수도 있습니다. 몇 개의 관련 뉴스 기사를 제공한 뒤, 이를 엮어 하나의 논평 기사를 쓰라고 할 수도 있고, 하나의 글을 다른 스타일의 글로 바꾸어 달라고 할 수도 있습니다. 생성형 인공지능이 완벽히 만족할 만한 결과를 제공하지는 않지만, 어느 정도 읽을 만한 글을 생산할 수 있습니다.*

---

* GPT-4의 벤치마크를 참고할 때 나아가 교육을 위해 사용해 본 경험에 기반해서 보면 한국어보다는 영어로 된 텍스트를 좀 더 잘 소화한다.

이처럼 다양한 기능을 소화해 내는 것은 챗GPT가 인공일반지능의 초기 면모를 갖고 있다는 일각의 주장과 관련 있습니다. 인공일반지능은 좁은 인공지능Narrow AI와 구별되는 개념입니다. 후자가 바둑이나 체스 두기·번역하기·얼굴 인식하기 등 특정한 기능에 특화된 인공지능이라면 전자는 인간이 가지고 있는 인지능력 일반을 두루 가지고 있기에, 이론적으로는 인간이 할 수 있는 일들은 모두 해낼 수 있습니다. 예를 들어 읽기의 영역이라면 읽기에 수반되는 다양한 활동(단어 이해·문법 적용·문장 이해·문단 및 글 요약·다양한 텍스트의 통합적 이해·비판적 독해 등) 및 텍스트 분석 활동을 모두 시뮬레이션할 수 있습니다.

읽기와 관련해 특히 주목할 것은 소위 '세 줄 요약' 형식의 광범위한 활용입니다. 다 읽을 필요가 없어지는 시대가 오고 있고, 앞으로는 '인공지능한테 요약해 달라고 해서 보면 되지, 왜 그걸 다 읽어'라는 생각이 더욱 강해질 것입니다. 기존에도 '전략적 읽기'라는 명목하에 필요한 부분만을 읽는 관행이 있었죠. 기사의 헤드라인만 읽고 댓글을 쓰는 경우도 비일비재했습니다. 하지만 이제 사뭇 긴 글에 대해서도 알고리즘에 의한 요약본·해

설본·수준에 맞는 각색본 등을 손쉽게 구성할 수 있어 사실상 거의 모든 텍스트에 '세 줄 요약'을 적용할 수 있는 시대가 오고 있습니다. 이미 웹 브라우저의 플러그인 형식으로 요약본을 제공하는 앱이 속속 등장하고 있지요.

　이는 읽기 측면에서 양날의 검으로 작용할 것입니다. 우선 인공지능 기술은 독자가 읽기로 진입하는 장벽을 낮추고 자신의 수준에 맞추어 텍스트를 변형·조작할 수 있도록 돕습니다. 완벽하지는 않지만 읽기 과정에서 겪는 어휘나 문맥상의 어려움도 그때그때 해결해 줄 수 있습니다. 특정한 수준에 맞는 예시나 비유를 상당히 정확히 제공하기도 합니다. 이제껏 감히 시도할 수 없었던 읽기를 시도할 수 있게 되는데, 특히 외국어로 된 텍스트 읽기의 경우 기계번역의 발전과 결합할 때 큰 시너지를 낼 것으로 예상됩니다. 반면에 전통적인 텍스트 읽기의 방식 중 정독精讀이나 숙독熟讀 혹은 미독 등 텍스트와 맥락·자신의 생각과 감정을 세심히 살피는 독서는 대폭 줄어들 것입니다. 행간을 읽는 일이나 제가 이야기하는 '행간을 쓰는 일', 즉 저자가 말하지 않은 부분에 대해 자신의 추론과 의견·감정과 평가를 제시하거나 메모로 남기는 작업에 들이는 시간은 줄어들 것입니다. 요약본의 증가와 정독의 감소는 동전의 양면과도 같습니다. 인간에게 주어진 시간은 한정적이기 때문입니다.

둘째, 쓰기의 전 과정에 인공지능을 개입시키는 알고리즘적 쓰기의 증가입니다. 여기서 알고리즘적 글쓰기란 인공지능과의 협업에 최적화된 '파이프라인'을 따라 일련의 작업이 배열되는 글쓰기를 지칭합니다. 컴퓨팅과 관련하여 쓰이는 이 용어는 원래 데이터 처리에서 일련의 단계를 의미합니다. 하나의 단계에서 나온 산출물output이 다음 단계의 입력input이 되고, 이것은 다시 처리를 거쳐 산출물, 즉 그다음 단계의 입력이 됩니다. 이런 과정을 몇 번 거치면 최종 결과물이 나오지요. 이것이 글쓰기의 영역으로 확장되는 현상을 '파이프라인'이라는 은유를 통해 포착해 본 것입니다.

쓰기의 맥락과 목표는 다양하지만, 여기서는 저에게 익숙한 대학의 기말 과제를 예로 들겠습니다. 과제 수행 시나리오를 경험하려고, 먼저 대학생의 입장에서 기말 과제 수행용 프롬프트를 생성하고 챗GPT에게 최적화를 요청했습니다. 그에 따라 문단별로 구조화되고 세부 사항이 보강된 프롬프트가 제시되었습니다. 이를 챗

GPT에 다시 입력하니 뛰어나진 않지만 그럭저럭 읽을 만한 텍스트가 순식간에 생성되었습니다. 하지만 여기에서 얻은 밋밋한 결과물을 바로 제출할 수는 없었습니다.* 이에 각각의 문단을 재료로 삼아 관련 문헌을 검색해 보았습니다.

챗GPT에서 '가짜 문헌 생성'이 빈번하게 발생한다는 것을 알고 있었기에, 실재하는 참고 문헌을 제시하는 마이크로소프트의 코파일럿과 연구 논문을 검색해 요약해 주는 컨센서스 서비스를 활용했고, 챗GPT의 GPT 스토어에서 여러 학술 문헌 앱 또한 설치하여 사용했습니다. 이를 통해 제가 인용할 논문 후보를 확보했습니다. 초록을 검토하여 적절하다고 판단되는 문헌만을 추려 생성된 텍스트에 통합하고, 약간의 수정 작업을 거치니 평범한 기말 과제로 내기에 무리가 없는 서론이 완성되었습니다. 여기서 '완성'이라고 부르는 것은 완벽을 의미하지는 않습니다. 다만 다른 일을 하느라 과제할 시간이 부족하다는 가정하에 시간과 노동 대비 나쁘지 않은 결

---

* 학술 논문이나 기말 과제 등을 기준으로 하여 GPT-4.0의 성능을 평가하는 것은 매우 힘들지만, 오픈AI의 기술 보고서에 따르면 대학원 입학시험 자료로 종종 사용되는 GRE 시험의 에세이 쓰기 영역에서 챗GPT는 상위 46퍼센트 정도를 차지했다. 이는 미국 대학원 진학 희망자의 평균 수준이며, 학술 장르의 글을 탁월하게 쓴다고 평가하기는 힘들지만 형편 없다고 판단할 정도는 아니다.

과물이 나왔음을 뜻합니다.

　이 같은 인공지능을 매개로 한 알고리즘적 글쓰기를 기존의 글쓰기와 비교해 봅시다. 여기에서는 특히 인용과 관련된 글쓰기 관행에 주목하려 합니다. 이런 비교는 학문 분야의 차이·교수자의 기대 수준과 평가 기준의 차이·과제 작성자의 리터러시 역량·과제 수행에 필요한 시간 등을 포함하여 다양한 맥락과 목적·시간을 포괄하는 글쓰기 관행들을 모두 고려하지는 못합니다. 하지만 [표1]에서 드러나는 경향이 심화될 것이라는 점에 대해서는 리터러시 연구자들 사이에 큰 이견이 없습니다.

　변화는 여기에서 그치지 않습니다. 전통적인 과정에 기반한 쓰기 교육의 맥락에서 전형적인 논설문 교수 학습 단계는 [표2]의 과정을 포함합니다. 물론 모든 교수자가 이 단계를 적용하지는 않으나, [표2]는 주장을 담은 글쓰기를 구성하는 단계별 요소를 구획하는 데 유용한 틀이지요. 생성형 인공지능 및 기타 도구가 활성화된다면 이들 단계 각각이 직접 영향을 받습니다. 브레인스토밍을 하고 콘셉트를 구체화하는 일은 몇 차례의 프롬프트-응답 과정으로 '해결' 가능합니다. 청중에 대한 분석은 예상 독자의 특성을 기술하는 것으로 대체할 수

## [표1] 기존 글쓰기와 생성형 인공지능 기반 글쓰기에서의 인용 시나리오

| 기존 글쓰기에서의 인용 | 생성형 인공지능 통합 글쓰기에서의 인용 |
| --- | --- |
| 원고 작성 준비 단계에서 논문 검색 → 제목·초록·키워드 등을 통해 정독할 논문 선정 → 논문 읽기 → 정보의 취득 → 자신의 논문에 인용 | 원고 작성 중 생성형 인공지능에 질의 → 인공지능이 문헌 추천 → 인공지능을 이용하여 해당 문헌에 대한 질의응답 수행 → 요약된 정보 취득 → 자신의 논문에 인용 |
| 타인의 저작 읽기를 기반으로 한 인용이라는 특징 | 타인의 저작 읽기를 건너뛴, 쓰기 과정에서의 인용이라는 특징 |

## [표2] 과정 중심 글쓰기 교수 학습 순서 예시

① 브레인스토밍/콘셉트 매핑

② 청중 분석

③ 논지 후보 제출

④ 잠정적인 참고 문헌 목록 작성

⑤ 최종 논문에서 사용할 자료의 요약본 작성

⑥ 툴민 논증 모형* 작성

⑦ 논문 개요 작성

⑧ 초안 작성

⑨ 동료 심사

* 작문과 수사학에서 널리 쓰이는 논증 구성 모형으로, 영국의 철학자이며 교육자 스티븐 툴민이 제시했다.

있습니다. 인공지능의 도움이 없다면 독자의 성격(관심사·연령·일반 독자 혹은 연구자·배경지식의 정도 등)을 필자의 심리 모형으로 구성하고 글을 써 나가지만, 인공지능을 사용한다면 프롬프트를 통해 '인공지능 활용과 리터러시에 대해 관심이 있는 일반 독자가 평이하게 읽을 만한 어휘·개념·문법 등을 사용하라'고 요청할 수 있습니다. 심지어 동료 심사도 가능하며, 이후 수정과 교정의 상당 부분을 인공지능이 수행할 수도 있습니다. 따라서 [표2]에서 제시한 단계를 포함한 글쓰기의 모든 과정에서 인공지능이 보조 도구가 아닌 주도적인 역할을 맡는 시나리오를 상상하기란 어렵지 않습니다.


## 읽기와 쓰기의 전도 및 실시간 통합

다음으로 살펴볼 영역은 리터러시 변동에 수반되는 특징 중 전도 및 실시간 통합 현상입니다. '전도'란 말 그대로 뒤바뀌는 것을 의미하는데요. 여기에서는 읽기와 쓰기의 순서가 바뀌는 현상과 이것의 파급 효과에 대해 논의하고자 합니다.

고등교육에서 대부분의 쓰기 과제는 읽기를 기반으로 수행됩니다. 글을 읽고 리뷰나 요약문을 쓰거나 책을 읽고 비평문을 작성하기도 합니다. 여러 논문을 엮어 문헌 고찰을 작성하기도 하고 연구 제안서를 제출하기도 합니다. 반드시 문자 텍스트 자료에 대한 반응일 필요는 없습니다. 유튜브 강의나 영화·드라마나 다큐멘터리·여러 건축물이나 미술품을 보고 과제를 수행할 수도 있으니까요. 대학원생을 포함한 연구자들이 연구 논문을 작성한다면 본격적인 쓰기에 선행하는 읽기의 양이 대폭 증가합니다. 학술적 글쓰기는 광범위한 읽기 위에서 전개됩니다.

하지만 생성형 인공지능을 중심으로 글을 쓴다면 이 순서는 전도되고 변형됩니다. 특정 주제에 대한 보고서 작성 시나리오를 예로 들어 봅시다. 학생은 강사로부터 받은 과제 명세를 읽습니다. 과제의 주제는 무엇이고 분량은 어느 정도인지, 필수 요소는 무엇인지 등을 살펴보는 것이죠. 여기에서 도출한 주제어와 개념 몇 개를 넣어 프롬프트를 만들고 인공지능 기반 브레인스토밍을 수행합니다. 이를 기반으로 개요를 생성하고 이어지는

'명령'을 통해 개요의 구조를 보강합니다. 서론부터 본론·결론에 이르기까지 순차적으로 텍스트 생성을 요청하고 몇 차례의 상호작용을 통해 수정하고 보완합니다. 필요하다면 인용 및 요약에 특화된 인공지능 도구를 활용해 적절한 문헌을 찾고 요약본을 중심으로 검토합니다. 해당 문헌이 적절하다고 판단되면 적당한 문단에 인용한 후 참고 문헌으로 추가합니다. (현재 여러 모델은 일정한 길이 이상의 텍스트를 생성하기를 '거부'하는 경향을 보이지만, 향후 생성형 인공지능 모델이 진화를 거듭한다면 한 번의 프롬프트로 수십 쪽 분량의 원고를 만들어 내는 서비스가 등장할 가능성이 큽니다.)

이렇게 초고가 완성되면 보고서 전체 텍스트를 생성형 인공지능에 입력하고, 제목의 적절성·어휘 및 문법의 정확성 및 내용의 짜임새·논리적 일관성 등을 검토하는 프롬프트를 입력합니다. (경험상 많은 학생들이 이 단계를 생략하곤 하지만) 수정된 텍스트를 최종적으로 한 번 더 점검한 후 제출합니다.

여기에서 주목할 것이 있습니다. 위 시나리오에서는 전통적인 학술적 글쓰기에서와 달리 읽기가 선행되지 않습니다. 일단 쓰기 시작한 후 단계별로 읽기가 진행됩니다. 좀 더 정확히 말하면 '쓰기'라기보다는 '생성'이라고 해야겠지요. 읽기의 대상과 범위도 사뭇 달라집니다. 타인의 저작을 검색하거나 꼼꼼히 읽는 과정이 대폭 줄어들고 자신의 프롬프트에 기반해 인공지능이 생산한 텍스트를 읽는 비중이 극적으로 증가합니다. 급박한 상황이라면 이 과정의 읽기 또한 생략될 가능성이 큽니다. 또한 워드프로세서를 통해 글을 쓸 때와는 다르게 단계별로 나누어 수정·보완을 위한 프롬프트가 제시됩니다. 이렇게 인공지능에 의해 선별된 텍스트에 기반하여 참고할 문헌을 불러들이게 되지요. 이때에도 해당 문헌 전문 혹은 적절한 부분을 골라 읽기보다는 요약본을 활용할 가능성이 높습니다.

종합하면, 종래의 글쓰기를 구성하는 '읽기→쓰기'의 방향성은 생성형 인공지능 기반 글쓰기에서 '쓰기→읽기'로 변화합니다. 인공지능 기반 글쓰기에 빠르게 적응할수록 극적인 변화가 일어나겠지요. 전통적인 글쓰기에서 읽기의 대상은 주로 타인이 쓴 텍스트이며 쓰는 주체는 필자 자신입니다. 하지만 인공지능 매개 글쓰기에서의 쓰기는 프롬프팅과 생성의 반복이며, 읽기의 대상은 알고리즘에 의해 생성된 텍스트와 요약된 문헌이 주를 이룹니다.

이같이 '읽기→쓰기'에서 '쓰기→읽기'로의 전도가 계속되고 프롬프트를 활용한 글의 수정이 더욱 유연화된다면 사실상 읽기와 쓰기의 경계가 완벽히 무너집니다. 쓰기는 읽기를 기반으로 하지 않으며, 읽기의 대상은 타자의 저작이 아닌 인공지능에 의해 큐레이션되고 생성된 텍스트가 됩니다. 결론적으로 생성형 인공지능과의 '대화'를 통한 글쓰기가 일상화된다면, 읽기와 쓰기는 실시간으로 통합되며 학술 장르의 글을 쓰려고 타 연구자들의 문헌을 하나하나 읽는 관행은 축소될 수밖에 없습니다. 이미 일부 연구자는 이런 방법을 새로운 읽기 전략으로 채택하며, 생산성이 높게 평가되는 현재의 학술장에서 해당 관행은 급속히 확산될 공산이 큽니다.

참고 문헌을 반드시 처음부터 끝까지 읽어야 하는 것은 아닙니다. 타인의 저작을 폭넓게 검토한 후에야 쓰기를 시작할 수 있다는 생각을 고수할 이유도 없습니다. 하지만 분명한 것은 타인의 글을 하나하나 읽고 무엇을 배울지, 저자의 핵심 의도가 무엇인지, 자신의 글에 어떻게 녹일지를 궁리하는 동안 우리는 타인의 경험과 지식·생각과 마음을 탐험한다는 점입니다. 자기 생각의 볼

름을 줄이고, 순간순간 자신의 지식과 경험에 괄호를 치면서, 다른 이들의 생각·철학과 과학·문학과 예술의 앙상블에 주의를 기울이는 것입니다. 새로운 읽기−쓰기의 습속이 이런 가치의 소거를 어떻게 보완하며 더 나은 가치를 만들 수 있을 것인가에 대해 우리는 고민해야 합니다.

읽기와 쓰기의 전도 및 실시간 통합은 리터러시 교육과 실천의 전 영역에 막대한 영향을 미칠 것입니다. 이런 상황에서 인공지능을 매개로 한 읽기의 증가와 알고리즘 기반 쓰기의 일상화가 가져올 인지적·정서적·사회적 변화를 치밀하게 이해하려는 노력이 필요합니다. 이런 연구는 인간의 삶과 사상이 형성되는 시간의 지층을 상상하고, 다른 연구자가 연구에 쏟은 노동과 정성을 존중하려는 태도에 기반해야 한다고 믿습니다. 아울러 결과물로서의 텍스트만을 중시하는 것이 아니라, 타인의 저작을 독해하고 의도를 헤아리며 자신의 생각과 감정 그리고 논증과 예측을 써 내려가는 리터러시 노동의 윤리와 가치에 대한 심화된 탐구가 요구됩니다.

## 요약의 습속 혹은 습격

요약이 필요할 때가 분명히 있습니다. 하지만 뭐든 요약하려 드는 건 다른 문제입니다. 산티아고 순례길을 다녀온 사람들이 '요약 길이 필요했다'고 말하진 않을 것입니다. 다른 길이 아닌 산티아고를 찾는 마음은 요약하려는 욕망과 대척점에 있으니까요. 그런데 영화도 드라마도 소설도 논문도 기사도 인공지능 요약본으로 읽으려는 경향은 커지고 있습니다. 이런 현상의 원인을 파고들다 보니 중요한 이유 몇 가지가 도출되었습니다.

첫 번째는 요약이 가능하기 때문입니다. 할 수 있으니까 하는 것이죠. 산티아고 길은 요약 가능하지 않습니다. 살아가는 일 자체는 편집이 불가능하지요. 필름은 잘라내고 붙일 수 있고, 워드프로세서의 텍스트는 복붙과 삭제가 가능하지만 인생은 그저 사는 수밖에 없습니다. 그런데 미디어는 어떻게든 줄이고 잘라내고 압축할 수 있으니 그것을 요약하려는 것이고, 이제 인공지능이 이 작업을 간편하게 해 주는 상황이 왔습니다. 노동과 시간이 교환가치로 환산되는 사회에서 뭐든 비용을 줄이려는 습속은 '합리성'으로 포장되곤 합니다. '아직도 이 인공지능 앱 몰라?'나 '이렇게 편하게 할 수 있는 걸 왜 안 해?'라는 표현 속에는 참 많은 것이 들어 있습니다.

두 번째는 정보의 양이 폭발적으로 많아졌기 때문입니다. 볼 게 많아지니 대충이라도 봐야 하는 것입니다. 아니, 그래야 한다고 믿게 된 거라고 해야 더 옳겠네요. 학계에서도 체감상 굉장히 많은 논문을 인용하는 논문이 증가하고 있습니다. 다음 문헌은 이런 현상을 설명해 줍니다.

먼저, 절대적인 숫자를 사용하여 시간 경과에 따른 변화를 살펴본 결과, 출판물 수가 전반적으로 증가한 것이 분명합니다. 데이터 세트를 통해 본 출판물 수는 1996년부터 2019년까지 세 배 이상 증가했습니다. 예를 들어, [그림 1]은 저널 논문의 참고 문헌 수에 대한 변화의 개요를 보여 줍니다. 참고 문헌이 50개 이상인 논문의 수는 1996년에 비해 2019년에 열 배 이상 증가했습니다. 20~49개의 참고 문헌이 있는 논문은 1996년에 비해 2019년에 세 배 이상 증가했습니다. 마지막으로, 참고 문헌의 횟수가 0~19회인 기사는 소폭 증가하거나 심지어 감소했습니다. 따라서 '스코퍼스'Scopus에서 색인되는 출판물의 수가 전반적으로 증가함에 따라, 우리는 비율을 사용하여 시간 경과에 따른 변화를 분석하고 있습니다.[07]

사실 이 데이터만으로 제 주장을 뒷받침할 수는 없습니다. 논문의 수가 모든 분야에서 증가했기에 이런 결과가 도출되었을 수 있으니까요. 그런데 저자들의 논의를 더 읽다 보니 단순히 수가 아닌 비율을 봐도 긴 참고 문헌을 가진 논문은 확연한 증가 추세에 있다고 합니다. 생성형 인공지능의 참고 문헌 관련 환각*이 줄어든다면 참고 문헌의 수는 더욱더 증가하게 될 것입니다. 누군가는 도저히 읽어 낼 수 없을 정도의 논문 목록을 제시할 수도 있겠지요. 그런 상황이 벌어진다면 지금의 '참고'와는 양적으로나 질적으로 다른 참고 관행이 학계의 기준으로 작동할 가능성을 배제할 수 없습니다.

세 번째는 첫 번째와 긴밀히 연결되어 있습니다. 그 많은 걸 다 읽지 않고서도 사회적인 대화에 끼고 싶어서입니다. 일종의 사회적 압력에 대한 반응으로서 이해할 수 있는 현상입니다. 『영화를 빨리 감기로 보는 사람들』

---

* 할루시네이션(hallucination). 사실이 아닌 지식을 거리낌 없이 진술하는 현상.

이라는 책에서도 상세히 논의되고 있지요. 이걸 좀 넓게 보면 'FOMO' fear of missing out, 즉 다른 사람들이 참여하는 흥미로운 사건이나 현상에 대한 이야기를 놓칠까 걱정하는 마음과 밀접합니다. FOMO는 특히 소셜미디어에서 빈번히 경험됩니다. '이거, 나만 모르나?' '나만 빼고 다들 이 영화 봤나?' '이 알듯말듯한 포스트는 어디에서 나온 거지?' '이 회사에 무슨 일이 있었길래 하루 종일 검색어에 올라와 있지?' 하는 마음이 '이거 그래도 좀 알아야 나중에 대화에 낄 수 있겠네' '멍청하다는 소리 안 들으려면 대충이라도 공부해야겠네'와 같은 마음이 되는 상황으로 변하는 것입니다. 그러다 보니 '대충 아는 척 할 수 있을 정도의 지식'을 손쉽게 얻는 방법을 찾게 됩니다.

네 번째는 깊고 천천히 읽는 일이 가져다주는 순전한 기쁨을 누릴 기회를 박탈당했기 때문입니다. 평생 읽는 일이 부담으로 느껴지거나 읽고 나면 평가당하고 순위가 매겨지는 상황에 처한 많은 이들은 대화이고 독백이며 추억이고 상상이며 저항이자 휴식인 읽기를 경험하지 못합니다. 이것이 축적되면서 읽기는 반드시 가시적 성과로 이어져야 하는 일이 되어 버립니다. 휘몰아치는 속도를 잠재우고 반짝이는 눈으로 세계와 대면하고 자신을 돌보며 위로하는 읽기와는 점점 거리가 멀어집니다. 기쁨과 거리가 먼, 평화보다 고통에 가까운 읽기를 굳이 찾는 사람이 있을 리 만무합니다.

　물론 저도 논문을 쓰려고 인용한 모든 논문을 처음부터 끝까지 읽진 않습니다. 일부 논문은 초록과 키워드·몇몇 섹션만 읽고 본문에 녹이기도 합니다. 하지만 여러 논문을 처음부터 끝까지 정독하면서 저자의 생각을 따라가기도 하고, 그 가운데 논리의 흐름을 세심하게 읽어 내기도 합니다. 이는 요약본을 읽고 대략의 정보를 파악하는 것과는 전혀 다른 경험을 선사합니다. 소설을 읽어 내는 경험과 스터디 노트를 훑어보는 것·드라마 전체를 시청하는 것과 한 시간 요약본을 2배속으로 보는 것은 결코 같을 수 없습니다. 텍스트와 영상에 담긴 생각의 결·등장인물의 복잡다단한 감정을 찬찬히 따라가지 않을 때 잃어버리는 것들이 있음을 잊지 말아야 합니다.

　이들 중 하나가 더 우월하다고 생각하지는 않습니다. 다만 우리가 소화하는 미디어가 삶의 속도와 점점 더 유리될 때, 심장의 울림·마음의 떨림과 텍스트를 읽는 일이 공명할 수 없을 때, 필자가 펼쳐 놓은 복잡다단한 감정의 지형과 미묘한 사건의 전개가 독자가 구획하는 좋아요/싫어요·재미있어요/지루해요의 이분법 속에서 말끔하게 삭제될 때, 그럼에도 빠르게 결과물을 내는 일이 리터러시 교육과 실천의 기본값이 될 때 우리가 삶과 교육에 대해 갖는 태도나 서로에 대한 마음이 어떻게 변할지에 대해서는 함께 숙고해야 한다고 믿습니다.

## '속도의 생태계'의 변화
## 그리고 생산성 담론의 강화

잠깐 눈을 감고 자신의 방 안에 어떤 물건들이 있는지 떠올려 봅시다. 무엇이 그려지시나요? 이어서 삶을 지나오면서 만났던 인연·주변 동료와 친구를 그려 봅시다. 마지막으로 살았던 곳과 여행했던 장소를 떠올려 봅시다. 그리고 그 모든 것들을 심상으로 만들어 봅시다. 이렇게 시각을 비롯한 오감으로 경험할 수 있는 것들은 비교적 쉽게 상상할 수 있습니다.

우리 일상을 구성하는 다양한 속도를 떠올려 봅시다. 아침에 잠자리에서 일어나는 데 어느 정도의 시간이 걸리나요? 출근길에 자신의 한계를 시험하는 전력 질주로 숨이 차오르는 경험을 할 때는 없나요? 점심시간을 쪼개어 일을 하는 것도 모자라, 밤늦게까지 밀려드는 일을 쳐내야 하지는 않나요? 임금노동의 속도는 가사노동의 속도와 어떻게 연관되어 있나요? 다양한 속도의 배치는 누구 혹은 무엇의 영향을 받나요? 이들 속도는 조화를 이루나요? 각각의 속도는 필연적인가요, 아니면 특정한 사회경제적·제도적 조건에 의해 강제되나요? 당신의 몸은 이런 '속도의 생태계'를 어떻게 버텨 내나요? 혹 '부서지는' 일은 없나요?

초점을 리터러시의 영역으로 돌려 읽기와 쓰기의 속도를 떠올려 봅시다. 여러분은 하루 중 읽기–쓰기에 얼마의 시간을 할애합니까? 다양한 맥락과 목적을 염두에 둔 읽기–쓰기는 어떤 속도로 구성됩니까? 각각의 속도는 읽기와 쓰기의 밀도에 어떤 영향을 주나요? 영상과 웹툰 등 다른 매체가 발행되고 이를 소화하는 속도는 읽기와 쓰기의 속도에 대한 감각을 어떻게 변화시켰나요? 여러분이 그동안 받은 교육의 역사 속에서 읽기와 쓰기의 속도는 몸과 마음의 속도와 얼마나 조응했습니까? 그에 따라 당신의 생각과 감정은 어떻게 바뀌었나요? 읽고 쓰는 과업의 밀도와 강도가 높아지는 것이 자신의 삶에 어떤 의미 혹은 허무·기쁨 또는 탈진을 가져오고 있나요?

문자와 인쇄술·펜과 종이의 제조 기술·책 제작 기술·스마트폰과 컴퓨터·인터넷과 각종 데이터베이스·전자책 단말기와 전자책·검색과 파일 다운로드·철자와 맞춤법 검사기·기계번역과 생성형 인공지능에 이르기까지 실로 다양한 기술이 읽기와 쓰기의 과정에 개입합니다. 말 그대로 읽기와 쓰기는 기술로 점철되어 있습니다. 이들 기술은 어떤 방식으로 엮이고 무리 짓고 갈등하고 분열합니까? 일련의 기술들이 만들어 내는 역동적인 운동은 우리의 리터러시 수행 속도를 어떻게 변화시킵니까? 생성형 인공지능은 읽기와 쓰기·기술이 엮이는 현재의 리터러시 생태계의 속도를 어떻게 바꿀까요? 만약 인공지능이라는 단 하나의 기술이 모두의 리터러시를 지배한다면 읽기−쓰기의 속도가 삶의 속도·생각의 속도·몸의 속도·관계의 속도와 조화를 이룰 수 있을까요?

삶과 기술·리터러시의 속도를 길게 열거한 이유가 있습니다. 우리는 종종 특정한 리터러시 행위를 다른 행위들의 유기적 관계 속에서 사고하지 못합니다. 예를 들어 봅시다. 많은 이들이 생성형 인공지능의 등장에 환호하면서 자신의 업무를 도와주리라 기대합니다. 생산성과 효율성을 높여 귀찮은 일들을 줄여 주리라 확신하기도 합니다. 하지만 사회가 겪는 기술의 변화가 자신의 노사 관계와 노동 관행에 어떤 변화를 가져오는지, 혹은 가져와야 하는지는 숙고하지 못합니다. 기술과 사회·일상의 가속은 자연현상과 같이 막을 수 없는 것으로 느껴집니다. 업무 하나하나를 도와주는 신기술을 기대하고 그 기능을 익히는 것만으로도 벅찬 시간을 보냅니다. 기술과 제도·사회경제적 담론의 숨가쁜 변화는 시민과 노동자가 사회적이고 제도적인 영역의 일을 자신의 일로 여기고 고민하며 다른 이들과 연대할 틈을 주지 않습니다.

챗GPT와 관련한 문헌 및 소셜미디어의 반응을 살피며 자주 접한 키워드는 단연 '생산성'입니다. 거대언어모델은 업무 시간을 줄이고, 잘 활용하면 산출물의 품질을 획기적으로 높일 수 있다는 이야기가 주를 이룹니다. 약점에 대한 이야기도 종종 들리지만, 이는 알고리즘의 개선으로 해결될 거라고 '믿어 버립니다.' 실제 글쓰기 영역에서 수행된 한 연구에서 챗GPT는 중급 작문 과업에서의 생산성을 크게 향상시키는 것으로 나타났습니다. 이 결과만 놓고 보면 챗GPT는 생산성을 높이고 뛰어난 글쓰기 역량을 갖춘 이들과 상대적으로 부족한 이들 간의 불평등을 감소시킬 잠재력을 갖고 있습니다. 그러나 생산성의 증대가 삶의 여유·노동환경의 개선으로 이어질까요? 개개인의 수월성에 방점을 찍지만 각자의 정체성에는 거의 관심을 두지 않는 교육 관행에 새로운 틈을 만들고, 과도한 경쟁을 완화시키며, 학습자의 삶이 교육과정에 적극적으로 자리를 잡을 수 있는 새로운 시공간을 창출할까요? 이런 논점을 치열하게 논의하지 않는다면 교육은 '기술–능력주의'의 덫에 빠질 가능성이 높습니다. 기술을 잘 아는 사람은 능력 있는 사람이고, 그런 사람이 사회적으로 더 나은 대우를 받는 것은 너무나 당연하며, 이런 상황을 비판하는 사람은 시대에 적응하지 못하고 불만을 늘어놓는 사람이라 단언하게 되는 것이죠. 이는 나아가 '인공지능이 대세'라는 담론을 자연스럽게 확산하고, '시대에 걸맞은' 역량이 모두에게 필요하다는 논의와 정책 제언으로 이어질 수 있습니다. 이미 이런 조짐은 여러 곳에서 감지됩니다.

그러나 리터러시 기반 과업의 속도가 빨라지고 생

산성이 증대할 것이라는 예측 속에서 반드시 짚고 넘어가야 할 것이 있습니다. 바로 **인공지능의 리터러시 과업 수행과 인간의 리터러시 행위 속도 간의 비대칭**입니다.

다양한 인공지능 알고리즘은 대량의 텍스트를 단시간 내에 생산하고, 다양한 텍스트를 변형·통합·요약할 수 있습니다. 인공지능 알고리즘을 사용해 누구나 일정한 수준 이상으로 텍스트를 생산할 수 있다는 점은 글이라는 매체가 가지는 권력의 위계, 즉 글을 쓰는 이들이 그러지 못하는 이들에 대해 지닌 특권과 권위를 일정 정도 무너뜨릴 잠재력이 될 수 있습니다. 그러나 이런 변화에는 텍스트와 인간 사이의 간극이 날로 커질 위험이 따릅니다. 텍스트를 조작하여 대량 생산할 수 있는 기술이 거의 모든 이들에게 주어진다고 해도 인간이 글을 읽는 속도는 상수로 남습니다. 측정 방법에 따라 또 개인의 읽기 능숙도에 따라 편차는 있으나, 사람은 한국어의 경우 분당 평균 200여 단어, 영어의 경우 논픽션 장르는 238개 단어, 픽션 장르는 260개 단어 정도를 읽는다고 합니다. 그렇기에 가치 있는 글을 쓰려는 필자라면 인공지능 챗봇과의 상호작용에서 생산되는 응답을 읽는 일을 건너뛸 수는 없습니다. 상대방의 말을 듣지 않고 적절한 말을 할 수 없듯이 생성된 텍스트를 이해하지 않고 적절한 프롬프팅을 할 수는 없으니까요. 결국 생성 속도를 비약적으로 발전시킬 기술이 있더라도 이해를 위한 노동이 없다면 좋은 글은 탄생할 수 없는 것입니다.

인공지능이 언어 생산을 비약적으로 가속화하지만 언어의 이해를 가속화하진 못한다는 점은 물적이고 기술적인 조건이 인간의 몸과 어떻게 상호작용하는지 숙고해야 할 결정적 이유입니다. 인공지능 기술의 생성 능력을 오로지 자본주의적 생산성으로 치환할 때, 우리는 각자의 몸이 세계를 인지하고 소화하고 숙성시키는 속도에 무감해집니다. 글을 읽는 동안 인간은 겉으로 보기에 아무것도 생산하지 않지만, 신중한 독자는 다른 세계를 상상하고 저자가 제시한 여정을 따르면서도 이탈하고 행간을 자신의 경험과 의견·감정과 예측으로 채웁니다. 글 읽기가 촉발하는 과정은 물성을 가진 텍스트로 외화되지 않으나 몸 안에서 엄연히 또 시끄럽게 진행됩니다. 이런 이유에서 저는 리터러시 교육이 텍스트 생산의 속도에 텍스트 이해의 속도를 맞출 수 있다는 환상을 좇는 경향을 비판합니다. 기술의 가속을 리터러시 교육의 장에 그대로 이식하려 할 때 읽고 쓰는 몸이 만들어 내는 내면의 풍경은 더욱 삭막해질 수밖에 없습니다.


## 저자성과 윤리에 관한
## 새로운 논점의 부상

챗GPT는 이제껏 경험한 그 어떤 알고리즘보다 인간의 언어와 비슷한 텍스트를 산출하는 능력으로 단기간에 전 세계의 이목을 끌었습니다. 챗GPT의 언어 생산 능력은 인간만이 글쓰기의 주체가 아님을 물리적으로 증명하며, 인간과 챗GPT가 함께하는 '대화적 문제 해결'은 공저 활동과 유사합니다. 사실 챗GPT를 활용한 글쓰기를 '공저'라고 불러야 할지는 논쟁 중입니다. 공저는 기본적으로 인간과 인간이 협업할 때 사용하는 용어이기 때문입니다. 하지만 프롬프팅을 광범위하게 사용하는 경우 생성형 인공지능이 실제로 언어를 만들어 낸다는 점에서 그렇게 생성된 글을 인간 개인의 단독 저술로 볼 수 없다는 점 또한 명확합니다.

이는 글쓰기의 주체의 관점에서 흥미롭고도 까다로운 문제를 낳습니다. "챗GPT는 (공)저자가 될 수 있는가?"라는 질문, 즉 저자성의 구성 요건에 대한 근본적인 질문이 제기되는 것입니다. 저자성을 한마디로 정의할 수는 없으나, 학술적 글쓰기의 영역에서는 일반적으로 다음과 같은 요건이 제시됩니다. 물론 다른 장르의 글쓰기에도 무리 없이 적용할 수 있는 기준입니다.

영국의사협회가 발행하는 저명한 의학저널인 『영국의학저널』은 국제의학학술지 편집인위원회ICMJE의 「의학 학술지에 게재되는 학술 저작물의 생산·보고·편집 및 출판에 대한 권고안」에 따라 다음 네 가지 요건 모두를 충족해야만 저자로서 인정합니다.

### 저자의 정의

ICMJE는 다음 네 가지 기준을 모두 충족할 경우를 저자됨으로 정의할 것을 권고한다.

① 연구의 구상이나 설계 또는 자료의 획득·분석·해석에 실질적인 기여
② 연구 결과에 대한 논문 작성 또는 중요한 학술적 부분에 대한 비평적 수정
③ 출판되기 전 최종본에 대한 승인

④ 연구의 정확성 또는 진실성에 관련된 문제를 적절히 조사하고 해결하는 것을 보증하고, 연구의 모든 부분에 책임을 진다는 점에 동의[08]

요약하면 저자는 연구 논문의 생산에서 필수적인 노동에 기여하고, 글의 출판 과정 및 결과에 대한 윤리적인 책무를 다해야 합니다.

이에 따라 저자성에 대한 두 가지 기준을 생각해 볼 수 있습니다. 첫째, 기여와 노동의 기준입니다. 특정 논문을 생산하는 데서 생성형 인공지능은 '기여' 혹은 '노동'하고 있습니까? 생성형 인공지능은 실제 무언가를 만드는 일을 해냅니까? 논문을 쓰는 필자의 입장에서 인공지능의 참여는 가시적으로 확인됩니다. 프롬프트를 제공하면 상당한 텍스트를 제공해 주니까요. 기여의 정도를 어디까지 인정할 것인가에 대해 논란의 여지는 있으나 실제로 텍스트를 생산하는 기계 주체의 기여를 완전히 무시할 수는 없습니다.

하지만 두 번째 '윤리적인 책무' 영역에서 보다 근본적인 문제에 봉착합니다. 인공지능은 특정한 학술적 결과물에 대한 책임을 질 수 있을까요? 연구에서 수집한 데이터와 연구의 프로토콜·해석과 설명 등에 문제가 발견되면 이를 수정하고, 필요할 경우 법적 책임을 질 수 있을까요? 논문의 부실함으로 인한 학계의 비판이나 비난이 알고리즘에 인지적이고 정서적인 영향을 끼치고, 그로부터 책임 있는 행동을 이끌어낼 수 있나요? 현재 수준의 기술 및 윤리적·학술적·제도적 테두리 안에서는 가능하지 않습니다. 문제가 드러났을 때 인공지능 알고리즘을 처벌할 수 있는 방법도 마련되어 있지 않고요. 인공지능이 책임감을 느끼거나 실수에 대해 반성하고 사과할 일도 없지요. 결론적으로, 현재의 저자 인정 요건을 생성형 인공지능에 적용했을 때 발생하는 여러 논점 중에서 저자의 윤리적·사회적·과학적 책무의 문제는 해소되지 않는 것입니다.

그런데도 학계에서는 혼란스러운 반응이 이어지고 있습니다. 챗GPT를 공저자로 내세운 논문이 출판되는가 하면, 인간 저자들에 의해 작성되었다고 판단된, 그러나 실제로는 챗GPT가 작성한 논문이 동료 심사를 거쳐 출판되기도 했습니다. 아이러니한 것은 후자의 논문이 고등교육에서의 챗GPT 사용의 가능성과 과제 및 잠재적 위험을 주제로 다루었다는 점입니다. 예외적인 사례로 극소수 저널은 인간과 생성형 인공지능의 공저 논문을 공식적으로 출판하기 시작했습니다. 임시방편임을 명시했지만 학계에서 큰 영향력을 발휘하는 미국심리학회의 인용 가이드라인 「APA 스타일」은 오픈AI를 저자명으로 하여 챗GPT 등이 생성한 텍스트를 인용하는 방식을 포함해 생성형 인공지능을 저자로 명기하는 인용법을 제안한 바 있습니다. 사실 미국심리학회는 아직까지 공식적으로 인공지능을 저자로 인정하고 있지 않은데 말이지요. 저는 이게 일종의 '양다리'로 보입니다. '우리가 발간하는 학술지에서는 저자로 인정해 줄 수 없지만, 타 저널에서 인정한다면 그걸 인용하지 못하도록 할 이유는 없지. 이후 상황에 따라 우리 학회의 정책도 바뀔 수 있고'라고 이야기하는 것 같달까요?

그렇다면 주요 학술지는 인공지능의 저자 인정에 관해 어떤 정책을 가지고 있을까요? 우선 과학 분야의 선도적 학술지 중 하나인 『네이처』는 "챗GPT와 같은 대형 언어 모델은 현재 저자 기준을 충족하지 않습니다. 특히 저자 자격은 해당 작업에 대한 책임을 수반하는데, 이는 거대언어모델에 효과적으로 적용될 수 없습니다"라며 인공지능 저자 인정 불가 방침을 공식적으로 밝혔습니다. 『사이언스』 또한 "인공지능 도구는 저자가 될 수 없다"라고 못박습니다. 극히 일부의 소규모 학술지는 인간과 인공지능이 협업한 논문을 출판하기 시작했지만, 아직까지는 인공지능 저자를 인정하지 않는 것이 학계 전반의 관행입니다.

그럼에도 학술지 논문 생산 과정에서 인공지능 챗봇의 사용은 급격히 늘어나는 추세라고 판단됩니다. 리앙 등은 2020년에서 2024년까지의 논문 95만 여 편을 분석하여 생성형 인공지능의 등장 이후 컴퓨터 과학 분야를 필두로 인공지능을 활용한 논문의 비율이 빠르게 높아지고 있음을 보여 주었습니다. 제 주변의 대학원생과 연구자 중 많은 사람이 생성형 인공지능을 활용하여 논문을 쓰고 있습니다. 이러한 경향은 영어로 논문을 쓸 경우 더 두드러집니다. 인간이 인공지능에 의해 생산된 텍스트를 명확히 구별할 수 없다는 한계 속에서 학술지의 인공지능 저자 인정 불가 방침과 생성형 인공지능의 사용 증가라는 상반된 현상이 동시에 나타나고 있습니다.

교육계의 대처와 표절 개념의 재정비 움직임을 살펴보는 것은 위와 같은 모순적 상황을 타개하려는 노력을 이해하는 데 도움을 줄 것입니다. 먼저 교육계는 기술적 대응의 일환으로 학생들의 거대언어모델 사용을 감지할 수 있는 표절 검사기의 활용을 고려하고 있습니다. 이는 현재의 표절 검사기를 고도화하자는 주장으로 이어지는데, 현재 알려진 대표적인 검사기에는 제로지피티 또는 턴잇인이 개발한 인공지능 표절 검사기가 있습니다. 이 외에도 다양한 알고리즘이 제안되고 있고요. 하지만 이런 표절 검사기에 대한 경험적 반박이 이미 수차례 제기되었죠. 표절 방지 기술 전문 기업으로 알려진 턴잇인이 개발한 검사기에 심각한 오류가 있음이 지적된 것입니다. 특히 인공지능을 전혀 사용하지 않은 글에 대해 인공지능을 사용했을 가능성이 높다고 판단하는 거짓 양성false positive 오류는 필자의 학문적 진실성ac-ademic integrity 훼손의 증거로 사용될 수 있기에 매우 심각한 문제가 됩니다. 자신의 글이 이런 판정을 받았다면, 대학교원의 경우 학계를 떠나야 할 수도 있고, 학생의 경우 해당 과목에서 낙제점을 받게 될 공산이 큽니다.

인공지능 표절 검색기가 비원어민 영어 화자를 차별한다는 연구 또한 발표된 바 있습니다. 인공지능의 글인가 인간의 글인가를 판별할 때 언어 복잡도가 중요한 근거로 사용되는데, 비원어민이 글을 쓰면 복잡한 어휘와 구문을 사용하는 빈도가 낮아 인공지능이 쓴 것으로 판단되기 쉽다고 합니다. 검색기의 기준은 일견 합리적이지만 특정 집단을 차별하는 결과로 이어지기도 하는 상황입니다. 인공지능의 표절 감지 알고리즘이 복잡성 지수라는 과학적 지표를 경유하여 비원어민을 차별한다고 말할 수 있겠네요. 이 알고리즘에 따르면 비원어민은 인간이 아닌 셈입니다! 표절 검사기에 대한 과도한 의존은 자칫 큰 문제로 이어질 수 있음을 시사하는 예죠.

저는 조금 다른 관점에서 표절 검사기의 광범위한 사용에 조심스럽습니다. 생성형 인공지능의 활용이 금지되는 상황에서 표절 검사를 일상적으로 사용하는 것은 모든 학생을 '잠재적 표절자'로 규정하는 일입니다. 마찬가지로 학생의 입장에서 교사가 표절 검사기를 상시 사용한다는 것을 안다면, 인공지능을 사용하되 해당 표절 검사에 통과할 수 있는 글을 생산해 내는 기법을 연구하지 말란 법이 없습니다. 몇몇 상업적 서비스는 인간이 쓴 것처럼 보이게 만들어 준다는 비윤리적 슬로건을 내걸고 홍보하기도 합니다. 이 모든 요인은 교사와 학생 사이의 믿음을 약화하고 '상시 감시'와 '처벌 회피'라는 두 개의 축을 만들 수 있습니다. 교사와 학생이 함께 배우고 고민하고 만들어야 할 수업에서 신뢰라는 토대가 무너지면 교육은 가능하지 않습니다.

　다음으로는 표절이라는 개념을 완전히 새롭게 정립해야 한다는 주장을 살펴봅시다. 이 흐름을 포착한 개념으로 '탈−표절'post-plagiarism이 있습니다. 이를 주장하는 일부 학자들에 따르면 인간과 인공지능의 하이브리드 쓰기는 일반적인 관행이 될 것이고, 이때 인간의 창의성은 위협받는 것이 아니라 증대될 것이며, 언어 장벽은 조만간 극복될 겁니다. 이 가운데 인간은 텍스트에 대한 통제권을 놓아 버릴 수 있습니다. 다시 말해 자신이 단어 하나하나를 고르는 글쓰기는 급속히 사라질 수 있다는 말입니다. 하지만 그렇게 생산한 글의 내용에 대한 책임까지 방기할 수는 없습니다. '이건 인공지능이 썼으니 내가 알 바 아니야'라고 말한다는 것은 결국 지적인 방만과 거짓 정보를 용인하는 꼴이니까요. 그렇기에 정보의 출처를 명확히 밝히는 인용은 여전히 중요한 관행으로 남을 것으로 예상됩니다.

　이런 상황에서 표절이 역사적으로 정의된 방식은 더 이상 유효하지 않게 됩니다. 탈−표절을 주장하는 학자 사라 일레인 이튼은 "표절에 대한 역사적 정의는 인공지능 때문에 다시 쓰이지 않을 것이다. 다시 쓰이는 것이 아니라 인공지능에 의해 초월될 것이다. 제도가 표절을 정의하는 방식은 이런 상황에 적응할 수 있으며, 적응해야만 한다"라고 말합니다. 결론적으로 표절은 완전히 새롭게 정의되어야 하지만 인용과 팩트 체크·연구 과정에 대한 검증 등의 영역은 인간이 책임을 져야만 한다는 것입니다.

학문적 진실성과 표절을 둘러싼 논쟁 중에 간과되는 두 가지 이슈가 있습니다. 첫째, 인간의 표절도 문제지만 거대언어모델의 표절도 심각하다는 사실입니다. 널리 알려진 예시로는 『뉴욕타임스』가 맨해튼 연방지방법원에 오픈AI에 대한 소송을 제기하면서 소장에 첨부한 수많은 '복붙'의 흔적이 있습니다. 이 소송이 어떻게 끝날지 예상하기는 힘들지만, 오픈AI를 비롯한 거대언어모델 개발사들이 웹사이트 운영자들의 동의를 받지 않고 크롤링을 통해 대규모 언어 데이터를 획득하고 이를 상업적 용도로 사용하고 있는 현 상황에 대한 논란은 쉽게 사그라들지 않을 것입니다.

두 번째는 인공지능 챗봇이 생성한 텍스트를 인용

하는 것을 적법한 것으로 인정한다고 해도, 해당 텍스트가 인용의 윤리를 지켰는지에 대한 검증이 쉽지 않을 것이라는 주장입니다. 일반적으로 프롬프트를 입력하여 나온 텍스트는 표절을 하지 않으며, 다분히 '중립적'이며 밋밋한 내용으로 채워진다는 속설이 있습니다. 이는 실제 사용 경험으로 어느 정도 확인되고요. 하지만 어떤 내용은 누군가의 연구 결과를 다시 쓴 것처럼 느껴지기도 하고, 특정한 내용은 저명한 학자의 이론을 풀어 쓴 것이라는 확신이 들기도 합니다. 제가 챗GPT에 "트랜스포머 아키텍처에 대해 알려 줘"라는 프롬프트를 넣으면 상당히 자세한 설명이 제시되는데, 여기에는 인용 여부가 나타나지 않습니다. 중요한 것은 이 설명의 대부분은 「필요한 것은 주의집중뿐」이라는 논문의 내용을 쉽게 고쳐 쓴 것이라는 점입니다. 여전히 많은 인공지능 챗봇은 텍스트를 구성할 때 인용 여부를 드러내지 않으며 인용하기를 요청하더라도 많은 경우 가짜 참고 문헌을 생성합니다. 따라서 적절한 포맷을 제공하여 생성형 인공지능이 인용을 하면서 글을 생산하도록 하는 일은 임시방편일 뿐입니다.

이런 상황에서 인공지능 챗봇을 저자로 인정하는

것은 시기상조입니다. 인공지능 챗봇 활용을 밝히고 적절한 포맷을 사용해 인용 여부를 표기하는 것으로 문제를 해결했다고 믿는 것은 순진합니다. 지금이야말로 저자의 책임과 윤리를 광범위하게 재검토하고, 학계와 교육계·공공기관이 머리를 맞대어 새로운 학문적 진실성의 기준을 마련해야 할 때입니다. 생성형 인공지능은 우리에게 새로운 저자성을 상상함과 동시에, 저자의 법적·사회적·윤리적 책무에 대해 뿌리부터 다시 검토할 것을 요구하고 있습니다.

**4**

프롬프트 엔지니어링
이 만든 '질문이
모든 것'이라는 환
상

기술이 문제를 해결해 주리라고 생각한다면

기술을 이해하지 못하는 것이고

문제가 무엇인지도 이해하지 못하는 것입니다.

　　　— 로리 앤더슨[09]

칙 코리아의 재즈 팀 연주자를 위한 충고

1. 들리는 소리만 연주하세요.

2. 아무것도 들리지 않으면 아무것도 연주하지 마세요.

3. 손가락과 팔다리를 그냥 움직이게 두지 말고 의도적으로 배치합니다.

4. 끝없이 즉흥적으로 연주하지 마세요. 뭔가를 의도적으로 연주하고, 그걸 발전시키든 아니든 깔끔하게 끝내고, 브레이크를 취하세요.

5. 공간을 남겨 두세요. 의도적으로 연주하지 않는 곳을 만드세요.

6. 사운드가 섞이도록 하세요. 자신의 사운드를 듣고 나머지 밴드 멤버의 연주와 공간에 맞게 조정하세요.

7. 드럼 키트나 여러 대의 키보드처럼 한 번에 두 개 이상의 악기를 연주한다면 악기들이 서로 균형을 이루는지

확인합니다.

8. 음악을 기계적으로 또는 습관적인 패턴으로 만들지 마세요. 각 사운드·프레이즈·곡을 신중하게 선택해서 만들어야 합니다.

9. 다른 사람의 생각이 아닌 내가 좋아하는 것을 기준으로 연주할 곡을 고르세요.

10. 고음/저음·빠름/느림·시끄러움/부드러움·긴장감/편안함·빽빽함/흩어짐 등 요소의 대비를 사용하고 균형을 맞추세요.

11. 다른 뮤지션이 좋은 소리를 낼 수 있도록 연주하세요. 음악 전체의 소리가 좋아지는 연주를 하세요.

12. 편안한 몸으로 연주하세요. 자신이 만들어 낸 긴장은 언제나 풀어 주어야 합니다.

13. 음악적 공간을 창조하세요. 의도적으로 프레이즈를 시작하고 발전시키고 끝내는 방식으로 말이죠.

14. 악기를 세게 치거나 두드리지 마세요. 편안하고 우아하게 연주하셔야 합니다.

15. 공간을 만든 다음 그 안에 무언가를 배치하세요.

16. 모방은 드물게 사용하시고, 대부분의 경우에는 다른 연주자의 프레이즈와 대비되고 이를 발전시킨 프레이즈

를 만드세요.

재즈 뮤지션들이 역동적이며 유연하게 상호작용하는 방식을 한두 가지 법칙이나 간단한 레시피로 요약할 수 없듯이, 인공지능과 함께 좋은 글을 써내는 과정을 몇 개의 프롬프팅 공식으로 만들 수는 없습니다. 재즈 퍼포먼스는 그저 악기들의 조화가 아니라 각기 다른 음악적 인생을 살아 온 몸들이 시공간과 관객을 파악하고, 서로의 연주에 집중하며, 정서와 울림을 실시간으로 조율해 나가는 일입니다. 몸짓 하나·숨소리 하나도 놓치지 않는 '체화된 정성'이 작동하는 장입니다.

많은 이들의 목소리와 생각을 담아 자신의 생각과 버무리는 글쓰기도 다르지 않습니다. 여기에 인공지능과 실시간으로 협업한다면 고민할 거리는 더 많아지지요. 많은 분이 '인공지능을 쓰면 뚝딱 글이 나온다'고 말씀하시지만, 그건 글의 품질을 희생할 때에만 할 수 있는 말입니다. 협업을 한다면 더 빨리 더 많이 쓰는 게 아니라 더 깊고 가치 있는 글을 쓰는 게 목표가 되어야 하지 않을까요?

칙 코리아의 팀 플레이 연주 원칙은 재즈에 뿌리를

두고 있지만 인공지능과의 공존을 추구하는 필자들에게도 귀중한 지침을 줍니다. 어떠한 만남도 그저 좋을 수만은 없습니다. 리터러시의 실천에서 생성형 인공지능의 잠재력을 받아들이고자 한다면 '인공지능은 그저 갖다 쓰면 그만'이라는 생각을 멈추어야 합니다. 함께 쓰기는 새로운 존재에 대한 비판적 이해와 함께 자신의 글쓰기에 대한 냉철한 성찰을 필요로 합니다. 공존은 어려운 일이고, 함께 창조하는 일은 더더욱 어려운 일입니다.

저는 생성형 인공지능으로 글을 만들어 내는 건 재즈 연주에서 지극히 전형적인 코드 진행과 음표·화음과 리듬을 제공받는 것과 같다고 생각합니다. 기술이 좋아져서 이것만으로도 상당히 그럴 듯하죠. 그런데 재즈를 재즈로 만드는 건 그 전형성을 깰 수 있는 연주자의 능력입니다. 밀도와 강도를 바꾸고 공간을 만들고 음을 쪼개고 박자를 밀고 당기면서 악보를 이리저리 비틀어 즉흥성을 주조해 내는 순간의 예술, 그게 재즈일 테니까요.

이건 생성형 인공지능이 발전을 거듭해도 마찬가지입니다. 역사와 몸을 가진 인간이 쓰는 존재로 남아 있는한, 어떤 글도 온전히 자신의 글이라 부를 수 없을 것이기 때문입니다. 하늘 아래 새로운 것이 없고, 세상에 '오롯이 나만의 것'이라고 부를 수 있는 개념도 언어도 없습니다. 우리의 말과 생각은 어디에선가 와서 섞이고 깨지고 붙으며 스미고 체화된 것이니까요.

그럼에도 자신의 삶과 경험·지향에 맞는 리듬과 화음·코드 진행과 선율을 만드는 일은 필자 자신만이 할 수 있습니다. 결국 이 글을 읽고 계신 독자 한 분 한 분만이 할 수 있는 일입니다.


## 인공지능 글쓰기의 문제
## : 두 가지 시뮬레이션

이번 장에서는 읽기-쓰기의 생태를 급격히 바꾸고 있는 거대언어모델 활용을 실제로 시뮬레이션해 보면서 프롬프트 엔지니어링이 지닌 가능성과 한계를 구체적으로 살펴보겠습니다. 이를 통해 인간과 인공지능이 협력하는 글쓰기는 어떤 모습일지를 상상하고, 동시에 인공지능과의 협력 가운데서도 여전히 감당해야 할 인간의 몫이 무엇인지 숙고합니다.

우선 프롬프트 엔지니어링이 무엇인지부터 살펴봅

시다. '프롬프트 엔지니어링'을 알려면 '프롬프트'라는 용어의 의미를 파악하는 것이 우선일 겁니다. 사실 프롬프트는 오래전부터 사용하던 용어입니다. 일상에서는 어떤 일이 일어나도록 하는 자극을 의미하기도 하고, 아나운서나 배우에게 해야 할 말을 상기시키는 말을 뜻할 수도 있습니다. 인간의 언어를 컴퓨터가 이해하고 처리하여 특정한 과업을 수행할 수 있도록 하는 자연어 처리와 관련해서는 '컴퓨터 시스템(가령 텍스트–이미지 변환 인공지능)에 텍스트 또는 음성 언어의 형태로 전달되는 명령'을 의미합니다. 따라서 '프롬프트 엔지니어링'은 특정한 상황에서 프롬프트를 적절한 원칙에 따라 작성하는 작업을 가리킵니다.

프롬프트 엔지니어링 기반 글쓰기를 본격적으로 탐색하기 전에 '프롬프트 엔지니어링'이라는 용어에 대한 아쉬움부터 말씀드리고자 합니다. '엔지니어링'은 일반적으로 음차해서 그냥 쓰거나 '공학'으로 번역합니다. 전통적으로 엄밀성을 가지고 수행해야 하는 과업을 정교하게 정의하고 체계적으로 조작하는 일련의 행위를 가리키지요. 그래서 '프롬프트 엔지니어링'이라는 말을 들으면 '이렇게 프롬프트를 넣으면 정답을 얻을 수 있다'

는 함의가 떠오르기 마련입니다. 쉽게 말해 프롬프트만 잘 넣으면 원하는 정보를 담은 글을 '뽑아낼 수' 있다고 생각하는 것입니다. 하지만 실제 프롬프트는 그렇게 작동하지 않습니다.

프롬프트를 '질문'이라고 바꾸어 부르는 것도 아쉽습니다. 사용자는 질문을 하고 인공지능은 답변을 내놓는다는 식의 설명 말입니다. 사실 프롬프트에는 질문만 들어가지 않습니다. 때로는 배경과 동기를 진술하거나 자신이 쓴 글의 일부를 넣기도 합니다. 기존의 문헌을 인용하거나 모델에 따라 특정 웹페이지를 참고하라고 주문할 수도 있습니다. 무엇보다 중요한 것은 자신의 질문에 대한 모범 답안을 스스로 만들어 넣을 수 있다는 점입니다. 즉 '질문-답변'의 짝 전체가 프롬프트의 일부가 될 수 있다는 것이지요. 이런 점에서 프롬프트는 질문이고 인공지능 챗봇은 이에 답한다고 보는 것은 너무나 협소한 이해입니다.

종종 프롬프트를 '명령'으로 번역하는 경우가 있지만 이 또한 만족스럽지 않습니다. 사회적으로 명령은 명확한 상하 관계를 가정하는 단어로서 예외적인 경우를 제외한다면 충실히 따라야 하는 것입니다. 아울러 명령을 받는 사람은 설령 내키지 않는다 할지라도 명령하는 사람의 의도와 목표를 이해하려고 노력해야 하지요. 하지만 프롬프트는 이런 힘의 관계를 촉발하지 않습니다. 아울러 프롬프트는 '명령'이 품고 있는 권력의 차이를 가정하지 않지요. 순전히 특정한 정보를 이끌어 낼 수 있는 맥락을 형성하는 언어라는 의미만을 담고 있기 때문입니다. 이런 면에서 영어 표현의 '엔지니어링'도, 일상적으로 동원되는 '질문'이나 '명령'도 아쉬움이 큰 용어입니다.

이미 용례가 굳어진 용어를 바꿀 수는 없습니다. '엔지니어링' '질문' '명령' 등의 의미가 전달하지 못하는 바를 저는 '콘텍스트 형성자'라는 용어로 표현하고자 합니다. 우리는 프롬프트를 통해 일정한 맥락을 형성합니다. 생성형 인공지능은 해당 맥락에서 적합하다고 여겨지는 단어의 연쇄를 만듭니다. 콘텍스트 형성자로서의 프롬프트는 이후 생성형 인공지능이 만들어 낼 언어 연쇄의 가능성 혹은 한계를 정하는 일을 할 뿐, 원하는 답을 정밀하고 분석적으로 정의하지는 않습니다. 인간은 동일한 언어를 듣는다고 해도 상황에 따라 조금씩 다른 말을 합니다. 맥락이 발화를 이루는 단어 하나하나까지 정의하지는 않는 것입니다. 이 점을 기억한다면 왜 같은 프롬프트를 넣어도 생성형 인공지능에서 조금씩 다른 반응이 도출되는지, 왜 단지 한두 단어를 더하거나 뺐을 뿐인데 꽤나 다른 반응이 나오는지 이해할 수 있습니다. 그런 면에서 프롬프트는 맥락을 정의하는 말에 가깝고, 이를 정교하게 정의하면 할수록 좀 더 정교한 언어가 생성됩니다.

### 인공지능 챗봇 글쓰기 실험 ①
### : 「기후위기의 사회학」 보고서
### 쓰기의 경우

인공지능의 급속한 확산으로 글쓰기의 상당 부분이 프롬프팅에 의존하게 되었다고 가정해 봅시다. 중고등학교와 대학에서의 과제 수행은 생성형 인공지능과의 상호작용을 통해 이루어지겠죠. 그런 글쓰기는 지금 제가 하고 있는 글쓰기와 어떤 점이 다를까요? 우선 [표3]을 보시지요.

**[표3] 인간의 글쓰기와 '인간+인공지능'의 글쓰기**

| 인간 | 인간+인공지능 |
| --- | --- |
| 타이핑을 하며 글을 써 내려간다. | 인공지능이 초안을 써 준다. |

　자 일단 개념적 탐색이므로, 2장에서 논의한 '쓰다'라는 동사의 의미가 어떻게 달라지는지 돌이켜 볼 필요가 있습니다. 일단 현재의 쓰는 행위는 자판을 하나하나 쳐서 단어를 만들고, 이 단어를 엮어 문장을 만드는 행위를 수반합니다. 물론 꼭 타이핑일 필요는 없겠죠. 누군가는 노트와 펜을 사용할 수도 있습니다. 드물게는 화선지에 붓을 가지고 쓸 수도 있고요. 물론 더 깊이 들어가면 각각의 방법 내에도 다양한 변이가 있고, 여러 방법이 섞일 수 있겠지만, 전통적으로 쓰기 행위에는 단어의 배열을 통한 문장 구성이 수반됩니다. 필자가 타이핑하지 않은 단어가 갑자기 튀어나오거나 쓰지 않은 문장이 나타날 확률은 0이니까요.

　하지만 인공지능 챗봇을 활용하여 글을 '쓰는' 경우

단어를 하나하나 타이핑하는 등의 작문 과정 상당 부분이 생략됩니다. 예를 들어 과제의 주제가 '기후위기와 지역적·계급적 불평등'이라고 할 때, 초안을 작성하려고 인공지능 챗봇에 다음과 같은 프롬프트를 넣을 수 있습니다.

> 프롬프트: 너는 '기후위기의 사회학'이라는 과목을 듣는 대학생이야. 이번 글쓰기 과제는 '기후위기와 지역적·계급적 불평등'이고. 이 주제를 가지고 5단락으로 서문을 작성해 줘.

이렇게 넣었더니 그럴듯한 글이 나왔지만, 학생은 수업에서 배웠던 바가 반영되지 않은, 다소 실망스러운 단락 전개가 마음에 걸렸습니다. 그래서 이번에는 내용에 대하여 상세히 기술하는 프롬프트로 바꾸어 넣어 보았습니다.

> 프롬프트: 너는 '기후위기의 사회학'이라는 과목을 듣는 대학생이야. 이번 글쓰기 과제는 '기후위기와 지역적·계급적 불평등'이고. 이 주제를 가지고 5단락으로

서문을 작성해 줘.

내용은 (1)기후위기란 무엇인지 (2)기후위기가 전 세계적으로 어떤 영향을 미치고 있는지 (3)기후위기가 지역적으로 어떻게 다르게 나타나는지 (4)기후위기가 서로 다른 계급에 어떤 영향을 미치는지 (5)이런 불평등을 해소하려면 어떻게 노력해야 하는지로 이루어졌으면 좋겠어. 사회학과 기상학의 개념을 골고루 사용해 줘. 그럼 서문 작성 부탁해.

여전히 많은 면에서 부족하지만 결과 텍스트가 몇십 초 만에 생산되었습니다. 이때 제가 실제로 넣은 프롬프트는 66단어 정도이고 실제로 나온 응답은 다음과 같습니다. 180여 단어가 생성되었습니다.

챗봇: (1)기후위기란 본질적으로 지구의 평균 기온이 지속적으로 상승하면서 발생하는 환경 변화를 말한다. 이는 주로 인간 활동으로 인한 온실가스 배출 증가의 결과로, 세계 각지에서 기후 패턴의 극심한 변동을 초래하고 있다. 사회학적 관점에서 이 현상은 인간의 경제·정치·사회 체계에 깊은 영향을 끼치는 중요한 이슈

로 간주된다.

(2)기후위기가 전 세계적으로 미치는 영향은 가히 파괴적이다. 해수면 상승·폭염·홍수·가뭄과 같은 기상현상은 생태계에 심각한 피해를 주고, 인간 사회에서도 식량 부족·질병 확산·경제 불안정 등의 문제를 초래하고 있다.

(3)이런 기후위기는 지역마다 다르게 나타난다. 어떤 지역은 폭염에 시달리는 반면, 다른 지역은 추위와 강수량 변화에 영향을 받을 수 있다. 지역의 경제 구조·지형·기후 패턴 등에 따라 이런 영향의 정도와 유형이 달라진다.

(4)더욱이, 기후위기는 서로 다른 계급에게도 다르게 작용한다. 저소득층과 취약계층은 기후변화로 인한 재난에 더 취약하며, 이에 대처할 자원과 능력이 부족하다. 이로 인해 기후위기는 기존의 사회적 불평등을 심화시키는 요인으로 작용하고 있다.

(5)이런 불평등을 해소하려면 전 세계적인 공동 노력이 필요하다. 지속 가능한 발전·온실가스 저감·적응 전략 구축 그리고 교육과 의식 개선 등이 이를 위한 중요한 단계로 간주된다. 이 모든 노력은 사회학과 기상학

그리고 다른 학문 간의 협력을 통해 이루어져야 할 중요한 과제로 여겨진다.

참고로 위의 결과는 프롬프트의 첫 부분, 그러니까 "너는 '기후위기의 사회학'이라는 과목을 듣는 대학생이야. 이번 글쓰기 과제는 '기후위기와 지역적·계급적 불평등'이고. 이 주제를 가지고 5단락으로 서문을 작성해 줘"만을 사용한 결과와는 사뭇 달랐습니다. 정보 밀도가 높으며 좀 더 짜임새 있는 글이 생성되었지요. 최초 시도의 경우 프롬프트가 짧다고 해서 산출물까지 짧아지는 것은 아니었지만, 상세한 조건이 주어졌을 때보다는 확실히 추상적이고 일반적인 논의의 서문이 생성되었습니다.

여기에서 알 수 있는 것은 (당연히!) 생성형 인공지능을 매개로 하는 글쓰기는 타이핑한 양에 비해 많은 양의 텍스트를 단시간에 얻을 수 있다는 점입니다. 만약 위의 다섯 단락을 빈 문서에서 작성하려고 했다면 훨씬 더 많은 시간과 노력이 필요했겠지요. 다음으로 알 수 있는 것은 프롬프트의 내용과 구조에 따라 결과물에 분명한 차이가 있다는 것입니다. 내용과 전개를 명시적으로 밝힌 두 번째 프롬프트가 훨씬 더 나은 결과물을 생산했으니까요.

### 오픈AI의 프롬프트 엔지니어링 가이드

잠깐 곁길로 나와 널리 통용되는 오픈AI의 프롬프트 엔지니어링 가이드를 잠깐 살펴보겠습니다. 총 여섯 가지 원칙이 있습니다.

① 지시문을 명확하게 작성할 것
② 참고 텍스트를 제시할 것
③ 복잡한 과업은 하위의 단순한 과업으로 나누어 제시할 것
④ 모델에게 '생각할' 시간을 줄 것
⑤ 외부의 도구를 제공할 것
⑥ 프롬프트를 변경해 가면서 체계적으로 결과물을 테스트할 것

이 중 다른 것은 이해하기 어렵지 않은데 네 번째 원리는 언뜻 이해하기 힘듭니다. 인공지능 챗봇에게 '생각

할' 시간을 주라는 게 무슨 의미일까요? 가이드에 따르면 이는 "이런 과정이 맞니, 틀리니?"라거나, "이런 접근이 괜찮을지 평가하라"는 프롬프트를 바로 주기 전에 모델로 하여금 '스스로' 그 문제에 대해 다각도로 고민할 수 있는 프롬프트를 제공하라는 의미입니다. 예를 들어 '~라는 이슈를 해결하기 위해 취해야 할 행동을 순서대로 나열해 보라'거나, '~라는 문제를 해결하기 위한 논리적 과정을 이야기해 보라'는 식의 프롬프팅을 하는 것이지요. 모델이 특정한 이슈나 문제에 대해 좀 더 거시적으로 '생각할' 기회를 주고, 그다음에 판단하거나 해결하고자 하는 문제를 담은 프롬프트를 제공했을 때 더 나은 결과가 나올 확률이 높아진다는 것입니다.

### '질문만 잘하면 돼!'라는 말의 무의미함

그렇다면 몇 가지 원칙을 숙지하고 실습을 해 보았다고 해서 좋은 프롬프트를 손쉽게 만들 수 있을까요? 그렇지 않습니다. 예를 들어 제가 쓴 위의 프롬프트는 매우 간단한 구조이지만, 이를 작성하려면 배경지식이 어느 정도 필요합니다. 해당 프롬프트의 구성 요소를 하나하나 분석해 보겠습니다.

> 너는 '기후위기의 사회학'이라는 과목을 듣는 대학생이
> 야. 이번 글쓰기 과제는 '기후위기와 지역적·계급적 불
> 평등'이고. 이 주제를 가지고 5단락으로 서문을 작성
> 해 줘.

→ 이 문장을 작성하는 데에는 특별한 지식이 필요하지 않습니다. 자신에 대한 간단한 정보와 과목명을 집어넣었을 뿐이니까요. 그런데 이 부분을 "너는 '기후위기의 사회학'이라는 과목을 듣는 박사과정 대학원생이야"로 바꾸면 어떨까요? 그리고 다음 문장의 '이번 글쓰기 과제는'을 '이번 연구논문의 주제는'으로 바꾸고, '5단락의 서문을'을 '10개의 주요 문헌을 인용하는 5단락의 서문을'로 바꾸면 어떻게 될까요? 나아가 챗GPT의 경우 참고 문헌을 인용할 때 환각이 심각한 문제라는 것을 알고 있다면 어떨까요? 직접 실험해 보시면 사뭇 다른 결과가 나온다는 것을 알 수 있습니다. 결국 여기에서 대학생 수준의 글을 산출할 것인지, 박사과정생 수준의 글을 산출할 것인지를 적절히 판단하고 프롬프트에 반영하는 것은 필자의 역량에 달려 있습니다. 나아가 독자가 될 담

당 교수의 전공 배경을 명시한다면 다른 결과가 도출되겠지요. 지극히 단순한 프롬프트 문장을 만드는 데에도 해당 과제의 성격·난이도·길이·독자 등에 대한 필자의 명확한 기준이 필요한 것입니다.

> 내용은 (1)기후위기란 무엇인지 (2)기후위기가 전 세계적으로 어떤 영향을 미치고 있는지 (3)기후위기가 지역적으로 어떻게 다르게 나타나는지 (4)기후위기가 서로 다른 계급에 어떤 영향을 미치는지 (5)이런 불평등을 해소하려면 어떻게 노력해야 하는지로 이루어졌으면 좋겠어.

→ 서론의 구성을 다섯 가지 내용으로 제시한 이 부분도 특별할 게 없어 보입니다. 하지만 여기에서도 몇 가지 배경지식이 동원되었다는 점은 분명합니다. 먼저 (1)에서 (5)까지 내용의 흐름을 조직하는 방식입니다. 열쇳말을 나열하면 기후위기·전 세계적 영향·지역적 차이·계급적 차이·불평등의 해소 방안입니다. 여기에서 필자는 서문의 내용 전개에서 수사적·논리적 패턴에 대한 기본 지식을 갖추고 있다는 것을 알 수 있습니다. 즉 기후위기라는 게 무엇인지 개념적으로 설명하고(1번),

넓은 맥락에서 전 세계를 조망한 다음(2번), 보다 구체적인 내용으로 들어가 지역과 계급 논의를 펼치니까요(3, 4번). 이후에 이 모든 이슈를 '불평등의 해소'라는 사회적 과제와 연결시키면서 서론을 마칩니다(5번). 이는 보다 일반적인 주제에서 개념적인 논의로 나아가 핵심 과제인 사회의 역할로 내용을 펼치는 전형적인 서문의 구조를 따르고 있습니다.

여기에서 알 수 있는 것은 프롬프팅의 과정에서 필자의 배경지식이 적극적으로 활용된다는 사실입니다. 이 배경지식에는 기후위기에 대한 다양한 내용 지식뿐 아니라, 학술적 글쓰기 서문의 구조와 전개에 대한 지식도 포함되어 있지요. 해당 분야에 대한 전문성과 경험뿐 아니라 학술적 글쓰기에 대한 수사적 지식을 가지고 있을 때 좋은 프롬프트가 나올 수 있다는 방증입니다.

여기에서 한 걸음 더 나아가, 자신이 짠 개요가 완벽하지 않음을 인식하는 사람이라면 어떨까요? 그렇다면 어떤 후속 조치를 취할 수 있을까요? 아마도 위의 목록을 제시하면서, "이 외에 어떤 요인들을 추가해서 서문을 작성하면 될지 알려줘"라며 후속 프롬프트를 제공하지 않을까요?

이런 의도에서 저도 그렇게 해 보았습니다. 그랬더니 다음과 같은 요인들을 추가로 알려주더군요. (각 항목마다 간략한 설명이 따라 나왔으나 지면 관계상 생략합니다.)

- 기후변화의 원인 분석
- 법적 및 정책적 대응
- 사회문화적 요인
- 경제적 영향 및 비용-편익 분석
- 기술 및 혁신의 역할

그렇다면 이제 제가 고려해야 할 서론의 구성 요소는 대략 열 가지가 되었습니다. 그렇다면 이 열 가지를 모두 과제에 포함시키는 것이 올바른 방향일까요? 이에 대해서는 필자의 판단이 다시 한 번 요구됩니다. 먼저 '과제의 분량 안에서 이 열 가지 요소를 다 다루는 것이 가능할까? 만약 모든 요소를 다룬다면 어떤 순서로 배열해야 좋을까? 몇 가지 요소에 집중해서 글을 전개한다면, 어떤 요소를 선택하고 어떤 요소를 버려야 할까? 각각의 요소에 대해 어떤 예시를 제시할 수 있을까? 이들 중 내가 살고 있는 지역사회의 이슈를 연결시킬 수 있는 요소는 무엇일까? 어느 요소에 내가 살아오면서 경험했던 다양한 자연현상을 녹여 낼 수 있을까?'와 같은 기본적인 질문에 답해야 할 것입니다. 혹 학점이 가장 중요한 목적인 학생이라면 '교수님께서 특히 관심을 가지는 주제 영역은 무엇일까? 본 과목의 특성상 어떤 주제를 깊이 다루는 것이 나을까? 수업 시간에 필기한 것 중에 어떤 개념을 프롬프트에 반영하는 것이 좋을까?' 등을 고려할 수도 있겠지요. 이 과목에 절대적으로 진지한 학생이라면 각각의 영역의 저명한 학자들이 최근 쓴 논문을 찾아서 초록과 키워드 일부를 프롬프트에 반영할 수 있겠습니다.

사회학과 인류학·기상학의 개념을 골고루 사용해 줘. 그럼 서문 작성 부탁해.

→ 여기에서 저는 다양한 분과 학문명을 동원했습니다. 사회학·인류학·기상학이 기후위기와 밀접한 연관을 맺고 있다는 생각에서였습니다. 하지만 기후위기를 논의하는 데 기여할 수 있는 학문은 여기에 그치지 않습니다. 전 지구적이며 전 인류적인 문제이기에, 수많은 학

문이 관여할 수밖에 없기 때문입니다. 그러나 무조건 많은 학문을 포함하면 글쓰기에 도움이 되지 않으리라고 생각했습니다. 생물학·화학·물리학·통계학·과학기술학·기술사회학 등의 분야를 망라한다면 글의 초점이 흩어질 수 있다고 판단했지요.

하지만 다른 상황이었다면 다르게 판단해야 했을 것입니다. 예를 들어, "'기후위기와 지역적·계급적 불평등'이라는 주제를 이해하려면 어떤 학문적 영역을 참고해야 할까? 일곱 가지 학문을 나열하고, 각각의 학문이 이 주제에 대해 어떤 점을 설명할 수 있는지 알려줘"라는 프롬프트를 사용할 수도 있겠습니다. 참고로 챗GPT는 환경과학·사회학·경제학·문화인류학·정치학·심리학·법학 등 일곱 가지 학문을 제시했습니다. 이 경우에도 이 모든 학문명을 프롬프트에 넣을 것인지, 아니면 어떤 학문에 집중할 것인지, 혹은 학문명 없이 '학문적인 문제로' 정도로 제시할 것인지 등에 대한 판단이 필요합니다.

이상에서 살펴본 것과 같이 간단한 프롬프트 하나를 작성하는 데에도 여러 가지 개념과 지식이 동원되었습니다. 최선의 프롬프트라고 말할 수는 없겠지만, 하늘에서 뚝 떨어지지는 않았습니다. 필자가 기존에 가지고 있었던 내용 및 글쓰기 지식이 동원된 결과였지요.

이 같은 사고실험에서 얻을 수 있는 프롬프트 기반 글쓰기는 다음과 같은 교훈을 줍니다.

첫째, 프롬프트는 기존의 경험과 지식이 농축되어 만들어진다. 단순한 프롬프트라고 해도 예외는 아니다.

둘째, 기존의 지식에는 특정한 영역에 대한 내용 지식뿐 아니라 글쓰기의 구조와 전개에 대한 수사적 지식 또한 포함된다. 즉 특정 영역에 특화된 지식과 글쓰기에 대한 일반 지식이 프롬프트 작성 원리와 유기적으로 결합될 때 좋은 프롬프트가 나온다.

셋째, 특정 프롬프트의 한계를 인지하는 경우, 방향을 바꾸어 새로운 프롬프트로 결과물을 도출하고, 이를 바탕으로 자신이 만든 프롬프트를 수정·보완할 수 있다.

넷째, 한 번의 프롬프팅으로 원하는 결과를 얻을 확률은 매우 낮다. 프롬프팅은 단계적으로 이루어질 때 더욱 나은 방향의 아웃풋을 얻을 확률이 높다.

다섯째, 프롬프트에 대한 응답으로 아웃풋이 주어졌을 경우, 그것이 최선인지 단숨에 알 수 있는 방법은 없다. 아웃풋 평가는 기존의 지식과 경험·안목에 기반을 둘 수밖에 없다.

　여섯째, 아웃풋을 다시 인공지능에게 제시하고 이를 보강해 달라고 요청하는 경우도 마찬가지다. 아웃풋에 대한 최종 판단은 필자의 몫이다. 나온 텍스트를 꼼꼼히 읽어 가며 다양한 판단을 내려야 한다.

　일곱째, 필자는 프롬프트와 아웃풋만을 오가며 글을 쓰지 않는다. 필자는 자신에게 주어진 글쓰기 과제에 대한 다각적인 이해에 기반해 생성형 인공지능과 협업한다. 여기에는 강사의 기대에 대한 이해·전체 글의 분량과 내용 요소 간의 관계에 대한 이해·특정 주제 영역을 깊이 다루는 것이 필요한지에 대한 판단·서론 본론 결론의 분량에 대한 추산·글의 시작과 마무리에 대한 그림·개인적 경험이나 목소리의 반영 여부에 대한 판단 등 다양한 요인이 개입된다.

　여덟째, '원하는 결과'가 도출되었다고 해도, 자신이 원했던 결과가 최선인지 물을 수 있는 사람이 더 풍부한 프롬프트를 생성하고 더 침착하게 '대화'를 엮어 갈 수 있다. 몇 번의 프롬프트만에 도출된 결과물에 '그래 이거야!'를 외치는 사람이라면 인공지능 챗봇의 잠재력을 충분히 확인할 수 없다. 결국 프롬프팅을 통한 글쓰기에서도 지식과 경험·시간과 정성이 필요하다.


## 인공지능 챗봇 글쓰기 실험 ②
## :「이끼의 시선에서 말하기」 에세이
## 쓰기의 경우


위의 예시가 누군가에 의해 요구된 글쓰기의 예라면 이번에는 제가 쓰고 싶은 글을 쓰는 시나리오를 상세히 논의해 보겠습니다. 글의 제목은「이끼의 시선에서 말하기」이고, 글을 쓰고자 하는 욕망이 생겨난 계기·인공지능 챗봇과의 '대화'·이에 대한 단상은 다음과 같이 정리할 수 있습니다.


소셜미디어에서「고양이의 시선으로부터」From the Point of View of a Cat라는 글을 흥미롭게 읽었습니다. 고양이의 관점에서 인간을 묘사한 20세기 초반의 산문이었습니다. 문득 고양이 말고 다른 관점에서 쓴 글은 어떨까 생각이 들었습니다. 관점의 변환을 시도하고자 하는 마음은 아마도 제가 오랜 시간 공부해 온 비판 리터러시 훈련에서 말미암은 듯합니다. 이런 거창한 이유가 아니더라도, 누군가가 되어 보는 건 늘 흥미로운 일이니까요. 타인이거나 고양이이거나 심지어 돌멩이이거나!

　새로운 관점으로 글쓰기를 수행하려고 이미지 파일 형태의 글을 챗GPT에게 제공했습니다. 아시다시피 챗GPT는 OCR* 기능이 있습니다. 흐릿한 이미지나 손글씨의 경우엔 아직 신뢰하기 힘들지만, 영어로 깔끔하게 인쇄된 것은 제법 잘 인식합니다.

　"이 글을 읽고 인간을 묘사하는 이끼의 관점에서 비슷한 산문을 써 주세요"라는 프롬프트를 제공했습니다. 사실 처음에는 개를 생각했는데, 고양이와 개의 존재론적 거리가 너무 가깝다 싶었습니다. 그래서 가까운 동물인 개보다는 식물을 골랐습니다. 나무나 꽃으로 해 볼까 하다가, 얼마 전 읽은 신비한 이끼 생태계에 대한 책이 떠올라서 이끼를 택했습니다.

　챗GPT는 순식간에 인간을 찬양하는 어구를 넣어 비슷한 산문을 만들어 주었습니다. 그럭저럭 읽을 만했지만, 인간을 긍정적으로 묘사하는 느낌이 강하게 들었습니다. 다음은 처음 생성된 글의 번역본입니다. (수정

---

* Optical Character Recognition. 이미지로 된 글자 인식 기능

하지 않은 기계번역입니다.)

여기 내 인간, 끊임없는 움직임의 피조물이 있습니다. 그녀는 대지를 돌보는 생명의 정원사이며, 종종 내가 조용히 퍼지는 것을 알지 못하기 때문에 나는 그녀에게 겁먹지 않습니다. 그녀는 무릎을 꿇고 흙에 손을 얹고 꽃들에게 속삭이지만 나는 그녀가 얹은 돌을 덮어 줍니다.

그녀는 꽃을 보고 감탄하며 하늘을 향해 손을 뻗지만, 발밑에 펼쳐진 내 초록빛 태피스트리는 거의 보지 못합니다. 꽃의 화려함이나 나무의 위엄을 타고나지 못한 나는 습기와 그림자, 언제나 푸르른 존재를 품습니다.

그녀는 생명을 주는 물을 부어 주고 비를 기뻐하지만, 한 방울 한 방울이 내 종족에게 교향곡이라는 사실을 거의 알지 못합니다. 그녀는 높이 솟은 햇살의 세계에서 순간순간에 깃든 아름다움, 내가 지지하는 아름다움을 종종 간과합니다.

그녀가 없을 때 나는 대지의 속삭임·부패와 재생의 느린 춤에 귀를 기울입니다. 그녀는 종종 내가 사는 돌 옆에 앉아 생각에 잠겨 내가 그녀를 관찰하고 있다는 사실도, 내가 그녀의 조용한 동반자라는 사실도 모른 채 돌아옵니다.

달이 은빛으로 빛나고 그녀가 빛과 따뜻함이 있는 곳으로 물러나면 나는 밤의 서늘한 평온을 만끽합니다. 나는 인간 삶의 덧없는 춤을 조용히 목격하는 고대 돌과 하나가 된 영원한 존재에 만족하기 때문에 그녀의 관심을 갈망하지 않습니다.

글을 읽다가 보니 마음에 걸리는 어구가 많았습니다. "끊임없는 움직임의 피조물"같은 구절들은 제가 생각하는 인간과는 거리가 멀었습니다. 특히 "대지를 돌보는 생명의 정원사"는 글의 전반부에 배치되어 독자에게 각인될 수 있는 어구인데, 정말 마음에 들지 않았죠. 대지를 파괴하고 기후 비상 사태를 만들어 온 주범이 인간이니까요. "달이 은빛으로 빛나고 그녀가 빛과 따뜻함이 있는 곳으로 물러나면 나는 밤의 서늘한 평온을 만끽합니다"에서 '그녀가 빛과 따뜻함이'가 걸렸습니다. 앞에 달을 묘사하는 부분에 '은빛'이 나왔는데 '빛'이 또 나오는 것이 별로여서요. 사소하게는 '생명의 물'이 아니라 '생명을 주는 물'인 것도, '고대의 돌'이 아니라 '고대 돌'

이 아닌 것도 마음에 들지 않았습니다.

나아가 '이끼가 인간을 이렇게 긍정적으로 생각할 리가'라는 생각이 들었습니다. 영어로 된 표현들의 함의를 어렵지 않게 파악할 수 있었기에 이와 같은 판단에 이르는 것이 어렵지 않았습니다. 제가 이끼라도 인간을 찬양하며 "생명의 정원사"라고 부르진 않을 것 같거든요!

그래서 저는 "인간에 대한 이끼의 비판적 관점을 좀 더 추가해 줄 수 있나요? '생명의 정원사'라는 표현은 너무 과찬인 것 같습니다. 아울러 한국어 표현을 잘 다듬어 주세요"라는 프롬프트를 제시했습니다. 이에 챗GPT는 이전보다는 훨씬 균형 잡힌 글을 순식간에 생성했습니다. 인간에 대한 묘사에서 이전 응답보다 강화된 균형감을 느낄 수 있었습니다.

하지만 여전히 큰 문제가 있었습니다. '이끼의 관점에서'라는 제목과 간단한 프롬프트만을 제공해서 그랬을까요? 글은 밋밋하고 추상적이었습니다. 아시다시피 짧더라도 일반적인 진술과 개인적인 경험이 어우러져야 좋은 글이 될 수 있습니다. 그래서 이 밋밋한 글에 이끼가 실제 겪었던 '개인적 경험'을 추가하고 싶어졌습니다. 그래서 다음과 같은 프롬프트를 제공했죠. "화자 이끼의 가슴 아픈 경험, 즉 한 무리의 사람들에게 짓밟혀 심한 상처를 입었을 때를 추가해 주세요. 그가 느꼈던 감정을 더해 주세요."

이 프롬프트를 제공한 것은 이끼가 인간과의 상호작용에서 겪는 가장 일반적인 경험이 '짓밟힘' 아닐까 하는 생각이 들었기 때문입니다. 사실 저도 아무 생각 없이 풀이나 이끼를 짓밟곤 했으니까요. 이런 과정을 거쳐 최종적으로 다음 글이 나왔습니다.

「이끼의 관점에서」
내 인간은 분주하게 움직이며 거의 평화롭지 못합니다. 그는 스스로를 땅의 청지기로 여기지만, 발걸음은 분별력 없이 짓밟히며 자신이 밟고 있는 고요한 존재에 눈감습니다. 그의 수직적 야망과 도달 범위의 세계에서 나는 거인 아래 부드러운 카펫처럼 보이지 않는 존재로 남아 있습니다.

그는 활기찬 정원과 높은 나무를 즐기며 내가 제공하는 금욕적인 아름다움을 알지 못합니다. 의도하지 않은 파멸의 도구인 그의 부츠는 무심코 밟을 때마다 수세기에 걸친 나의 고요를 깨뜨립니다. 그는 위로 솟아오르는 것을 키우고, 촉촉한 그림자 속에서 하모니를 이루는 내 삶의 교향곡은 들리지 않습니다.

그의 시선은 광채와 장관을 찾고, 내 에메랄드 망토의 미묘한 우아함을 그리워합니다. 그의 영역에서 그는 자신이 깨뜨린 섬세한 평형을 인식하지 못한 채 혼란과 변동을 일으킵니다. 그의 간섭은 거슬리고, 그의 발자국은 내가 짠 태피스트리에 혼돈의 메아리로 울려 퍼집니다.

그러던 어느 날 한 발이 아니라 수많은 발이 저를 짓밟는 날이 왔습니다. 그것은 파괴의 춤·무지의 축제였습니다. 그들은 왔다 갔다 하며 한때 푸른 왕국이 있던 황무지를 남겼습니다. 나는 갈기갈기 찢겨져 땅과 연결이 끊어진 채로 압축된 흙 속에서 숨을 헐떡이며 살아가야 했습니다. 그것은 고통이 아니라 이끼가 진정으로 느낄 수 있는 고통이었으며, 보이지 않고 평가받지 못하는 것, 인간의 환락의 불협화음 속에서 들리지 않는 소리 없는 비명 같은 고통이었습니다.

그와 그의 동료들이 돌과 강철로 지어진 건물로 후퇴하는 동안 저는 인내합니다. 나는 수선한다. 시간이 저에게 심어준 회복력으로 저는 천천히 다시 성장하며 한 번에 한 인치씩 제 공간을 되찾습니다. 그가 없을 때, 나의 회복력은 나의 항의가 됩니다. 나는 단순히 그의 존재 배경이 아니라, 지구의 살아 있는 장막이며, 언제나 푸르름을 잃지 않고, 방치된 상처로부터 스스로를 치유합니다.

이렇게 나온 글은 나름 균형이 잡힌 듯했지만, 여전히 아쉬운 대목이 많았습니다. 어휘의 측면에서도, 운율이나 은유의 측면에서도 전혀 만족스럽지 못했죠. 이에 문장 하나하나를 수정했습니다. 고민하며 단어 하나하나 선택하는 게 괴롭지만 또 즐거운 저는 프롬프팅을 계속한다 하더라도, 제가 원하는 글이 나오지 않을 것임을 잘 알고 있었기 때문입니다. 그렇게 해서 나온 것이 다음 글입니다.

「이끼의 시선에서 말하기」
제가 아는 한 늘 분주하게 움직이는 인간은 좀처럼 평화 안에 거하지 못합니다. 그는 스스로를 지구의 청지기로 여기지만, 걸음을 옮길 때마다 땅을 짓이기며, 육중한 인간의 신체를 온몸으로 견뎌내는 고요한 존재들에 눈감습니다. 인간의 욕망이 대지를 수직으로 내리누르는 세계에서 나는 거인 아래 부드러운 카펫처럼 보이지 않는 존재로 남아 있습니다. 반면 인간은 화려한 정원과 높이 뻗은 나무를 즐기지만, 나와 다른 이끼 친구들이 선사하는 금욕적인 아름다움을 알지 못합니다. 위로 뻗어나가는 것들에 시선을 돌릴 뿐, 촉촉한 그림자 속 하모니를 이루는 이끼의 교향곡에는 귀 기울이지 않습니다. 광채와 장관만을 찾는 그의 시선은 내 에메랄드 빛 망토의 우아함을 번번이 놓칩니다.

떠올리고 싶지 않은 어느 날, 수많은 발걸음이, 그들과 함께한 쇳덩이들이 저를 짓밟았습니다. 파괴의 춤, 무지의 축제였습니다. 그들은 자각 없이 대지를 짓밟으며 한때 푸르름의 왕국이었던 곳에 황무지의 발자국을 남겼습니다. 나는 갈기갈기 찢겨 땅과의 연결이 끊어진 채로 엉킨 흙 속에서 숨을 헐떡였습니다. 그것은 인간이 고통이라고 표현하는 것을 넘어선 것이었습니다. 이끼만이 진정으로 느낄 수 있는 고통이었습니다. 보이지 않고 측정될 수 없는 고통, 인간이 내는 환락의 불협화음으로는 헤아릴 수 없는 우주의 소리 없는 비명이었습니다.

인간들이 돌과 강철 건물로 들어가 안온한 날들을 보내는 동안 저는 대지와 물과 바람과 햇빛과 식물과 뿌리와 땅에 기대어 인내합니다. 침묵합니다. 치유합니다. 보이지 않을 만큼만 손을 내밉니다. 시간이, 대지와 하늘의 동료들이 저에게 심어 준 회복력으로 천천히 다시 성장하며 힘겹게 제 공간을 되찾습니다. 저의 거처이자 저의 몸이 되어 준 대지를, 나무를, 바위를 끌어안습니다. 인간의 파괴따위 아랑곳하지 않는 나의 회복력이야말로 진정한 나의 저항입니다. 나는 단순히 인간종의 배경이 아니라, 지구의 살아 있는 장막입니다. 나는 언제까지나 푸르름을 잃지 않고, 방치된 상처로부터 스스로를 치유합니다.

이상에서 인공지능 챗봇과의 상호작용을 통해 진행한 저의 작문 과정을 설명하고, 여기에 동원되었던 프롬프트와 제 생각의 흐름을 제시했습니다. 하나의 예시로 쓰인 글이기에 더 긴 상호작용이나 좀 더 정교한 수사적 요구를 반영하지는 못했습니다. 하지만 인공지능과의 '협업'을 통해 필자가 원하는 글을 쓰는 일이 생각보다 복잡하고 수고스러운 일이라는 점은 분명해 보입니다.

보시다시피, 이 과정에서 저는 다음과 같은 글쓰기 관련 지식과 언어학적 지식을 동원했습니다. 앞에서 제시한 대학 글쓰기 과제와는 결이 다른 고려가 들어가 있음을 확인하실 수 있습니다.

- 다른 관점에서 쓰기는 비판성과 창의성의 주요한 원천이다: 가령 이끼–되기
- 말하는 주체가 대상과 맺는 관계·대상의 성격에 대해 고민하면 다른 결의 글이 나올 수 있다: 인간과 이끼의 관계에 대한 생각·개와 고양이의 거리에 대한 고민
- 추상적이고 일반적 진술의 연결로 좋은 글이 나올 수 없다. 짧은 글일수록 구체성을 띄어야 한다: 이끼의 '경험'을 넣으려는 시도
- 구체성의 핵심은 몸의 경험·정서적 반응·성찰적 복기 등이다: 이끼가 '몸으로' 겪은 일에 대한 묘사
- 기계가 생성한 어떤 은유는 상황에 딱 들어맞지 않으며 필자의 생각이나 느낌과 충돌한다: 인간을 표현하는 은유의 부적절성
- 기계가 생성한 글이 아니라 내 글이 되려면, 결국

내가 책임을 지고 단어·문법·은유·문장 구조·흐름·첫 문장과 마무리 문장 등을 점검해야 한다.

여기까지 와 보니 이런 복잡한 과정을 통해 글을 쓰느니 아예 처음부터 창작을 했으면 어땠을까 하는 생각이 듭니다. 많은 분이 말씀하시듯 '남의 글 고치는 게 제일 힘들'다는 것을 깨달았다고나 할까요. 흥미롭고 재미있는 실험이었지만, 추후 비슷한 과제가 주어진다면 제 힘으로 처음부터 끝까지 써 보려 합니다.

이상의 두 실험을 통해 제가 얻은 교훈의 핵심은 챗GPT 등의 인공지능 챗봇을 쓰기 교수에 통합할 때 단순히 '다양한 프롬프트를 원칙에 맞추어 지혜롭게 쓰면 원하는 글을 얻을 수 있다'라고 말하지 말아야 한다는 것입니다. '이젠 답하는 능력이 아니라 좋은 질문을 던지는 능력이 중요한 시대다'라고 선언하는 것도 의미가 없고요. 프롬프트는 그냥 나오지 않습니다. 의도와 목적·단락의 흐름·이전 결과물에 대한 비판적 독해·필자의 세계관 등등이 모두 엮여 하나의 프롬프트로 '응축'되기 때문입니다.

그런데도 '프롬프트 엔지니어링 호들갑'의 주역들은 프롬프트 엔지니어링을 가르치는 것으로 쓰기 교수의 상당 부분이 해결된다고 주장합니다. 하지만 위의 시뮬레이션에서 볼 수 있듯이 프롬프트는 일련의 진술이나 원리의 집합으로 환원될 수 없습니다. 프롬프트는 맥락에 따라 동적으로 변화합니다. 권력과 배경지식·글의 지향·창작자의 세계관 및 해당 영역에서의 전문성·생성형 인공지능의 반응에 따라 순간순간 달라집니다. 그렇게 얻은 텍스트 또한 필자의 의도와 목적에 정확히 부합하지 않을 수 있습니다.

지혜롭게 생성형 인공지능을 활용하여 글을 쓰는 이유는 더 나은 결과물을 얻기 위해서입니다. 많은 경우 더 나은 글은 필자의 내면과 더 잘 조응하는 글이죠. 그런데 인공지능을 매개로 하는 글은 저자의 의도와 계획이 인공지능을 경유하여 생겨나는 글입니다. 여기에서 일종의 딜레마가 나타납니다. 그러한 경유의 경험이 정말 더 나은 글로 이어질지는 가 본 다음에야 알 수 있다는 것입니다. 생성형 인공지능을 쓰는 것이 반드시 더 나은 결과를 보장하지는 않는다는 주변 글쓰기 교사들의 전언이 이를 뒷받침합니다.

무엇보다 생성형 인공지능을 적극적으로 활용하더라도 자신도 이해할 수 없는 글을 자기 이름을 걸고 내놓을 수는 없습니다. 무슨 말인지도 모를 글을 내놓는 행위는 철저한 글쓰기 윤리 위반입니다. 이 점을 인정한다면 **프롬프팅은 글쓰기의 출발점이지 종착점이 아닙니다.** 인공지능 활용 여부와 관계없이 자신이 쓰는 글의 한계를 구획하는 것은 자신이 이해하는 세계입니다. 그렇기에 이해의 지평을 넓히지 않으면서 프롬프팅 기법만을 열심히 익히는 일은 더 나은 리터러시로 가는 길을 도리어 방해합니다. 이 점을 절대 놓쳐서는 안 됩니다.

인간과 인간이 만나서 이야기할 때 상대를 '프롬프팅'하지 않습니다. 오로지 자신의 언어에 맞추어 말하는 상대를 가정하지도 않습니다. 그런 행위는 자신을 주인으로, 상대를 도구로 여기는 꼴입니다. 대화는 열린 공간으로의 여정이고, 그 여정의 종착지가 정해져 있지 않음에 기뻐할 수 있을 때, 참여자 모두는 더 즐겁고 가치 있는 대화를 향유할 수 있습니다. 하지만 인공지능과의 상호작용은 프롬프팅과 응답의 연쇄로 이루어집니다. 이는 대개 열린 가능성으로서의 여정이라기보다는 탁월한 결과물로의 유도입니다.

그럼에도 인간의 대화와 인공지능과의 상호작용을 묶는 하나의 원리를 생각할 수 있으니 그것은 바로 '경청'입니다. 상대의 이야기를 제대로 듣지 않고 좋은 대화를 할 수 없듯이, 인공지능이 생성한 텍스트를 읽지 않고 더 나은 프롬프팅을 할 방법은 없습니다. 이러한 측면에서 생성형 인공지능을 활용한 글쓰기에서 프롬프트는 대화에서의 발화로 이해될 수 있습니다. 나의 발화는 상대방(인공지능)에게 하나의 맥락이 되고, 이에 근거해 생성형 인공지능이 만들어 낸 응답은 나의 후속 프롬프팅에 맥락으로 작용합니다. 이 흐름은 꼬리에 꼬리를 물고 프롬프트를 동적으로 차츰 변화시킵니다. 결국 응답에 대한 경청 없이 프롬프팅을 반복하다가는 길을 잃고 맙니다. 이러한 측면에서 '프롬프트만 잘하면'이라는 구호는 텅 빈 구호일뿐 아니라, 글쓰기를 방해하는 구호입니다. 리터러시의 핵심을 비껴간 화살입니다.

## 비판적 질문을 던지려면
## 필요한 것들

"AI 시대에 가장 중요한 것은 좋은 질문을 던지는 역량"이라는 말이 계속 마음에 걸립니다. 인공지능을 단지 도구로 보는 관점에 극히 비판적이지만, '도구로서의 인공지능'에 방점을 찍더라도 원하는 산출물을 얻는 데는 좋은 질문을 던지는 능력을 넘어 산출된 응답을 비판적으로 평가할 수 있는 역량이 필요하기 때문입니다. 무엇보다 좋은 질문을 던지는 힘은 깊이 관찰하고 경청하고 읽는 노동의 축적에서 나옵니다. 이를 인지언어학자 조지 레이코프가 제시한 다음의 예를 통해 살펴봅시다.

기자들은 "게이 결혼에 찬성하십니까?"라고 묻는 대신에 이렇게 질문할 수 있다. "주 정부가 주민을 상대로 누구와 결혼해라, 하지 말아라 해야 한다고 생각하십니까?" 이렇게도 물어보아라. "자기가 원하는 사람과 결혼할 자유가 법 앞의 평등한 권리의 문제라고 보십니까?" 또는 "결혼이 '평생의 서약을 통한 사랑의 실현'이라고 보십니까?" 또는 "사랑하는 두 사람이 공식적으로 평생을 서약하고 싶어 하는 것이 사회에 도움이 될까요?" 도덕에 기초한 프레임 구성은 우리 모두가 할 일이다. 특히 기자들의 임무는 더욱 막중하다.

— 조지 레이코프[10]


위와 같은 질문을 던지는 데 필요한 역량을 나열해 보면 대략 다음과 같습니다.

- 윤리에 대한 명확한 관점
- 프레임·은유·개념 네트워크·수사적 함의 등에 대한 이해
- 순간순간 변하는 담론의 흐름에 대한 비판적이고 민감한 평가
- 질문하는 이와 답변하는 이가 처한 사회문화적·정치적 위치
- 질의와 응답을 보고 듣는 시민의 성향과 관점


조지 레이코프의 질문 전략이 그냥 나오지 않았음은 분명합니다. 여기에서 기억해야 할 것은 정답을 뽑아

내는 프롬프트를 넘어 가치와 임팩트를 담은 질문을 던지려면 풍부한 지식과 경험 나아가 한 가지 주제에 대한 집요한 관심이 필요하다는 점입니다. 프롬프트 가이드라인 문서에 나온 몇몇 공식과 예시를 외운다고 될 일이 아니죠. 날카로운 질문을 던지는 일은 자신·상대·이슈·언어 그리고 청중을 동적으로 정렬하는 행위이며, 자신을 사회적·윤리적·과학적 지평에 위치시키는 일이기에 자신과 상대·언어와 정치 담론의 역동적 엮임에 대한 이해뿐 아니라 이를 평가하는 대중에 대한 이해가 필요합니다.

좋은 질문을 던지는 일은 쉽지 않습니다. 생성형 인공지능의 부상으로 인해 새롭게 떠오르는 역량도 아닙니다. 비판적이고 창의적인 질문을 던지는 역량을 키우는 일은 교육이 언제나 지향했지만 공정성에 대한 앙상한 이해와 시험 능력주의에 포획된 한국의 교육에서 무시당하고 억압되었을 뿐입니다. 그래서 저는 학생들에게 종종 너스레를 떨며 농반진반으로 이렇게 이야기합니다.

"좋은 질문을 던지는 법, 제가 알려 드리겠습니다. 책을 비롯한 관련 자료를 두루두루 읽으세요. 관련된 좋은 영상을 보면서 여러 관점을 검토하세요. 이를 기반으로 글쓰기 연습을 꾸준히 하세요. 특정 영역에 대한 폭넓은 지식이 없이 좋은 프롬프트를 상상할 수 없고, 그것을 텍스트로 표현하려는 지속적인 노력 없이 효과적인 프롬프트를 작성할 수 없습니다. '프롬프트 엔지니어링'이라는 개념을 '트릭 몇 개 익혀 변주하기'로 생각하지 마시고, 자신의 삶과 리터러시를 가꾸는 일로 생각해 보세요.

프롬프트는 새로운 장르의 글이고, 프롬프트 엔지니어링은 프롬프트라는 글을 쓰는 일임을 기억하세요. 이 새로운 장르의 글은 그 자체로 기능을 수행하지 않습니다. 프롬프트의 임무는 여러분의 세계와 거대언어모델의 세계를 연결하는 일입니다. 일종의 터널인 셈이지요. 터널을 통해 두 세계의 개념과 생각 들이 오고 갑니다. 그렇기에 여러분의 세계를 풍성하게 만들지 않고서 프롬프트만으로 할 수 있는 일은 많지 않습니다. 프롬프트의 구조와 기능을 공부하세요. 그러나 그 전에 여러분의 지식과 경험·창의성·비판적 관점에 더 깊은 관심을 기울이세요. 프롬프트 몇 개로 해결되는 글이 좋은 글일 리가 없습니다. 글쓰기는 쉽지 않거든요. 오랜 학습과 노동·고민이 필요한 일이니까요. 이 점을 잊지 마세요."

## 프롬프트는 하나의 발화

벌써 '프롬프트 리터러시'라는 말이 쓰이고 있습니다. 리터러시라는 개념어가 코에 걸면 코걸이고 귀에 걸면 귀걸이가 된 지 오래이니 새로운 작명을 비판할 생각은 없습니다. 다만 '리터러시'의 근본 특성으로 상호성·관계성을 계속해서 강조하는 입장에서는 '프롬프트를 잘 만드는 능력'이나 '질문을 잘 던지는 능력'을 과하게 강조하는 풍조는 탐탁지 않습니다. 마치 표현만 잘하면 이해는 따라온다고 선언하는 것 같아서요. 아닙니다. 잘 표현하려면 넓고 깊게 이해하는 일이 먼저입니다.

앞서 논의한 바와 같이 거대언어모델과의 상호작용을 '대화'라는 개념으로 포착하는 것에 비판적인 입장이지만, 그것을 대화라 명명하고자 한다면 대화의 기본이 무엇인지 따져 물어야 합니다. 언어학이나 커뮤니케이션 이론의 관점에서 대화를 정의하는 데까지 나아가지 않더라도, 우리가 경험하는 좋은 대화에 대해 생각해 본다면, '프롬프트만 잘 만들면'이나 '좋은 질문만 던지면'이라는 말이 얼마나 앙상한 제안인지 알 수 있습니다.

상대의 마음을 읽지 않고서도 가능한 대화 따윈 없습니다. 귀담아듣지 않고 좋은 대화를 이어 가기는 불가능합니다. 대화 참여자의 지식과 경험·정서와 유대가 어우러지지 않고 가치 있는 대화를 할 수는 없는 겁니다. 인공지능과의 상호작용을 대화라 부른다면, 대화의 기본으로 돌아가 보는 것이 어떨까요? 인공지능을 부려 먹을 생각만 하는 것이 아니라, 인공지능의 말을 유심히 듣고 비판적으로 평가하고 배워야 할 것이 있다면 마음에 새기는 작업을 해 보면 어떨까요? '경청이 중요하다'든가 '상처 주지 않는 언어를 써야 한다'든가 하는 진부한 이야기를 하려는 것은 아닙니다. 우리는 앞서 프롬프트를 통해 과제를 수행하는 간단한 시나리오에서도 대화에 따르는 다양한 요소들이 역동적으로 개입한다는 것을 확인했습니다. 그 과정에서 자신만 발화하는 것이 아니라 인공지능도 '발화'합니다. 나와 같은 존재는 아닐지라도 인공지능이 생성하는 언어에 마음을 기울이는 일은 도구에게 굴복하는 것이 아니라 자신의 행위를 비판적으로 성찰하며 처음부터 끝까지 모든 과정에 책임지는 주체로 관여하는 일입니다.

## 프롬프트 엔지니어링에서
## 비판적 프롬프트 리터러시로

이상에서 살핀 바와 같이 프롬프팅이 할 수 있는 일은 다양하지만, 프롬프팅에 전적으로 의존하는 읽기-쓰기의 한계 또한 명확합니다. 기계에게 텍스트 요약을 부탁해서 '세 줄 요약'을 읽을 수는 있겠지만, 인공지능의 요약이 텍스트와 깊이 상호작용하는 경험을 대신할 수는 없습니다. 기계에게 어딘가에 제출할 텍스트를 대신 생산하도록 할 수는 있겠지만 그 과정이 자신의 삶과 생각을 분해하고 재조립하고 개념화하여 단어 하나하나로 다시 빚어내는 경험을 대체할 수는 없습니다.

/폭포/를 발음하는 찰나에 '폭'의 /ㄱ/의 꼭대기에서 잠깐 멈추더니, '포'의 /ㅗ/에서 쏴아 하고 떨어지는 물을 느끼는 것, 백석의 「흰 바람벽이 있어」를 음미하며 '가난하고-외롭고-높고-쓸쓸하니'의 순서가 어떤 경험에서 나왔을지 상상하는 것, 산문의 마지막 문장에서 '살아간다' 대신에 '죽어 간다'를 별안간 들이미는 것 모두 기계가 대신해 줄 수 없습니다. 테드 창의 비유를 빌려 조

금 투박하게 말하면, 인공지능을 통한 "흐릿한 읽기"나 "뭉뚱그리는 쓰기"는 가능할지 모르지만, 저자와 자기 사이를 깊게 파고드는 읽기·경험의 박동과 손끝의 떨림을 새기는 쓰기는 불가능합니다. 그래서 던지고 싶은 질문은 이것입니다.

"프롬프팅을 통한 텍스트 생성에는 앞서 말한 것과 같은 빈틈이 있습니다. 그렇다면 프롬프팅으로 인공지능을 통해 텍스트를 생성하는 것이 읽기—쓰기의 '본령'을 저버리는 일은 아닐까요? 우리가 글쓰기에 마음과 정성을 쏟는 것은 생성형 인공지능이 뚝딱 던져줄 만한 텍스트를 만들기 위함이 아니라, 신속한 텍스트 생산의 과정에서 종종 잃어버리는 생각의 결·세심한 느낌·새로운 관점을 찾기 위해서는 아닌가요?"

이러한 맥락에서 저는 '프롬프트 엔지니어링'이 '비판적 프롬프트 리터러시'로 새롭게 정의되어야 한다고 생각합니다. 효과적인 프롬프트를 만드는 역량에 집중하는 리터러시를 넘어, 프롬프트의 효율성을 높이고자 하는 노력이 갖는 근본적 한계를 이해하는 리터러시로 나아가야 합니다. 인공지능 챗봇 시스템에서 '프롬프트'가 갖는 성격을 명확히 이해함과 동시에, 질문을 잘 던지는 역량은 프롬프트를 세공하는 작업이 아니라 삶을 읽어 내려는 매일의 실천에서 자라난다는 것을 이해해야 합니다. 좋은 프롬프트가 굉장히 많은 것을 해결해 주는 것처럼 보이지만, 프롬프팅이 놓칠 수밖에 없는 읽기-쓰기의 정수가 있습니다. 이 점을 기억할 때 우리는 인공지능에 압도당하거나 과도하게 의존하지 않고, 그와 함께 새로운 읽기-쓰기로 나아갈 수 있습니다.

**5**

사람은 기술을 만들고 기술은 사람을 만든다

21세기의 가장 흥미로운 혁신은 기술 때문이 아니라
인간으로 존재한다는 것의 의미에 대한 개념이
확장되면서 일어날 것이다.

　　　　—존 나이스비트[11]

많은 분이 '바로 그 의자'를 알고 있습니다. 하나 더 있으면 작업의 능률이 올라갈 것 같아 들여놓았는데, 써 보니 나쁘진 않지만 반드시 있어야 할 것 같지는 않은, 이내 주변의 물건을 자석처럼 끌어당기며, 얼마 가지 않아 옷더미와 일체가 된 의자. 결국 의자로 들여왔지만 옷걸이가 되어 버린 바로 그 의자.

최첨단 기술 이전에 사물 일반이 지닌 행위자성agency을 설명하려고 자주 사용하는 예입니다. 행위자성은 말 그대로 행동의 주체, 즉 행위자가 가지는 속성입니다. 특정한 행동을 할 수 있는 존재가 지닌 행위 주체로서의 특성들을 가리키지요. 그런데 자기 마음대로 움직이지도, 이동하지도 못하는 의자가 어떻게 행위자성을 지닌다는 말입니까? 무생물에게 인간이나 동물과 같이 의도를 지니고 행동하는 존재의 특성이 있다는 것은 말도 안

되는 일 아닙니까? 하지만 '바로 그 의자'는 마법처럼 옷을 끌어당겨 자신의 몸에 붙이는 행위자성을 분명 발휘했습니다. 이는 의자 제작자의 원 의도와는 관계가 없는, 때로는 의자를 사용하는 사람이 원하지 않는, 특정한 구조를 가진 의자가 거기 있음으로써 생겨난 현상입니다. 의자가 아니라 사람이 한 일일 뿐이라고요? 하지만 아령이나 요가 매트라면 옷걸이로 변신할 가능성은 없었을 겁니다. 의자는 그저 수동적인 존재만은 아닌 것이지요.

이런 면에서 어떤 인공물artifact도 원래의 의도대로 사용될 것이라 가정할 수 없습니다. 의자가 방이라는 공간에 들어와 다른 옷들을 끌어들인 것과 같이, 사물은 다른 사물과의 배치 속에서 '새로운' 속성을 발현합니다. 이 새로운 속성은 사람이 앉아서 쉬거나 일을 할 수 있는 기능 제공이라는 의자의 원래 용도와 거리가 멀죠. 수업 시간 참고 자료로 나누어 준 유인물은 장난치기 좋은 종이 뭉치가 되고, 깔끔하게 코팅된 재활용 가능 학습지는 더운 여름 손부채가 됩니다. 운동을 하려고 사들인 실내 자전거는 온갖 옷들을 빨아들이는 '괴물 마그넷'이 되고, 조용한 독서 환경을 제공하는 도서관의 구석 자리는 누군가의 단골 낮잠 자리가 됩니다. 하드커버 논문의 가장 좋은 기능은 뜨거운 냄비를 받칠 수 있다는 것과 사발면을 익힐 때 뚜껑으로 유용하게 사용할 수 있다는 것 아니겠습니까?

인공지능과 같이 고도화된 기술은 의자와 같은 사물에 비해 훨씬 더 다면적인 특성이 있습니다. 집 안의 옷을 끌어당기는 일보다 훨씬 강력한 행위자성 및 광범위한 효과를 실현하지요. 나아가 그런 속성들은 사회문화적·교육적·경제적·정치적으로 다른 경험을 가진 사람들과 연결되면서 또 다른 양상을 만들어 냅니다. 그런 면에서 미디어와 기술의 내적 속성을 잘 안다고 해서 그것이 사회와 교육에 어떻게 자리 잡을지를 온전히 이해한다고 생각하는 것만큼 어리석게 오만한 것도 없습니다.


사물은 세계와 어떻게 엮일까요? 인간은 주체이고 도구는 객체이며, 인간은 능동적이지만 도구는 그저 수동적이라는 인간 중심의 생각에서 조금만 벗어나면 세상이 새롭게 보입니다. 인간과 기술·도구(사물)의 엮임과 관련해 예전부터 흥미롭게 봤던 것은 동네 천변에 장기판 주변으로 모여드는 노년의 남성들입니다. 보라매공원

근처에 살 때는 이런 분들을 자주 만났는데 지금 동네로 이사 온 뒤로는 그리 자주 보진 못하고 있습니다.

　우선 '장기'라는 게임이 가능하려면 장기판이 필요합니다. 누군가 장기판을 마련하지 않으면 장기를 두려고 모이는 것은 불가능하지요. 아울러 사람들이 모이려면 적절한 공간과 기물이 필요합니다. '도구 없이 사람 없다'고 해야 할까요? 공간은 최소한 두 사람이 장기판을 중간에 두고 편히 앉을 수 있는 곳이어야 하지요. 장기짝은 모두 갖추어져 있어야 하며, 하나라도 없으면 게임을 할 수 없습니다. 장기짝은 각 편당 열여섯 개씩인데 크기가 세 가지입니다. 큰 것·중간 크기의 것·작은 것 중에서 큰 것을 제외한 말들은 그 위에 새겨진 글자로 서로를 구별합니다. 즉 크기가 1차 구분자라면 그 위에 새겨진 글자가 2차 구분자라고 할 수 있습니다. 장기짝의 물성과 그 위의 기호가 결합되어 분류 체계를 이루는 것입니다.

　이처럼 장기판과 장기짝의 물리적 존재는 상징적·문화적 요소와 결합하여 장기라는 게임을 구성합니다. 물론 여기에 인간 신체와의 엮임이 더해져야 장기 두기가 성립하겠지요. 각각의 장기짝은 마음대로 움직일 수 없으며 역사적으로 형성된 규칙을 따라야 합니다. 이 규칙이 명문화되어 있기도 하지만 사람들의 머릿속에 저장되어 있다고 보아도 무방합니다. 이 점에서 장기 규칙은 상징적이고 문화적이며 인지적입니다. 결국 장기는 역사적·문화적 관습을 담지한 물리적 개체와 인간의 장기 기억에 담긴 기호 체계의 변증법적 결합으로서만 존재할 수 있습니다.

야외에서 장기 두기는 날씨의 영향을 크게 받습니다. 비가 세차게 내리면 장기판은 좀처럼 벌어지지 않습니다. 장기판과 장기짝이 비를 맞으면 안 되기 때문이기도 하지만 일차적으로 사람들이 비를 맞기 싫어하기 때문이겠지요. 즉 인간 신체의 특징과 습성에 따라 인공물(장기판)과 자연현상(비) 사이의 관계가 설정됩니다. 기온이 높은 날은 그늘에, 기온이 낮은 날은 햇볕이 잘 드는 곳에 장기판이 위치합니다. 장기판의 위치는 날씨의 직접적 영향을 받는다기보다는 인간 신체의 특성에 의해 매개됩니다.

인간은 장기라는 게임을 만들었지만 이 게임은 다시 인간을 '제어합니다'. 대국을 벌이고 있는 두 사람의 수에 따라서 주변 사람들은 탄식과 감탄 때로는 조롱과 절망을 왔다 갔다 합니다. 침묵 속 숙고는 많은 경우 다른 주변 사람들의 '훈수'를 불러들이며 해당 훈수에 대한 상반된 반응 또한 이어집니다. 훈수를 잘못 두면 싸움이 날 수도 있습니다. 즉 장기라는 게임은 개개인의 두뇌 속에서 다양한 반응을 일으키며, 각자의 언어로 매개될 때 전혀 다른 사건으로 바뀔 수 있습니다.

장기짝을 움직일 때 언어가 수반되기도 합니다. "그럼 이건 어떠신가?" "어이 이러면 외통 아니여?" "졸이니까 뭐 그냥 주고 말지. 많이 잡수셔, 많이." "이거 이거 안 보이나? 허허." "무르는 게 어딨어?" 등등의 말이 오갑니다. 이때 화자의 말은 그냥 나오는 것이 아니라 장기짝을 움직이는 행위와 연동됩니다. 실시간으로 '싱크'sync가 일어나는 것입니다. 이처럼 장기는 신체의 운동뿐 아니라 다양한 크기·높낮이·빠르기의 말과 수시로 엮입니다.

대국이 진행되면서 사람들의 머릿속에서는 갖가지 계산이 이루어집니다. 대국의 성격·대국자의 평판·판돈 등에 따라 관전하는 이들의 감정도 요동칩니다. 장기짝의 움직임은 지식과 경험을 매개로 사람들의 '정서 회로'를 헤집습니다. 이 모든 것은 플레이어와 구경꾼 모두의 심리에 역동적으로 영향을 미칩니다. 흥미롭게도 이 모든 것들이 인간+장기 도구의 역동적인 앙상블에 의해 실시간으로 펼쳐집니다. 장기라고 하는 상징적이자 문화적인 산물·장기판과 장기짝이라는 물리적 도구·이 도구를 이용해 실제로 장기를 두는 사람들·이들의 '짬밥'과 전문성·구경꾼들의 실력·훈수의 (불)가능성·모인 사람들의 친분 정도·판돈의 개입 여부 등이 모두 어우러져 일종의 '장기 커뮤니티' 혹은 '장기-필드'를 형성합니다. 이 느슨한 네트워크는 날씨의 영향을 직간접적으로 받으며 지역의 인구 분포나 사회경제적 특성과 밀접한 연관을 맺고 형성되며 변형됩니다. 그런 의미에서 장기는 대국자뿐 아니라 자연과 사회의 영향을 동시에 받는 경기입니다.

결국 동네를 지나가면서 보는 장기 모임은 그저 몇몇 사람들이 장기를 두려 모인 것이 아니라 장기판·장기짝·대국인·문화적 전승·언어·젠더·정서적 친분·지역의 특성·인구 분포·날씨 조건·적절한 공간과 시간·자본의 개입·우연히 합류한 보행자들·기타 다양한 요소들이 특정 시공간에 배치되고 얽혀 동적으로 발현된 결과입니다. 그저 인간이 장기를 두는 것이 아니라 인간과 장기와 시공간과 언어와 자연이 온통 엮여 시시각각 새로운 세계를 만들어 갑니다.

이상에서는 장기 이야기를 했지만 거의 모든 사회적 상호작용을 이런 관점으로 바라볼 수 있습니다. 장기 두기와 같은 작은 일(누군가에게는 세상 가장 중요한 일!)에도 수없이 많은 요소가 개입하며 개입하는 모든 요소는 독립적이지 않습니다. 원인과 결과가 뒤섞이고 언어와 감정이 뒤죽박죽으로 흘러갑니다. 인간의 몸이 모여들고 운동하며, 물리적인 개체인 장기짝이 움직이고, 사람들의 마음·몸·말이 반응합니다. 멋진 수는 급히 집으로 가려던 사람을 붙잡을 수도 있고, 그렇게 남은 사람의 훈수는 장기판을 뒤집을 수도 있습니다.

장기가 이렇다면 생성형 인공지능은 어떨까요? 글을 써내고, 이미지를 생산하고, 비디오를 만들어 주고, 이 모든 것들을 엮어 내는 기술이 동네 천변이 아니라 일상의 모든 곳에 파고든다면 어떨까요? 인공지능은 그냥 도구이니 갖다가 내 맘대로 쓰면 되는 걸까요? 인공지능은 그저 순순하고 고분고분하며 수동적인 도구일 뿐일까요? 인간은 장기를 둔다고 생각하지만, 장기 또한 인간을 '두고' 있는 것은 아닐까요?

5장에서는 우리의 관심인 리터러시와 관련된 다양한 사물과 도구에 대해 이야기해 보려고 합니다. 글쓰기를 둘러싼 사물과 기술은 우리의 삶과 어떻게 엮일까요? 그 과정을 자세히 살필 때 새롭게 얻을 수 있는 지혜는 없을까요? 무엇보다 그들과 함께 살아가는 우리는 어떤 존재가 되어 가고 있는 걸까요? 저의 삶으로 본 글쓰기와 도구·기술과 몸의 생애사를 통해 이런 질문에 답해 보고자 합니다. 여러분도 스스로 글쓰기의 역사를 돌아보면서 자신과 기술의 관계가 어떻게 변화되었는지를 톺아보실 수 있었으면 합니다.

## 삶과 몸·기술의 엮임
### : 쓰기의 생애사를 중심으로

저는 여전히 손 글씨를 좋아해서 펜으로 짧은 메모를 남기거나 필사를 합니다. 이 책을 쓰려고 수많은 '잡동사니'들을 끄적거렸습니다. 그런 생각의 흔적을 정리하다가 다음 문장을 만났습니다.

저는 지금 펜으로 이 문장을 쓰고 있습니다. 하지만 곧 생성형 인공지능으로 글을 쓰게 될 것입니다.

한참을 바라보다가 이 문장에는 허점이 너무 많다는 것을 깨달았습니다. 특정한 글을 쓰는 데에는 단지 펜과 같은 필기구만 동원되지 않습니다. "펜으로 쓴다"라고 하지만, 펜과 종이로 쓰는 것이죠. 둘이 만나야만 공유 가능한 글씨가 탄생합니다. 손 글씨이니 "손으로 썼다"라고 말할 수 있지만, 팔을 비롯한 몸 전체로 쓰는 것입니다. 여기에서 쓰기는 단지 뇌가 하는 일이 아니라 온몸이 적절한 도구와 결합할 때라야 가능하다는 사실을 알 수 있습니다.

한 걸음 더 나아가 봅시다. 종이에 펜으로 글을 쓴 것은 저입니다. 그런 의미에서 "이 글은 제가 썼습니다"라고 말할 수 있겠지요. 하지만 이런 진술에도 중대한 허점이 있습니다. 저에게 도구가 모두 주어졌다 하더라도 오랜 세월 인류가 만들어 놓은 언어와 의미·개념의 체계가 없었더라면, 무엇보다 문자 체계가 존재하지 않았더라면 쓰는 행위는 불가능했겠지요. 그런 의미에서 "이 글을 얼마 전에 썼습니다"라고 할 수 있지만, 역사적으로 끊임없이 변화한 언어의 역사 위에 올라서서 쓴 것입니다. 그 역사는 펜의 발명·종이의 보급·문자 체계의 형성과 진화 등 기술의 발전과 떼려야 뗄 수 없습니다.

이렇듯 쓰기는 기술과 엮여 변화합니다. 이것은 다시 우리의 신체와 결합하여 다양한 쓰기의 풍경을 만들어 냅니다. 재료와 도구를 바꾸면 쓰기가 달라지고, 다른 신체적 운동·두뇌의 활용이 수반됩니다. 연필로 쓸 때와 타자를 칠 때는 전혀 다른 근육이 사용됩니다. 자세도 달라집니다. 시선의 흐름이 바뀌고 주의를 기울이는 방식이 달라집니다. 호흡이 달라지고 속도가 달라집니다. 쓰기는 그대로 수행하고 도구'만' 바꾸는 일은 불가능합니다. 기술이 바뀌면 감각·운동·생각·느낌·자세가 모두 달라집니다.

이를 기억한다면 종이와 펜에서 타자기로, 워드프로세서에서 생성형 인공지능으로 **도구의 생태계가 변화하면 앞으로 우리가 쓰기를 대하는 태도·읽기와 맺는 관계·사람과 사회와 맺는 관계·필자로서의 정체성이 달라지리라는 점**을 어렵지 않게 이해할 수 있습니다. 쓰는 방식의 변화는 한 사람 한 사람의 몸과 마음을 바꾸고, 사회가 이야기를 짓고 나누는 방식을 바꾸고, 결국 의미를 만드는 존재로서 우리 자신을 변화시킵니다.

### 연필과의 만남

기억을 더듬고 상상의 나래를 펼쳐 연필과 함께한 삶의 궤적을 그려 봅니다. 아마도 연필과의 첫 만남은 쓰기가 아니라 빨기나 물어뜯기·굴리기·두들기기·떨어뜨리기·밟고 미끄덩 넘어지기와 같은 행동, 아니 '사고'와 함께였을 겁니다. 젓가락 비슷하게 생긴 막대기인데 뭔가 좀 다른, 잘못 휘두르다가는 크게 '아야' 하게 될, 그런 녀석이었겠지요. 그랬던 연필이 저의 가장 소중한 친구가 되는 데에는 그리 오랜 시간이 걸리지 않았습니다.

필기구로서의 연필과 본격적으로 만난 건 한글 자모를 배우기 시작했던 때였습니다. 널찍한 정사각형으로 구획된 공책에는 기역·니은·디귿·리을 등의 자음이 연하게 인쇄되어 있었습니다. 이때의 쓰기는 내용을 계획하고·문장 하나하나를 짓고·완성본을 점검하는 일이 반복되는 복잡한 행동이 아닌, 그냥 아무 생각 없이 선을 따라 그리기였지요. 하지만 결과적으로 언어가 만들어졌으니 단순히 '그리기'라고 부르기에는 조금 아쉬운 면이 있었습니다.

쓰기와 그리기가 범벅이 된 시간도 잠시, 가·나·다·라와 같이 자모가 결합한 글자들을 익숙하게 쓰기 시작했고, '사과' '학교' '친구'와 같은 단어들을 써 가며 제가 알고 있던 단어가 종이 위에 또박또박 펼쳐지는 기쁨을 경험했습니다. 처음 '삶' '앓' '듦'과 같은 복잡한 글자를 쓰던 때 손과 눈이 감각했던 생경함이나 '나는 학교에 갑니다'와 같은 온전한 문장을 혼자 힘으로 써 낸 후의 뿌듯함은 아직도 제 몸과 영혼 어딘가에 새겨져 있습니다.

오랜 기간, 저에게 쓰기는 연필을 쥐는 일이 전제되어야 하는 작업이었습니다. 볼펜이나 만년필은 '어른의 세계'에 속한 물건들이었으니까요. 수십 년이 지난 지금, 몸에 완전히 녹아들어 연필을 능숙하게 다루게 된 과정을 복기할 수는 없지만, 처음에는 주먹을 쥐듯 연필을 잡았던 것 같습니다. 도무지 글씨를 쓸 수 없는 모양새로 말이죠. 여러 차례 "그렇게 잡는 거 아니다"라는 꾸중을 들었습니다. 여러분도 같은 시련을 겪지 않으셨나요? 얼마간 단련의 시간 후에야 엄지와 검지·중지로 연필심 쪽 적당한 어딘가를 쥐고, 손가락 끝 근육의 협업으로 글씨를 한 획 한 획 새기고, 약지와 소지로 세 손가락의 노동에 힘을 더하는 법을 차츰 배워 나갔습니다. 시시각각 새로운 글자들이 자신의 형상을 만들어 내는 데 집중하는 동안, 오른손날은 바닥을 쓸어가면서 스윽스윽 자리를 옮겼죠. 묵묵한 성격의 왼손은 종이의 왼쪽 위 귀퉁이를 굳건하게 눌러 안정적인 환경을 만들어 냈고요.

그런데 쓰기에 동원된 건 손만이 아니었습니다. 정자세로 앉는 법도 함께 배웠으니까요. 바닥에 놓인 탁자와 몸의 높이를 맞추고 적절한 다리 모양으로 불편하지 않은 자세를 취해야 했습니다. 조금씩 무너지는 허리를 끊임없이 바로 세우는 연습도 계속되었지요. 그 후에도 오랜 시간 제일 좋아했던 건 철퍼덕 엎어져 엉거주춤 팔로 몸을 지탱하면서, 턱을 바닥에 닿을락 말락하게 들고 삐딱하게 둔 공책에 최대한 빨리 숙제를 해치우는 일이었지만요.


타자기, 전혀 다른 친구

집 안 여기저기에서 부모님이 쓰시던 볼펜과 만년필이 종종 발견되었지만 어린 제게 가장 강렬한 기억으로 남아 있는 것은 기계식 타자기입니다. 평상시에는 보자기나 커다란 수건으로 덮인 채 방구석 낮은 붙박이 나무 책상 위에 놓여 있었지요. 볼펜과 만년필이 연필의 친구였다면, 타자기는 다른 행성에서 온 외계인과 같은 느낌이었습니다. 초중등학교에서 행정 일을 하시던 아버지께서 학교의 업무 처리나 개인적인 글쓰기를 위해 사용하시곤 했는데, '글자를 종이에 새긴다'는 최종적인 목표는 같았지만, 종이와 연필을 사용해 텍스트를 생산하는 것과는 전혀 다른 사용법을 익혀야 하는 '신문물'이었습니다.

수동 타자기 쓰는 법을 배우면서 처음 익혔던 건 종이를 타자기에 넣는 일이었습니다. 한자어로는 '급지'라고 했지요. 타자기에는 키가 배열된 쪽이 있고 종이가 말려 들어가는 쪽이 있는데, 후자를 '나르개'라고 부릅니다. 타자를 치면 글자 간격에 맞추어서 종이가 왼쪽으로 조금씩 이동하게 되죠. 나르개 안쪽으로 육상 계주에서 사용하는 바통과 같은 형태의 봉이 있는데, 여기에 종이를 적절하게 끼워 고정해야만 안정적으로 타자를 칠 수 있습니다. 종이나 연필을 사용한다면 손이 담당할 일을 나르개 및 여러 부품이 담당합니다. 또한 여백도 맞추어야 했습니다. 한글이나 마이크로소프트 워드 프로그램에서 페이지 여백 설정을 해 주는 일을 물리적으로 직접 하는 겁니다. 별것 아닌 것 같은데 처음에는 원하는 여백을 정확히 설정하는 일이 쉽지 않았습니다.

아버지께서 타자를 치실 때 저는 강렬한 불꽃에 장작이 타는 듯한 타이핑 소리·글자가 라인의 끝에 다다랐을 때 나던 경쾌한 '띵' 소리·아울러 수동 레버를 당겨 줄 바꿈을 할 때 나는 빠른 '드르르르륵' 소리를 듣는 일이 가장 즐거웠습니다. 연필로 글을 쓸 때는 절대 경험할 수 없는 소리였거든요. 처음 타자기를 다루도록 허락받았을 때 그냥 아무 키나 마구 눌러서 줄의 끝에 도착해서 '띵' 소리를 듣고 '드르르르륵' 다음 줄로 넘어갔던 기억이 남아 있네요. 타자기가 쓰기의 도구가 아닌 환상적인 사운드 이펙트 제조기로 변신하는 순간이었습니다.


타자기에서 컴퓨터 워드프로세서로

안타깝게도 타자기와의 인연은 깊어지지도 오래 지속되지도 못했습니다. 타자기는 기본적으로 아버지의 소유물이었고, 학생이었던 제게 필수적인 도구도 아니었으니까요. 노트와 펜을 사용하여 글을 쓰는 습관에 큰 변화를 겪은 건 학부 때 워드프로세서를 만나면서부터였습니다. 처음 사용한 소프트웨어는 한글과컴퓨터의 한글 도스용 3.0이었는데요. 지금에 비하면 인터페이스가 단순하고 정겨웠(?)죠. 한글 프로그램 중에서는 위지윅WYSIWYG; What You See is What You Get, 즉 화면에 보이는 대로 결과물이 편집되는 인터페이스를 처음 구현한 버전으로서 새 문서를 열면 이름이 'NONAME01' 'NONAME02' 등으로 설정되었던 기억이 납니다.

기능은 화려하지 않았지만 처음 써 본 워드프로세서는 완전히 새로운 세상을 열어 주었습니다. 제가 농담 삼아 인류가 이룬 최고의 디지털 혁신이라고 부르는 '복붙' 즉 'Ctrl+C·Ctrl+V'의 세계가 열렸기 때문이었죠. 텍스트를 복사하거나 잘라서 원하는 자리에 붙여 넣거나·문단의 위치를 바꾸거나·필요 없는 부분을 삭제하거나·문장의 중간중간에 새로운 표현을 넣을 수 있다는 건 글쓰기의 혁명이었습니다. 이는 편리뿐만 아니라 작문 과정의 큰 변화를 가져왔고, 글쓰기를 대하는 태도에도 큰 영향을 미쳤습니다. 펜으로 글씨를 쓸 때와 몸의 움직임이 달라지는 것은 말할 것도 없고요.

현재 생성형 인공지능이 읽고쓰는 일에 미칠 여파가 곳곳에서 논의되지만, 사실 워드프로세서의 출현이 글쓰기에 준 영향에 대해서는 자세히 논의되지 못했습니다. 독자들 중에는 워드프로세서를 사용하지 않고 긴 글을 써 본 적이 없는 분이 많겠지요. 그렇기에 '구식' 글쓰기와 워드프로세서 활용 글쓰기를 비교할 기회도 거의 없었을 테고요. 하지만 조금만 생각해 보면 전통적인 종이–펜 글쓰기와 워드프로세싱은 글쓰기에 대한 태도·글쓰기 수행 과정·수정과 퇴고를 크게 바꾼다는 것을 이해하실 수 있을 겁니다.

모두 같은 변화를 겪는 것은 아니지만 워드프로세서로 글을 쓰는 경우 가장 크게 달라지는 점은 계획 단계에 들이는 시간이 크게 줄어든다는 것입니다. 손 글씨로 원고를 작성해야 한다면 자세한 계획을 세워야 합니다. 공식 과제나 기업 및 관공서의 문서 작성이라면 계획이 더더욱 치밀해야겠지요. 하지만 워드프로세서를 사용하면 그렇게까지 세심하게 계획할 필요가 없어집니다. 글의 방향이 조금 삐끗하거나 마음에 안 드는 문장을 썼거나 맞춤법 등을 틀렸다 해도 손쉽게 수정이 가능하니까요. '일단 시작하고 나중에 고쳐'라고 말할 수 있게 된 겁니다.

2000년대 초, 원고지에 작성된 학위논문 몇 편을 본 적이 있는데요. 마치 조선 시대의 골동품을 보는 느낌이었습니다. '그래도 수정 테이프로 고친 부분들이 꽤 있겠지'하는 심술궂은 생각에 한 쪽 한 쪽 넘겨 보는데, 놀랍게도 고친 곳이 거의 없더라고요. '어떻게 이럴 수가 있지?' 싶었습니다. 이후 작문 과정에 대한 공부를 하고 직접 긴 글을 쓰는 경험을 쌓으면서 깨닫게 된 건, 원고지에 오류 없이 쓰려면 전체 논문의 구조와 전개에 대해 디테일한 계산이 필요하다는 점 나아가 문장을 시작하면서 어떤 방향으로 문장을 끌고 나갈지 미세한 계획을 세우고 이를 오류 없이 실행하기를 반복해야 한다는 점이었습니다. 다시 말해 거시적인 측면뿐 아니라 미시적인 측면에서도 치밀한 계획이 선행되어야 한다는 것이었지요.

이는 자유로운 편집을 가능케 하는 워드프로세서를 사용하는 상황과 대조됩니다. 얼마든지 문장과 구조를 수정할 수 있는 디지털 편집에서는 원고지에 논문을 작성하는 경우만큼 빡빡하게 계획을 세울 필요가 없습니다. 과도한 수정 작업을 미연에 방지하려면 전체 방향과 구조를 어느 정도 결정해 두어야 하지만, 초안을 얼마든지 수정할 수 있습니다. 이는 계획에 들이는 시간을 줄여 주고, 이후 수정과 보완에 쓸 시간을 벌어 줍니다. 원고지에서는 한 문장을 완성하지 못하면 다음 문장으로 나아갈 수가 없지만 워드프로세서에서는 얼마든지 가능하지요. 중간중간에 미완성 원고를 남겨 둘 수도, 기억해야 할 포인트를 메모해 놓을 수도, 대략의 키워드만 던져 놓을 수도, 추후 고쳐쓰기를 할 다른 필자의 문장을 가져다 놓을 수도 있습니다.

이것은 앞에서 언급한 복사하기·잘라내기·붙여넣기·이동하기·삭제하기 등을 가능케 한 디지털 기술로 인해 파생된 차이입니다. 이런 차이는 글쓰기의 계획·실행·수정·퇴고·유통 등 모든 영역에 지대한 영향을 미칩니다. 자연스럽게 쓰기라는 행위 자체에 대한 이해·태도·정서·전략·윤리적 기준 등이 변합니다. 이 모든 것이 변화한 뒤의 쓰기·디지털 기술로 중재된 쓰기는 전통적인 아날로그 쓰기와 같을 수 없습니다. '쓴다'는 표현은 그대로 남아 있지만 전혀 다른 쓰기를 지칭하게 됩니다.

## 기술을 바라보는 세 가지 관점

기술과 사회·리터러시와 학습의 교차점을 오랜 시간 연구한 미국 캘리포니아주립대학교 어바인캠퍼스의 마크 와샤워는 컴퓨터를 활용한 언어교육의 역사에서 세 가지 큰 흐름이 있었다고 말합니다. 첫 번째는 결정론적 견해입니다. 컴퓨터를 비롯한 기술이 학습에 통합되면 일정한 결과가 자동적으로 도출된다는 관점입니다. 지금 돌아보면 순진한 기술결정론의 산물이라고 볼 수 있습니다. 기술을 둘러싸고 있는 환경이나 사용자들에 대해 생각하지 못하고, 기술 자체를 과신하는 태도에서 나왔기 때문입니다. 특정 기술이 특정한 결과를 보장한다면, 생성형 인공지능이나 기계번역을 사용하는 모든 학습자는 비슷한 학습 효과를 거두어야 할 것입니다. 기업이나 정부 부처도 마찬가지이겠지요. 이는 사실과 거리가 멉니다. 누가 어떤 환경에서 어떤 목적으로 사용하느냐에 따라 서로 다른 결과가 나오고, 이 결과는 사회경제적·제도적 요인에 의해서 다른 평가를 받게 되니까요.

두 번째는 도구적 관점입니다. 기술은 사용자가 자

신의 의도와 목적에 맞게 갖다 쓸 수 있는 도구라는 것입니다. 컴퓨터 기술은 가위나 드라이버·책상과 빔프로젝터와 같이 하나의 도구이며, 이를 어떻게 사용하는지가 그 효과를 결정한다는 견해죠. 이는 컴퓨터 기술 자체에 대한 과도한 관심을 거두고 인간의 도구 활용 방법에 초점을 맞추었다는 점에서 진일보했지만, 인간과 기술의 상호작용은 언제나 사회적·문화적·제도적·정치적 맥락 아래 일어난다는 점을 간과했다고 볼 수 있습니다. 또한 인간은 단지 기술을 사용하기만 하는 것이 아니라 기술에 의해 빚어져 간다는 점을 점을 드러내지 못하는 약점이 있습니다. 예를 들어 봅시다. 독자 여러분은 늘 특정한 목적과 의도를 가지고 스마트폰을 사용하시나요? 야채를 볶으려 프라이팬을 꺼내거나 못을 박으려 망치를 꺼내듯 주머니에서 스마트폰을 꺼내시나요? 아닐 겁니다. 우리는 스마트폰을 활용하기도 하지만, 스마트폰에 몸과 마음이 길들여지기도 하지요. 스마트폰은 그저 필요할 때 쓰는 도구를 훌쩍 넘어선 존재가 되었습니다. 앞에서 살펴보았듯이 의자마저 행위자성을 어느 정도 발휘한다면, 수많은 기능과 편의를 제공하는 스마트폰이 순순히 인간의 의도대로만 움직일 리가 없지요!

세 번째 관점은 앤드루 핀버그가 제안한 '비판적 기술 이론'에 기반한 비판적 접근법입니다. 와샤워에 따르면 비판적 접근은 "기술을 새로운 도구나 정해진 결과가 아니라 다양한 사회적 힘이 등장하는 한 장면으로 간주"한다는 점에서 위의 두 관점과는 다릅니다. 예를 들어 봅시다. 지금은 '인터넷'이라고 불리는 월드와이드웹 및 관련 기술 설계의 주역인 팀 버너스 리는 웹이 모두에게 평등하게 열려 있는 민주적 공간이 되기를 바랐습니다. 그의 비전에 환호한 이들은 인터넷을 자유로운 정보의 공유와 투명한 커뮤니케이션을 위한 도구로 활용하려 애썼죠. 댓글 달기·타인의 글을 링크로 삽입하기 등 다양한 의견이 오갈 수 있도록 하는 상호작용적 설계들을 제안했고요.

그런데 지금의 인터넷 공간이 이런 기술의 가능성을 실현하고 있을까요? 그렇지 않습니다. 리는 여러 인터뷰를 통해 현재의 웹이 처음 자신이 꿈꾸었던 방향과 다르게 흘러가고 있음을 인정했습니다. 그런 가운데에서도 그가 「웹을 위한 계약」Contract for the Web 등의 선언을 통해 더 나은 인터넷을 만들고자 계속 행동하고 있는 점은 존경스럽지만, 이미 웹은 선의를 가진 사람들이 그리는 모습에서 멀어진 지 오래입니다. 웹이 온갖 욕망과 이권·권력이 득실대는 공간이 되는 데에는 그리 오랜 시간이 걸리지 않았죠.

요약하면 세 관점은 기술·사용자·사회를 중심에 놓고 논의를 전개합니다. 결정론적 관점이 기술의 특징과 기능·영향력 그리고 기술 자체가 만드는 변화에 주목한다면 도구적 관점은 기술 사용자의 의도·목적·역량에 무게를 두면서 '슬기로운 기술 활용'을 제안합니다. 비판적 관점은 기술의 도입이 추동하는 문화적·경제적·정치적·제도적·교육적 힘을 다각도로 검토하며 기술과 사회의 관계를 탐구합니다.

저는 기술을 이해하고 분석하는 데 러시아의 발달 심리학자 레프 비고츠키의 중재mediation 개념을 차용하고 이를 비판적으로 재구성하는 작업을 해 왔습니다. 비고츠키는 심리학에서 가장 중요하게 다뤄야 할 사실이 바로 중재라고 주장하기도 했죠. 이는 심리학의 중심을 인간 그 자체에 대한 탐구에서 인간과 중재 도구의 결합과 상호작용으로 이동해야 한다는 함의를 담고 있습니다.

저명한 비고츠키 연구자 제임스 W. 워치에 따르면 이전의 학자들이 기술적 도구technical tools에 주로 관심

을 가진 반면 비고츠키는 심리적 도구psychological tools
로서 작동하는 기호sign에 관심이 많았습니다. 비고츠키
의 이론에서 기호는 언어·다양한 계산 체계·기억술·대
수 기호 체계·예술 작품·글쓰기·도식·도표·지도·기계
도면·다양한 관습적 기호 등을 모두 포함합니다. 생성
형 인공지능의 확산에 따라 이들 기호 체계가 이루는 개
인적·교육적·사회적 생태계는 급속히 변화하고 있습니
다. 이는 다시 우리의 마음과 태도 나아가 윤리적 감각을
변화시키고 있지요. 이러한 측면에서 기호와 상징의 중
재를 강조하며 인간과 중재를 엮어 하나의 분석 단위로
삼는 비고츠키의 인간관은 생성형 인공지능 기술을 이
해하는 데 강점이 있습니다. 아울러 앞서 살펴본 결정론
적·도구적·비판적 관점을 더욱 풍부하고 깊이 있게 조
망할 수 있는 이론적 틀을 제공합니다.

　　이어지는 글에서는 중재의 개념을 살펴보고 여러
예시를 통해 이를 다각도로 이해하는 방법을 논의합니
다. 나아가 디지털 리터러시의 맥락에서 중재의 개념을
정교화한 존스와 해프너의 개념틀을 통해 중재로서의
생성형 인공지능을 분석적으로 이해합니다.

## 중재의 개념

아침에 어떻게 일어나시나요? 저는 주로 휴대전화 알람을 활용합니다. 자기 전에 수면 시간과 다음 날 일정을 고려하여 시간을 맞춰 놓습니다. 여러분도 비슷한 방법을 사용하시겠지요. 이 작은 예시에 인간이 삶을 꾸려 나가는 작지만 놀라운 비밀이 들어 있습니다. 인간은 특정한 중재mediation를 통해 자연과 사회에 영향을 미치게 됩니다. 제가 알람이라는 도구를 활용해 저의 기상에 영향을 미치듯 말이죠.

중재의 개념을 이론화하고 교육학과 심리학·언어 발달의 주요한 연구 주제로 만든 사람은 바로 러시아의 발달심리학자 레프 비고츠키입니다. 그의 생각을 기반으로 마이클 콜 박사는 [그림1]의 삼각형을 중재의 기본적인 도식으로 제시했습니다.

비고츠키의 중재 개념을 간략하게 표현한 이 도식은 삼각형 모양으로 세 꼭지점을 포함합니다. 먼저 주체subject가 있고 이것은 특정한 대상object에 영향을 끼치려고 행동합니다. 여기에는 인공물artifact이나 도구tool

## [그림1] 중재 도식[12]

가 개입합니다. 이런 의미에서 도구는 인간과 세계를 중재합니다. 예를 들어 건축 노동자가 드릴을 가지고 벽에 나사를 박는다고 해 봅시다. 이때 노동자는 주체이고 나사와 못은 대상이 됩니다. 그런데 손으로 나사를 박을 수는 없습니다. 설령 가능하다고 해도 상해를 입게 될 가능성이 무척이나 크지요. 이때 인간과 대상 사이에 개입하는 것, 즉 드릴은 중재 도구mediational tool가 됩니다.

　주위를 둘러보면 우리는 중재된 세계에 살고 있습니다. 다양한 중재들이 빽빽하게 삶을 지탱하고 있지요. 예를 들어 지금 저는 제 생각을 펼쳐 내려고 언어라는 상징적 중재와 컴퓨터와 키보드 및 스크린이라는 물리적 중재·워드프로세서라는 디지털 중재에 의존하고 있습니다. 제가 글을 쓰는 주체이지만 이 모든 중재가 없이 글이 생산될 수 없습니다. 출근할 때 지하철이나 버스를 타고, 친구와 약속을 잡을 때 메신저를 사용하고, 수업을 진행할 때 파워포인트를 비롯한 다양한 디지털 도구를 사용하는 것 모두 중재의 예라고 할 수 있습니다.

우리는 이렇게 다양한 중재 도구를 통해 다양한 행위를 합니다. 그 행위는 특정한 목표를 지향하고요. 허기를 채우느라 밥을 먹는 데 숟가락과 젓가락을 사용하고, 친구들과 즐거움이나 정서적인 교감을 나누려고 이모티콘을 사용하고, 계산의 효율을 높이려고 다양한 소프트웨어나 통계 패키지를 동원하며, 영문법의 체계를 설명하려고 '현재완료'와 같은 개념을 활용합니다.

어떤 중재는 사회와 문화를 떠받치는 토대가 됩니다. 대표적인 것이 표준화된 시간입니다. 1년을 대략 365일로·하루를 24시간으로·1시간을 60분으로 나누는 것, 런던을 기점으로 하는 그리니치 표준시를 기준으로 삼아 전 세계의 시간대를 나눈 것, 이에 따라 각국의 로컬 시간을 GMT+ 해당 지역의 경도값 × 24/360으로 정한 것은 단순히 표준적인 시간 제정 이상의 의미를 지닙니다. 이들 기준 아래 기업과 학교가 운영되고, 경제와 군사 체계가 작동합니다. 임금노동 또한 시간을 기준으로 가치가 산정되지요. 병원과 공장·공항과 철도·군대와 감옥 모두 표준 시간에 따라 운영되고 관리됩니다. 회의 시간을 정할 때·약속을 잡을 때·자신을 위한 계획을 세울 때마저 시간이 동원됩니다. 그런 의미에서 표준화된 시간은 문명의 백그라운드에서 인간의 일거수일투족을 매개하는 가장 강력한 중재라고 볼 수 있습니다.

도구에는 크게 물리적 도구와 상징적 도구가 있습니다. 삽이나 펜·키보드와 컴퓨터·거울과 옷장 등은 물리적인 도구입니다. 아마도 현재 사용되는 물리적 도구 중 리터러시 활동과 가장 큰 연관을 맺고 있는 것은 컴퓨터와 스마트폰·번역기나 생성형 인공지능 등 다양한 디지털 자원일 것입니다. 이에 비해 한국어나 영어와 같은 자연언어와 파이썬이나 자바 및 C++와 같은 프로그래밍 언어·'민주주의'나 '기후정의' 및 '자유와 평등' 등의 학문적인 개념은 상징적인 도구입니다. 리터러시 활동과 관련된 대표적 상징적 도구에는 문자가 있겠고요. 이 외에도 기업과 교육기관에서 시행하는 다양한 활동은 중재의 예라고 할 수 있습니다. 학교에서 학습 효과를 높이려고 모둠별 활동을 진행하거나 기업에서 상품 판매를 위해 시행하는 마케팅 캠페인을 예로 들 수 있습니다.

## 기술은 연결하면서 단절한다

모든 매체에는 의사소통의 측면에서 고유의 변증법이 있다. 즉 매체는 그 매체를 통해서 소통하는 것들을 연결하고 분리한다. 덧붙여 말하자면 **바로 이 변증법이 매체medium라는 개념의 정확한 의미**이다. 그러나 정보 전달의 과정에서 그것의 **존재가 망각되는 매체들**(이른바 면대면 매체)이 있다. 예를 들어 원형 탁자에서 대화를 할 때, 이 탁자의 존재는 잊히고 나아가 우리가 그것을 통해 말을 하고 있는 공기의 존재도 잊힌다. 그러니까 우리는 몸이 서로 닿지 않는데도 **직접적 의사소통을 하고 있다는**—언제나 잘못된—**인상을 받는 것**이다. 이런 인상이 잘못인 이유는, (모든 분석을 회피하는 신비적 합일의 경우를 제외하고는) 직접적 소통이란 존재하지 않기 때문이다.

　　　—빌렘 플루서[13]

위의 인용구는 인간과 사회를 잇는 중재의 대표적 예인 매체에 대한 플루서의 탁월한 접근을 보여 줍니다. 먼저 매체는 우리를 이어 주는 역할을 하지만 동시에 어떤 부분을 단절시킵니다. 일상의 언어로 표현하자면 좋기만 한 매체는 존재하지 않는다는 것이죠. 이는 기술 일반에 적용됩니다. 연결하면서 동시에 단절하고, 특정한 측면을 가능하게 함과 동시에 다른 측면을 불가능하게 만드는 것. 이것이 기술과 매체의 속성입니다. 플루서는 이 '연결─단절'의 긴장과 변증법을 이해하는 것이 기술과 매체를 분석하는 데 기본이 되어야 한다고 주장합니다.

플루서의 지적을 무겁게 받아들여야 하는 이유는 커뮤니케이션이 항상 중재된다는 것을 종종 잊기 때문입니다. 아서 클라크의 말처럼 "충분히 발달한 기술은 마법과 구별할 수 없습니다." 기술을 사용하면서도 그게 기술이라는 생각을 하지 못하는 것이지요. GPS는 1973년 처음 발명되었는데요. 당시의 사람들이 타임머신을 타고 2024년 현재로 온다면 자동차의 GPS 안내 시스템이 말 그대로 마법이라고 생각할지도 모를 일입니다.

이처럼 마법과 같이 투명하게 삶을 중재하는 대표

적인 도구가 언어입니다. 멀티미디어와 인터넷이 없는 강의실에서 우리는 '그 어떠한 기술의 도움도 받지 않고' 수업을 진행한다고 생각하면서, 인류가 가장 오랜 시간 발달시킨 언어라는 기술이 작동하고 있음을 인지하지 못합니다. 음성 언어와 문자 언어야말로 인간이 가진 가장 근본적인 기술인데 말입니다. 그렇기에 기술에 대한 이해는 사용자가 인지하는 도구에 대한 분석이 아니라 투명함 속으로 존재를 숨겨 버린 '마법'에 대한 분석에서 시작해야 합니다.

## 중재로서의 기술을 바라보는 다섯 가지 관점

제가 언어교육과 기술의 관계에 대한 강의 첫 시간에 가장 강조하는 것은 기술을 문제에 대한 해법solution으로 보지 말고 삶과 관계를 바꾸는 중재로 보아야 한다는 것입니다. 기술을 문제에 대한 해법으로 보는가 아니면 사회현상의 특정 측면을 역동적으로 바꿀 중재 도구로 보는가는 특정한 기술을 이해하려는 여정에서 갈림길과도 같습니다. 특정한 문제는 기술적 선택에 의해 완전히 '용해'*되어 사라지지 않습니다. 기술에 의해서 변화한 맥

---

\* 흔히 '해법'으로 번역되는 영어 단어 'solution'의 또 다른 의미.

락은 그 내부에서 이전과는 다른 문화와 소통 방식·갈등과 가능성을 만들어 내기 때문입니다. 다시 말해 기술 자체를 신뢰하는가 아니면 기술을 운용하는 사람들의 삶과 문화 속에 담겨 있는 기술의 모습을 그려보는가에 따라 기술에 대한 태도가 완전히 바뀔 수 있습니다.

『디지털 리터러시의 이해: 실용적인 개론』의 저자인 로드니 존스와 크리스토프 해프너 또한 기술을 중재로 파악합니다.[14] 앞서 살핀 비고츠키의 중재 개념을 중심에 놓고 '신체의 확장'으로서 미디어에 대한 날카로운 통찰을 제공했던 마셜 매클루언의 견해를 어느 정도 받아들인 관점으로 볼 수 있습니다. 존스와 해프너에 따르면 기술적 중재는 어떤 문제를 완벽하게 해결하는 것이 아니라 기술의 특성·그것이 놓이는 사회문화적/정치경제적 맥락·그것을 사용하는 사람들 사이의 관계 등에 따라서 고유한 기회와 제약을 형성하게 됩니다. 기술이라는 동전의 양면을 모두 파악하려 한다는 점에서 플루서가 말한 '변증법적 성격'과 일맥상통하는 대목입니다.

『디지털 리터러시의 이해』에 따르면 기회와 제약은 대략 다음의 다섯 가지 측면에서 살펴볼 수 있습니다.

① **실천하기** 해당 기술은 무엇을 할 수 있게 하는가? 또 어떤 일들을 할 수 없게 하는가?

② **의미하기** 해당 기술은 어떤 의미 생산을 가능하게 하는가? 또 어떤 의미를 만들지 못하도록 하는가?

③ **관계 맺기** 해당 기술은 어떤 관계를 가능하게 하는가? 어떤 관계를 어렵거나 불가능하게 하는가?

④ **사고하기** 해당 기술은 어떤 사고를 만들어 가는가? 어떤 사고를 저해하고 가능성을 막는가?

⑤ **존재하기** 해당 기술과 엮이는 우리는 어떤 존재가 되어 가는가? 어떤 존재가 될 수 없게 되는가?

이 다섯 개념을 기술에 본격적으로 적용하기 전에 일상에서 매일 사용하는 중재 도구인 교통수단에 적용해 봅시다. 저는 대중교통으로 출퇴근합니다. 지하철과 버스를 주로 이용하는데요. 지하철은 이동 시간을 산정하는 데 가장 뛰어납니다. 사고가 없다면 정해진 시간에 가고자 하는 역에 저를 데려다 주지요. 하지만 제가 늘 타는 노선은 대부분이 지하로 연결되어 있어 밖이 보이지 않습니다. 창밖으로 보이는 계절과 날씨의 변화를 거의 다 놓치게 되는데요. 하늘과 구름·나무를 보면 편안해지는 제게는 상당히 아쉽습니다. 이에 비해 지상으로 운행하는 버스는 창밖 풍경을 감상하기에 좋습니다. 오가는 사람들과 멋진 간판을 보는 맛이 있지요. 그렇지만 지하철에 비해 많이 흔들리는 편입니다. 서서 책을 보는 건 위험하고 한 손으로 휴대전화를 보는 것도 다른 한 손으로 손잡이를 잡아 안전을 확보했을 때라야 가능합니다. 교통량에 따라 소요 시간이 들쭉날쭉하다는 것 또한 지하철과 비교되고요. 이렇게 보면 '지하철이 더 좋다'라거나 '버스가 더 좋다'고 딱 잘라 말할 수 없습니다. 거리가 멀어 두 교통수단을 모두 사용해야 하는 경우도 적지 않고요.

모든 사람이 지하철을 손쉽게 이용할 수 있는 것은 아니라는 점을 잊지 말아야 합니다. "막히면 지하철 타!"는 서울·부산·대구·인천·광주·대전 등의 시민 그것도 소위 '역세권'에 사는 분들에게만 허락되는 사치스러운 말입니다. 나아가 버스든 지하철이든 비장애인 중심으로 운행이 되고 있죠. 일례로 2023년 전국의 저상버스 도입률은 대략 33퍼센트 정도입니다. 다수의 장애인에게 대중교통은 접근 불가능하거나 불편하기 짝이 없는 교통수단입니다. '대중'교통에 접근할 수 없다니, 이런 모순적이고 차별적인 일이 또 있을까요?

## 기술 혹은 매체 비판적으로 보기

이번에는 하나의 중재 도구를 선택하고 존스와 해프너의 다섯 가지 기준을 적용하고 해당 매체를 다각적으로 검토해 봅시다. 교과서에 적용해 볼까요? 교과서는 어떤 기술입니까? 현재의 교육 상황을 고려할 때 교과서가 지닌 기회와 제약은 무엇입니까? ①교과서는 무엇을 할 수 있게/없게 만듭니까? (**실천하기**의 문제) ②교사와 학생의 입장을 모두 고려할 때 교과서는 어떤 의미 표현을 가능하게 하고 또 어떤 의미 표현을 제약합니까? (**의미하기**의 문제) ③교과서를 통해 어떤 관계들이 만들어지고 있습니까? 교과서가 핵심적인 중재 도구가 될 때 교사와 학생·학생과 학생 간의 관계는 어떻게 변화합니까? 교과서라는 매체를 통해 맺기 힘든 관계는 무엇입니까? (**관계 맺기**의 문제) ④교과서를 통해 우리는 어떤 사고를 하게 됩니까? 교과서를 읽는 중에 우리의 머릿속에서 일어나는 일은 무엇입니까? 이것은 어떤 생각을 가능케 하고 어떤 사고를 차단합니까? 나아가 어떤 정서적 반응을 일으키거나 제한합니까? (**사고하기**의 문제) ⑤교과서를 사용하는 우리는 어떤 존재가 되어 갑니까? 혹은 되지 못합니까? 교과서와 '결합'한 학생들은 어떤 정체성을 갖게 됩니까? 그런 정체성은 어떤 중재 도구로 보강하거나 변화시킬 수 있습니까? (**존재하기**의 문제)

　나아가 교과서라는 매체를 역사적이며 사회적으로 볼 수도 있을 것입니다. 각기 다른 시대를 거치며 교과서라는 매체의 사회정치적 성격은 어떻게 변했습니까? 동영상과 멀티미디어·웹툰의 시대에 교과서의 성격은 어떻게 변하고 있습니까? 교과서의 어떤 면이 현재의 매체 환경과 갈등하고 충돌합니까? 지금 중고교 학생들의 삶에서 교과서는 어떤 의미를 갖습니까? 그들은 언제 교과서를 찾습니까? 또한 교사들에게 교과서는 무엇이고 무엇일 수 있습니까? 교과서는 교사들의 역량을 어떻게 발현하고 제한합니까? '교과서를 갖고 하는 공부는 이래야지'라며 당연시되는 교과서라는 매체의 성격을 뒤집을 수 있는 실천은 무엇입니까? 무엇보다 교과서는 다른 중재 도구와 어떻게 결합하여 확장되어야 합니까? 이 시대에 교과서는 정말 필요한 교육 매체입니까?

## 교육에서의 중재 1 : 파워포인트를 이용한 수업

이제부터는 중재에 대해 깊이 살핍니다. 세계는 중재로 가득하지만 저와 독자 여러분 모두에게 익숙한 교육의 영역, 그중에서도 파워포인트와 기계번역에 집중합니다. 이를 통해 우리의 경험과 중재의 개념을 유기적으로 연결하고, 여러 중재 도구를 다면적으로 이해할 수 있을 것입니다.

학교교육에서 가장 빈번히 동원되는 중재 도구 중 하나는 아마도 파워포인트 자료일 것입니다. 따라서 파워포인트가 형성하는 교실의 역학을 숙고해 보는 것은 더 나은 수업을 만드는 데 필수입니다.

저는 대면 수업에서 파워포인트를 자주 사용하지 않는 편입니다. 학생들이 제 말에 집중하길 바라서인데요. 학생들과 지속적으로 교감하고 서로의 얼굴을 살피면서 수업하길 바랍니다. 파워포인트는 정보를 가지런히 정리해 주는 장점이 있지만 대면 상황에서 가장 풍부하고 역동적인 정보를 전달하는 인간의 얼굴에서 슬라이드로 학생들의 주의를 옮긴다는 단점 또한 지니고 있습니다.

파워포인트는 기본적으로 문장과 문단으로 이루어진 텍스트와 대비됩니다. 흔히 '줄글'이라고 말하는 매체는 완성형 문장의 집합이지만 파워포인트에서는 문장보다 간단한 어구가 선호됩니다. 또한 시각 정보의 비중이 높습니다. 어떤 이미지와 디자인을 활용하느냐가 매우 중요하지요. 아울러 한 페이지에 들어가는 정보의 양은 최소로 하는 것이 좋습니다. 기본 템플릿은 제목·목록형 텍스트 혹은 제목·이미지·텍스트인데, 이 템플릿을 사용하려면 정보를 그에 맞추어 구조화해야 합니다. 매체의 전형적인 구조에 맞게 전체 흐름과 개별 페이지를 구성해야 하는 것입니다. 당연히 논문이나 칼럼을 쓰는 것과는 다른 생각 및 표현 과정이 수반됩니다. 결론적으로 파워포인트는 다른 미디어와는 다른 내용과 구조·사고를 요구합니다. 그러나 특정 기술이 갖는 내재적 특성을 파악하는 것은 교육과 기술의 관계를 사유하는 출발점일 뿐입니다. 더욱 중요한 것은 기술이 어떻게 작동하는가 그리고 인간과 어떻게 상호작용하느냐이기 때문입니다.

TED를 책임지고 있는 크리스 앤더슨에 따르면 강연에서 청중은 전형적으로 두 가지 인지적 아웃풋을 접합니다. 두 가지 채널을 통해 연사의 발표를 경험하게 되는데요. 하나는 시각 다른 하나는 청각입니다. 파워포인트와 같은 별도의 시각 자료가 없을 때 청중들의 주의는 하나의 대상, 즉 발표자에게 집중됩니다. 하지만 파워포인트가 등장하는 순간 그들의 시선은 파워포인트로 향하고 귀로는 강사의 설명을 듣게 됩니다. 인지 채널이 둘로 갈라지는 것입니다. 훌륭한 프리젠테이션이라면 두 채널의 정보가 유기적으로 통합됩니다. 말과 슬라이드가 서로를 방해하지 않고 협력하며 서로의 강점을 살리는 것입니다. '이번 수업에서는 모든 학생들이 나의 프리젠테이션에 빨려 들어오는 듯했다'는 느낌과 일맥상통하는 상황이지요.

하지만 일부 학생은 교사의 말에 집중하기보다는 슬라이드의 내용을 하나하나 읽고 있는 자신을 발견합니다. 슬라이드는 정적이며 수동적으로 존재하는 것이 아니라 그 자체로 학생들에게 읽기라는 반응을 촉발시키기 때문입니다. 기술은 그저 수동적인 역할에 머무르지 않고 상황과 인지를 주체적으로 바꿉니다. 의자가 옷가지를 끌어당기는 힘보다 훨씬 강한 영향을 미치지요. 파워포인트 중심 수업을 듣는 학생의 머릿속에서는 슬라이드의 정보와 강사의 말을 실시간으로 싱크하려는 시도가 계속해서 일어납니다. 이런 경향은 텍스트로 가득한 슬라이드에서 극대화되고, 학생들이 슬라이드를 바쁘게 훑어보는 동안 발표자의 말은 온전히 소화되지 못합니다.

더 심각한 문제는 슬라이드의 정보를 강사의 말보다 우선하는 경우에 발생합니다. '어, 슬라이드엔 이렇게 써 있는데, 선생님은 왜 저렇게 이야기하지?'라는 의문을 갖거나 '슬라이드 설명도 다 안 하고 왜 넘어가지?'라는 불만을 품기도 합니다. 교사의 언어와 파워포인트의 텍스트라는 두 가지 정보 채널이 서로 '충돌하는' 상황이 벌어지는 것입니다. 이런 충돌이 쌓이면 학생은 교사의 설명을 따라가지 못하겠다는 결론에 이르고 이해를 포기합니다.

때로는 슬라이드에 과도하게 의존하면서 수업을 대충 흘려듣기도 합니다. '나중에 파워포인트 보고 공부하면 되지 뭐'라고 생각하는 겁니다. 이게 꼭 학생에게 국한된 현상은 아닌 듯합니다. 교사 연수에서 프리젠테이션을 하고 나면 "파워포인트를 받을 수 있느냐"고 질문하는 분이 종종 있거든요. 심지어 줌 강연이 끝나고 나서 자신이 캡처하지 못한 슬라이드를 천천히 차례대로 띄워 달라는 무례한 청을 받은 적도 있습니다. 제 경험상 이런 분들이 발표 자료를 다시 보는 일은 거의 없습니다. 정보를 모으는 데 관심이 있을 뿐, 현장에서 발표의 의미를 곱씹어 소화하려는 노력은 하지 않는 거죠. 정보에 다시 접근할 수 있다는 생각으로 온전히 강의에 몰입하지 못하게 되는 것입니다.

이런 면에서 발표자는 프리젠테이션을 준비하는 일을 멋진 슬라이드 만들기로 이해해서는 안 됩니다. 그보다는 자신이 전하고자 하는 내용의 특성에 맞추어 주어진 시간에 청중의 주의의 흐름을 어떻게 조직할 것인가, 어떤 방식으로 핵심 내용을 체화시킬 수 있을 것인가로 이해해야 합니다. 다시 말해 내용과 시각 자료를 준비하는 게 아니라 시간의 흐름 위에서 청중의 주의를 배치하는 일이 핵심입니다.

이를 디자인의 용어를 빌리자면 사용자 인터페이스UI, User Interface의 문제가 아니라 사용자 경험UX, User eXperience의 문제라고 할 수 있겠습니다. 건축이 단지 물리적 빌딩이 아닌 인간과 구조 '사이'의 상호작용으로 이해되듯이, 프리젠테이션은 정보의 전달이 아닌 지각과 경험으로 이해하고 준비해야 합니다. 결론적으로 좋은 프리젠테이션을 하려면 슬라이드를 통해 주요한 정보를 차례로 커버하기보다는 내용이 유기적으로 녹아든 이야기를 준비해야 합니다. 자신을 정보의 전달자로 보기보다는 청중과 이야기를 나누는 스토리텔러로 여겨야 하는 것입니다. 듣는 사람의 입장도 마찬가지입니다. 우선 발표의 내용을 슬라이드의 내용으로 축소해서 이해해서는 안 됩니다. 슬라이드는 주요한 재료이긴 하지만 발표를 듣는 최종 목표가 아닙니다. 중요한 건 프리젠테이션을 통해 자신의 해석과 관점을 빚어내는 일이지요.

파워포인트를 여러 각도에서 살펴 보았습니다. 그렇다면 파워포인트는 좋은 도구일까요 나쁜 도구일까요? 저는 진공 상태에서 이런 질문을 던지는 것은 의미가 없다고 생각합니다. "이메일은 좋은 도구인가요?" 나아가 "생성형 인공지능은 좋은 도구인가요?"라는 질문도 마찬가지입니다. 어떤 환경에서 어떤 목적을 가지고 누구와 소통하는지에 따라 다르겠지요. 어떤 기술이든 그 자체가 가지는 성격과 교실에서 활용되는 방식이 상호작용하는 가운데 교사와 학생 사이의 인지적 정서적 경험에 필연적 변화를 가져옵니다. 인공지능을 활용한 수업이 리터러시 교육의 주요한 논점으로 부상하고 있는 지금, 기술적 중재가 발생시키는 변화를 면밀하게 읽어 내는 역량이 우리 모두에게 요구됩니다.

## 교육에서의 중재 2 : 기계번역, 둑이 무너지다

2019~2020년경까지만 해도 교사 연수에서 만난 선생님들은 기계번역의 활용에 대해 상반된 의견을 주셨습니다. 번역기 사용에 적극 찬성하는 분도 있었지만 다수는 사용 시 유의할 점이 많다고 생각하셨고, 일부는 사뭇 회의적인 태도를 보이시기도 했지요. 수렴되는 지점을 찾기는 힘들어 보였습니다.

이제는 상황이 많이 달라져서 '지혜로운 사용'을 강조하는 의견이 압도적입니다. 결정적인 변화의 요인은 번역기 성능의 비약적인 발전입니다. 언어교육에서 번역기를 사용할지 말지를 논의하기 전에 기계번역이 '유용한 서비스'로 각인되었고, 이는 학생 사회 전반에, 심지어는 미취학 아동에게까지 영향을 미치고 있습니다. 단지 교육의 도구가 아니라 우리 삶 전반에 스며든 기술로서 역할을 하고 있는 것입니다.

체계적으로 조사한 것은 아니지만 제 주변 지인과 선생님 들에 따르면 중고교에서 가장 널리 사용되는 번역 서비스는 파파고입니다. 그렇다면 중등교육과 관련하여 파파고의 성능은 얼마나 향상되었을까요? 텍스트의 장르·복잡성·내용 영역·문법 및 어휘적 특성 등에 따라 번역 산출물의 품질은 상당히 다르지만, 수능 지문을 활용하여 부분적인 판단을 내릴 수 있습니다. 다음 예시는 2016년 수학능력시험 외국어 영역 20번 문제의 지문과 2016년·2024년의 파파고 번역입니다.

[원지문] Assertiveness may seem to some people to be uncharacteristic of counselors. If your picture of a counselor is someone who never disagrees, always "goes along," wants everything to be nice all the time, and only does what other people want him or her to do, this is not a picture of an assertive counselor. Being assertive does not have to mean being disagreeable. Being a counselor does not mean that you should simply be silent when someone tells a racist joke. An assertive counselor would find a way to call that person's attention to the fact that the joke is racist, explaining how it offended the hearer, and suggesting ways similar jokes could be avoided. Being assertive is a highly developed skill — it should fit nicely in the counselor's repertoire of techniques.

[2016년 파파고 번역] Assertiveness 일부 사람들에게 상담자들 답지 않은 것이 된 것일지 모른다. 누가 반대하지 않는 경우 상담자의 당신의 사진은 누군가, 항상"도 같이 따라간다," 모든 것 모든 친절야만 했고 오로지 다른 사람이나, 그녀가 해야 할 일이 그에게 원하는가, 이것은 a를 원한다한 적극적인 상담자의 사진입니다. 되는 것은 독단적 무뚝뚝하게 행동을 의미하지 않는다. 상담사 되는 것은 누군가가 인종 차별 주의자 농담은 여러분은 단지 조용한 의미는 아니다. 한 적극적인지 상담사들은 사실은 농담은 인종 차별 주의자, 어떻게 청자의 감정을 상하게 했으면 설명해 주고, 방법 비슷한 농담을 제안할 수 있도록 그 사람의 주의를

끌려고를 찾을 것이다. 모면했다. 적극적이 되는 것은 고도로 발달된 기술—이 잘 기술의 상담자 레퍼토리에 맞아야 한다.

[2024년 파파고 번역] 일부 사람들에게는 주장이 상담자의 특징이 아닌 것처럼 보일 수도 있다. 만약 상담사에 대한 여러분의 사진이 절대 동의하지 않고, 항상 "따라가고", 모든 것이 항상 친절하기를 원하며, 다른 사람들이 그나 그녀가 하기를 바라는 것만 하는 사람이라면, 이것은 적극적인 상담사의 사진이 아닙니다. 적극적인 것이 불쾌하다는 것을 의미할 필요는 없다. 상담가가 된다는 것은 누군가 인종차별적인 농담을 할 때 단순히 침묵해야 한다는 것을 의미하지 않는다. 적극적인 상담가는 그 농담이 인종차별적이라는 사실에 대한 그 사람의 주의를 환기시키고, 그것이 듣는 사람의 기분을 상하게 하는 방법을 설명하고, 비슷한 농담을 피할 수 있는 방법을 제안하는 방법을 찾을 것이다. 적극적으로 행동하는 것은 매우 발달된 기술이다—그것은 상담자의 기술레퍼토리에 잘 맞아야 한다.

2024년의 번역도 아직 완벽하진 못합니다. '독자분이 보여 주는'이라는 번역이 매끄럽지 못하고, 'picture'의 번역어로 '사진'을 택한 것도 적절하지 않습니다. (이 대목에서 흥미로운 것은 'picture'의 번역어로 외래어인 '이미지' 정도가 무난하다는 사실입니다.) 'disagreeable'의 번역도 만족스럽지는 않죠. 하지만 후반부 번역은 상당히 발전된 모습을 보여 줍니다. 이를 2016년의 번역과 비교해 보면 번역 품질에 '상전벽해'라는 말이 어울릴 만큼 큰 변화가 일어났음을 알 수 있습니다.

### 중재로서의 기계번역

그렇다면 구체적으로 중재로서의 기계번역은 어떤 특징을 지닐까요? 이러한 특징은 초중등 및 고등교육에서의 외국어 학습에 어떤 영향을 끼치게 될까요? 앞서 소개한 존스와 해프너의 다섯 가지 관점에서 간략히 짚어 보겠습니다.

① **실천하기** 기계번역은 많은 양의 텍스트를 빠르게

번역합니다. 이 점에서는 전문 번역가도 번역 알고리즘과 경쟁할 수 없습니다. 게다가 최근 파파고에 추가된 단어 정보는 사전의 기본 기능을 대체할 정도입니다. 사전을 거의 사용하지 않는다고 말하는 학생들 또한 많아지고 있습니다.

하지만 기계번역은 일련의 인지 과정을 거의 완벽하게 소거합니다. 번역자 안에서 일어나는 다양한 생각들을 기계가 대신합니다. 기계번역은 양과 속도를 선사하고 생각을 앗아 갑니다. 행위의 지형이 완전히 바뀝니다. 번역기를 통해 실천할 수 있는 것은 많아지지만 머릿속에서 일어나는 일은 거의 없습니다.

② **의미하기** 기계번역의 도입으로 가장 크게 변화하는 것은 의미와 표현 간의 관계일 것입니다. 누군가 기존에 영어로 표현할 수 없었던 의미를 기계번역의 도움을 통해 표현할 수 있게 되는 것이 대표적인 예입니다. 한국어로 텍스트를 입력하면 외국어 산출물이 주어지기에 한국어로 사고하고 표현하는 만큼 영어로 표현이 가능합니다. 물론 산출물의 정확성과 품질·화자의 의도가 반영된 정도를 판단하려면 외국어 자체에 대한 지식이 필수

지만, 이 변화의 가치는 무시할 수 없습니다. 특히 영어 수업과 같이 외국어 구사 능력의 격차가 차별적 시선으로 이어지기 쉬운 교실에서 '의미하기'의 변화가 가져올 변화에 대해 깊이 고려할 필요가 있습니다.

하지만 한계도 명확합니다. 무엇보다 번역 과정의 다양한 경험과 학습을 추구하기보다는 한국어 문장을 재빠르게 만들고 외국어로 된 결과물을 '뽑아내려는' 습관에 빠질 수 있습니다. 아울러 특정한 장르의 표현 기회가 줄어들 염려가 있습니다. 기계번역은 문법적 완결성을 갖춘 문장의 번역에 특화되어 있습니다. 시와 같은 형식을 통한 의미 표현에는 적절하지 않지요. 결국 기계번역에 과도하게 의지하면 외국어 말하기와 글쓰기가 머신러닝 알고리즘에 종속당하는 결과를 초래할 수 있습니다.

③ **관계 맺기** 의미를 생산하는 역량의 변화는 관계 맺기의 변화로 이어집니다. 대표적인 것이 소셜미디어에서의 소통이죠. 이전에는 전혀 이해할 수 없었던 포스팅과 댓글을 기계번역의 도움을 받아 대략적으로 이해할 수 있습니다. 자신이 좋아하는 K-pop 뮤지션의 뮤직비

디오에 달린 다국어 댓글에 반응하며 '팬심'을 나눌 수도 있고, 전 지구적으로 중요한 의제에 대해 포스팅할 수도 있습니다. 인스타그램의 요리·패션·운동 관련 포스트의 내용에 쉽게 접근할 수 있으며, 자신의 피드를 영어로 꾸미는 것도 가능합니다. 이를 통해 이전에 가능하지 않았던 새로운 관계의 장을 열어젖힐 수 있습니다.

그런데도 아직 완벽하지 않은 번역 품질로 인해 관계상의 어려움을 모두 해결하지는 못합니다. 법률이나 의학과 같은 전문 영역이라면 더더욱 그렇습니다. 미묘한 감정 표현에도 한계가 있습니다. 번역된 텍스트를 적절한 검수 없이 썼다가 낭패를 당할 수도 있고요.

④ **사고하기** 기계번역은 사용자들이 외국어 학습에 대해 긍정적인 사고를 갖게 할 수 있습니다. 기계번역의 도움을 적절히 받으면 자신이 원하는 다양한 의미를 얼마든지 표현할 수 있다는 자신감이 자라날 수 있습니다. 전통적으로 사회문화적 자본이자 변별의 도구로서 기능하던 영어와 같은 언어에 대한 막연한 두려움도 누그러뜨릴 수 있습니다. 한 발짝 더 나아가 한국 사회에 만연한 원어민 중심주의의 영향을 줄일 수 있는 잠재력도 갖고

있지요.

하지만 기계번역은 다분히 편의주의적 사고를 강화할 위험이 있습니다. '문장만 대충 넣으면 되지'라는 생각이 강해지는 것입니다. 이 때문에 화자 혹은 필자로서 자신이 감당해야 할 다양한 역할을 망각하고, 언어를 짓는 일에 따르는 인지적·정서적·사회적 측면을 간과하게 됩니다. 이 과정에서 외국어 학습 과정 전반에 대한 메타인지 역량이 축소될 공산이 큽니다.

⑤ **존재하기** 마지막으로 기계번역은 '언어하는 존재'로서의 우리를 서서히 바꿉니다. 이제 대부분의 외국어 교수·학습은 기계번역의 영향에서 벗어나기 힘듭니다. 대학과 업무 현장의 변화 또한 명백합니다. 중등학교의 지필 평가는 극히 예외적인 시공간으로 남게 되었지요. 우리가 외국어 교수학습의 영역에서 '인간＋기계'로서 기능하는 상황에 이르렀다는 점을 부인하긴 힘듭니다. 이는 개개인뿐 아니라 학교와 일터의 정체성 또한 바꿉니다. 번역기의 고도화 이전과 이후 외국어 수업과 외국어 사용 직군의 정체성은 완전히 달라졌습니다.

## 기술은 교육을 구원할 수 없다

언젠가 "기술이 교육을 구원할 수 있다"는 취지의 글을 읽은 적이 있습니다. 고도로 발전된 기술은 교육의 수많은 문제를 해결할 수 있다는 주장을 담은 글이었습니다. 언어교육의 경우라면 어떨까요? 예를 들어 학습자 맞춤형 인공지능 평가 체제의 개발로 현재의 획일적 평가의 단점을 획기적으로 줄일 수 있지 않을까요? 외국어로 실제 의사소통한 경험이 부족한 학습자는 가상 및 증강현실 기술이 발달하면서 그런 경험을 할 기회가 자연스럽게 늘지 않을까요? 교사가 학생 한 사람 한 사람에게 집중하지 못하는 한계는 소형 교수 로봇의 발달로 극복되지 않을까요? 그렇다면 기술은 결국 교육을 '구원'하지 않을까요? 정말 좋은 기술이 나온다면 말이죠.

이와 같은 견해는 앞에서 언급한 기술결정론의 영향 아래 있는 일종의 기술낙관론입니다. 아울러 기술을 사회적·교육적 문제를 핀셋으로 집어내어 해결할 수 있는 중립적인 도구로 보고 있습니다. 하지만 저는 기술은 그 자체로는 결코 교육의 구원자가 될 수 없다고 봅니다.

특정 기술이 교실과 사회에 등장하는 순간 태도와 관행을 바꾸고, 새로운 문화를 만듭니다. 기술 또한 삶과 교육의 일부로 엮이는 것이지요. 일전에 소셜미디어에서 이와 같은 생각을 꺼내 놓았을 때 '기술에 대해 막연한 반감이 있는 사람'으로 오인받은 적이 있었습니다. 하지만 정반대입니다.

저는 1990년대 후반부터 웹과 교육의 유기적 관계에 대해 고민했고, 수년간 이러닝* 및 블렌디드 러닝** 시스템의 개발을 책임지기도 했습니다. 웹기반 교육을 공부했고, 인터넷 기술을 통한 '다른 언어교육' 나아가 학습격차 해소를 꿈꾸기도 했지요. 그런데도 기술과 교육의 관계에 대한 저의 결론은 늘 '기술은 해결사가 아니다'였습니다. 학습과 기술 발전·사회와 권력 간의 관계를 탐구하지 않고 기술낙관론을 펼치면 도리어 교육을 기술에 종속시킬 위험이 있다고 믿고 있고요. 여기에서 제가 이렇게 생각하는 이유를 차분히 나누어 보려 합니다.

---

* e-learning. 인터넷을 비롯한 다양한 디지털 플랫폼을 활용한 학습.
** blended learning. 이러닝과 전통적 학습의 장점을 결합한 학습 모델.

## 인쇄술의 발달과 문해력이라는 사회적 과제

인류사의 긴 시기 동안 사람들이 한 장소에 모여 듣고 말하는 방식으로 교육이 이루어졌습니다. 공간을 넘어 소통할 수 있는 기술이 존재하지 않았기에 어쩔 수 없었습니다. 교육학에서 자주 언급되는 소크라테스의 문답법은 면대면 대화를 통해 이루어졌죠. 이 상황에서 배움은 특정 시공간 나아가 특정한 사람과 떼려야 뗄 수 없는 일회적 사건이었습니다. 소크라테스에게 배우려면 그의 문답에 직접 참여해야 했으니까요.

이런 '한계'는 서구 사회에 금속활자를 보급한 구텐베르크의 인쇄술 발명에 이르러 중요한 전기를 만납니다. 새로운 기술에 의해 문자로 된 자료가 대규모로 공급될 수 있는 길이 열리면서 한 사람의 생각이 다수의 사람에게 전달될 수 있게 되었죠. 같은 시공간에서 특정 발화자의 육성을 매개로 하지 않고도 지식과 경험이 전 세계로 퍼져 나가기 시작했습니다. 실제로 인쇄술 혁명과 함께 지식의 생산·유통·공유 방식에 큰 변화가 생겼습니다. 18~19세기를 거치며 영미권을 중심으로 공립 도서관 시스템이 본격적으로 확대되면서 일부 권력층이 책을 독점하는 일도 서서히 자취를 감추었습니다. 이는 지식의 양적 팽창에 그치지 않고 인류가 역사와 진리를 보는 관점까지 변화시켰습니다. 점진적이긴 하지만 지식의 대중적 공유가 가능해 보였습니다.

하지만 인쇄술과 그 총아인 책이라는 매체의 보급은 리터러시의 불균등한 배분이라는 새로운 교육적 문제에 봉착하게 됩니다. 인쇄술은 일부 특권층의 소유였던 지식을 대중의 손에 쥐어 줄 수 있었지만, 지식의 실질적 확산을 보장하진 못했습니다. 문자 매체의 확산이 지식의 대중화와 평등한 지식 생태계로 이어질 수 없었던 이유는 자명했습니다.

문자는 마법처럼 사람들에게 스며들지 않았습니다. 책의 세계로 진입하는 데에는 사회문화적·경제적·관계적 환경이 결정적이었습니다. 리터러시의 문턱은 생각보다 높았습니다. 설령 문자를 읽어 낼 수 있는 해독 역량을 갖추었다고 하더라도 그 내용을 맥락에 맞게 이해하고 삶과 연결하며 다양한 상황에 적용할 수 있는 비판적 문해력이 없다면 책은 종이 위의 잉크 자국 혹은 기껏해야 냄비 받침이 될 뿐이지요. 더 나아가 리터러시를 둘러싼 사회정치적 환경은 소위 가짜 뉴스와 음모론을 대량 생산하기까지 했습니다. 지식과 권력은 동전의 양면처럼 붙어 있었던 것입니다. 인쇄술이라는 기술은 종이책의 대량 공급이라는 획기적 사건을 낳았고, 이는 인류의 가장 중요한 자산 중 하나가 되었지만 결코 교육을 구원하지는 못했습니다.

## 웹 기반 교육의 가능성과 한계

제가 정보기술을 기반으로 한 교육에 처음 발을 담근 때는 1997년도였습니다. 아직 월드와이드웹이 활성화되지 못했던 시기여서 PC 통신을 기반으로 새로운 교수학습방법이 실험되고 있었죠. PC 통신 플랫폼에서 텍스트와 이미지·게시판·채팅 등을 통해 중고생에게 영어를 가르치면서 웹 기반 교육의 가능성 또한 모색하게 되었습니다. 새로운 플랫폼이 주는 희망의 아우라에 조금 취한 상태로 몇 해를 지냈습니다. 관련 분야를 공부했고 정보기술을 다루는 소프트웨어 개발사와 웹 기반 교수학습 체제를 디자인하는 연구소에서 일하게 되었습니다.

당시 많은 혁신가와 교육공학자들은 웹의 발달에 따라 '언제 어디서나 자신이 원하는 속도로 공부할 수 있는 플랫폼의 개발이 가능할 것이고 이는 교육 격차 문제를 크게 줄일 수 있을 것'이라는 희망에 부풀어 있었습니다. 저도 그런 기대가 현실이 되길 바랐습니다. 하지만 네트워크에 접속하여 다양한 교육 자료를 활용할 수 있다고 해서 교육 격차 문제가 해결되지 않는다는 걸 깨닫는 데는 오랜 시간이 걸리지 않았습니다. 소위 '닷컴 버블'이 꺼지면서 우후죽순처럼 생겨난 온라인 교육업체 대부분이 순식간에 사라졌습니다. 그 와중에 입시나 기업 교육을 기반으로 한 몇몇 교육 서비스만이 살아남았죠. 이 시기를 통해 배울 기회가 많아진다고 학습자 개개인이 자신에게 맞는 교육을 받을 수 있는 것은 아니라는 자명한 사실을 깨달았습니다. 책이 많아진다고 해서 문해력이 저절로 높아지지 않듯 말입니다.

생각해 보면 '언제 어디서나 자신이 원하는 속도로 공부할 수 있다'는 슬로건에는 허점이 너무 많았습니다. 우선 사람들이 웹을 '공부'라는 목적으로 이용할 것이라는 기대부터 너무나 순진했습니다. 나아가 그 '공부'의 내용과 범위·성격에 대해서도 깊이 고민하지 못했습니다. 사회경제적으로 당장 가치가 있는 입시나 취업을 위한 공부에는 사람과 자본이 몰렸지만 그렇지 않은 영역의 발전은 더뎠습니다. 웹은 분명 삶의 터전이 되었지만 교육 불평등의 문제를 해결하는 방향과는 사뭇 반대 방향으로 진화하고 있습니다.

그러고 보니 문득 어렸을 적 주린 배를 움켜쥐고도 요리할 엄두를 내지 못하던 제게 어머니가 하셨던 말씀이 생각납니다.

"냉장고에 먹을 게 넘쳐 나도 엄마가 없으면 먹을 게 없지?"

교육적 자원과 학습의 관계도 비슷합니다. 배울 거리가 온 세상에 넘쳐 나도 다 쓸모 있는 지식이 되는 건 아닙니다. 물론 학습자 모두가 요리할 줄 모르진 않습니다. 능수능란한 요리사 같은 학습자도, 재료를 대충 섞어 먹고도 만족할 수 있는 학습자도, 심지어 생쌀을 우걱우걱 씹어 먹을 수 있는 학습자도 있겠죠. 하지만 확실한 것은 자원이 많아진다고 해서 모든 학습자가 다 알아서 학습하지는 않는다는 사실, 일부는 하고 싶어도 하지 못하는 현실을 마주하고 있다는 사실입니다.

모든 걸 찾아 주는 '구글 신', 다양한 자료와 강연으로 넘쳐나는 유튜브가 있지 않느냐고요? 그렇습니다. 구글이나 유튜브를 비롯한 다양한 매체에 접속하면 많은 문제가 해결됩니다. 단, 웹문서와 동영상을 합리적으로 선택하고 세밀하게 이해하고 분석하여 자신이 처한 맥락에 적용할 수 있는 능력을 갖춘 이에게만 그렇습니다. 검색은 학습의 시작점에서 중요한 실마리를 제공하지만 반대로 더 많은 '헤맴의 기회'를 제공하기도 합니다. 지식은 검색에 의해 형성되는 것이 아니라, 검색을 통해 찾은 내용을 비판적으로 검토하고 서로 연결하며 자신의 삶과 세계와의 관계 속에서 숙성시킬 때 비로소 만들어집니다. 이는 유튜브의 경우에도 동일하게 적용됩니다. 정보의 양이 바로 지식으로 연결된다는 생각은 너무 순진(?)하지요.

이쯤에서 '이제는 생성형 인공지능이 그 자리를 대신하게 되면서 실질적 변화가 생길 테니 걱정할 것이 없지 않느냐'라고 말할 분도 계실 겁니다. 그 질문에 대해서는 이어지는 글을 통해 조심스럽게 답변하고자 합니다.

## 판서는 구닥다리 기술?

상하이 등 중국 주요 도시의 높은 국제학업성취도평가 성적의 배경으로 효율적인 강의와 판서를 지목한 기사를 본 일이 있습니다. 구성주의 학습관에서 강조되는 '발견 학습'이나 '프로젝트 학습'이 능사는 아니라는 것이죠. 사실 저의 학창 시절을 돌아보면 제 인생 최고의 수업들은 전형적인 강의와 질의응답을 교수법으로 사용했다는 공통점이 있습니다.

이런 관찰이 정밀한 실험 연구에 기반한 것은 아닙니다. 따라서 여러 맥락에 그대로 적용하기에는 무리가 있지요. 하지만 매체의 조화와 효과라는 측면에서 '판서의 재발견'에는 나름의 근거가 있습니다. 교실에서의 소통 매체는 크게 말과 (이미지를 포함한) 글로 나뉘며 각각의 매체에는 고유한 강점과 약점이 있습니다. 얼핏 보기에 판서를 이용한 강의는 최첨단 멀티미디어와 완전히 반대 방향에 놓여 있는 듯합니다.

그런데 조금만 깊이 생각해 보면 여기에는 큰 허점이 있음을 깨닫게 됩니다. 훌륭한 판서는 퇴출해야 할 구닥다리 매체가 아니라, 말(음성언어)과 글(문자언어)을 실시간으로 엮어 두 매체의 장점을 최대화하는 멀티미디어이기 때문입니다.

판서를 능숙하게 활용하는 교사는 말과 글의 어울림을 통해 학생들의 주의를 집중시킵니다. 자유자재로 설명 속도를 조절하고, 중간중간 학생의 참여를 유도하기도 하죠. 삽화나 그래프 등의 시각적 요소까지 곁들일 수 있습니다. 고가의 제작비를 들여 학습 시나리오를 구성하고 교과 내용에 최적화한 멀티미디어 자료를 만들지 않는 이상 판서에서 이루어지는 미디어의 절묘한 조화를 따라잡기 힘듭니다. 결국 판서는 교사의 말·학생과의 상호작용·그래픽과 음성의 조화를 실시간으로 유연하게 구현하는 '최첨단' 미디어인 것입니다. 여전히 많은 수학자와 수학교사가 판서를 애용하는 데에는 분명한 이유가 있는 셈이죠. 덕분에 '수학자들이 사랑한 분필'과 같은 포스트도 간간이 만나는 거고요.

교육과 기술의 관계를 생각할 때 가장 범하기 쉬운 오류는 '교육 혁신을 주도하는 기술'이라는 개념으로 최신 기술에 맹목적인 찬사를 보내는 일입니다. 그러나 과연 기술이 교육을 혁신할 수 있을까요? 화려함을 장착한 멀티미디어 콘텐츠가 노련한 교사의 판서보다 더 낫다고 단정할 수 있을까요? 수업의 목적과 교과의 특성을 고려하지 않은 채 최신 기술을 사용한다면 오히려 학습 효율이 떨어지지 않을까요? 이런 맥락에서 제가 주변 사람들에게 즐겨 하는 말이 있습니다.

"사실 얼굴 보고 대화하는 게 최고의 멀티미디어야. 유연하게 속도 조절 가능하지, 볼륨도 최적화할 수 있어. 때론 연설도, 연기도 할 수 있고. 표정과 몸짓은 가장 강력한 상호작용 매체가 되기도 해. 문제는 최신 기술이 아니야. 학생과 교감하며 그들을 시시각각 펼쳐지는 배움의 한복판으로 초대하는 교사의 역량이지. 교사와 학생 그리고 그들의 역동적 상호작용이 곧 메시지고 미디어고 교수학습방법론이야. 어떤 신기술이 들어와도 이게 없으면 우리가 생각하는 '좋은 교육'은 불가능하다고."

물론 맥락과 교육목표에 따라 다양한 기술을 적재적소에 배치하여 학습자의 참여를 이끌어 내고 집중력과 성취감을 높일 수 있습니다. 하지만 화려한 기술이 면대면 수업보다 본질적으로 더 우월한 방법이라고 단정하면 교육적 상호작용의 다면성을 간과하고, 여러 사람이 한 공간 안에 존재하며 서로의 말과 표정·몸짓에 집중하는 일의 힘과 역동성 그리고 아름다움을 망각하게 됩니다.

## 산호세주립대학교 철학과가
## 마이클 샌델에게 보낸 공개 서한

2013년 봄 산호세주립대학교 철학과 교수들은 하버드 대학교 교수이자 『정의란 무엇인가』의 저자인 마이클 샌델에게 공개 서한을 띄웁니다. 내용을 곡해하지 않는 선에서 시작 부분의 골자를 소개합니다.

친애하는 마이클 샌델 교수께

산호세주립대는 최근 MIT·하버드대와 손잡고 있는 'EdX'*와 계약을 맺었습니다. 저희 철학과는 대학 당국으로부터 당신의 강의를 바탕으로 만든 '저스티스엑스'JusticeX 강의를 실험적으로 사용해 보라는 요청을 받았습니다. 우리는 이를 거부했습니다. 해당 강의의 사용을 거절한 이유를 공적으로 알리고 싶었습니다. 다른 과나 대학들도 저희와 비슷한 상황에 놓이게 될 가능성이 높으니까요.

저희가 당신의 강의를 사용하지 않기로 한 이유는 이렇

---

\* 대표적인 대규모 온라인 교육 MOOC 플랫폼 중 하나.

습니다. **산호세주립대 철학과에는 '저스티스엑스'가 해결 해 줄 교육적 문제가 없습니다.** 비슷한 종류의 강의를 담당할 교원이 부족한 것도 아닙니다. 우리는 무크에 대한 요구가 장기적인 재정적 고려에서 비롯되었다고 생각합니다. 안타깝게도 '저스티스엑스'와 같은 무크 강좌들을 사용하는 것은 산호세주립대에 큰 위협이 될 수도 있습니다. 또한, 무크의 사용이 교육의 질을 떨어뜨릴 수 있다고 봅니다.[15]

위의 서한에서 제가 가장 주목했던 것은 바로 "산호세주립대 철학과에는 저스티스엑스가 해결해 줄 교육적 문제가 없습니다"라는 대목이었습니다. 해결할 문제가 없는데 문제를 해결해 주겠다는 말은 애초에 성립할 수 없겠죠. 산호세주립대 교수들은 저스티스엑스가 의도하는 것은 교육적 문제 해결이 아니라 그것을 사용하는 대학의 비용 절감이라는 의견을 내놓습니다. "손에 망치를 들고 있으면 온 세계가 못으로 보인다"는 말처럼, 적어도 산호세주립대 철학과 교수진에게 『정의란 무엇인가』를 기반으로 한 온라인 강좌는 대학이 휘두르는 망치 같은 존재였던 것입니다.

## 정치·경제적 구조와 교육의 변화

한때 많은 이들에게 온라인 교육의 새로운 모델로 환영받았던 무크Massive Open Online Course, MOOC를 기억하실 겁니다. 대규모 온라인 공개수업이라는 뜻이죠. 지금도 전 세계 여러 대학과 기관 컨소시엄이 무크 플랫폼을 운영하고 있습니다. 그런데 한때 무크에 쏟아졌던 희망과 찬사는 1990년대 말 웹 기반 교육 초기에 유행했던 "언제 어디서나 원하는 내용을 자신만의 속도와 스타일로"라는 구호와 닮았습니다. 웹 기반 교육은 새로운 교육 기회를 창출했지만, 동시에 디지털 디바이드*와 함께 디지털 문해**의 불균등을 야기했다는 점을 기억해야 합니다.

냉철하게 바라보면 무크가 교육을 대중의 품에 안겨 주고 있다는 믿음, 무크로 인해 교육격차가 사라지리라는 진단은 환상에 가깝습니다. MIT나 하버드대학교·스탠퍼드대학교 등 무크의 선봉에 선 대학들이 여전히 '최고 명문대'로서의 명성을 구가하고 있다는 걸 보면 대학 서열 또한 건재합니다. 학습자의 관점에서 봐도 수많

---

* digital divide. 디지털 자원에 접근할 기회가 불균등하게 배분되는 현상.
** digital literacy. 다양한 디지털 미디어를 이해하고 활용할 수 있는 능력.

은 무크는 그림의 떡이 되기에 십상입니다. 입시에 찌든 중고생·먹고사는 일에 허덕이는 직장인·쉴 틈 없이 육아 노동에 전념해야 하는 양육자·자신의 전공을 감당하기에도 벅찬 대학생이 무크를 활용한다는 것은 불가능에 가깝습니다.

게다가 아직 많은 무크 강좌가 영어로 제공됩니다. 아무리 기초적인 내용이라 해도 영어라는 관문을 넘지 못하면 원하는 강좌를 듣기 힘듭니다. 이 모든 난관을 극복하고 무크 강좌 수료증을 딴다고 해도 어떤 쓸모가 있는지 모르는 상황입니다. 이런 상황에서 무크의 대중화는 '최고 권위의 강좌를 누구나 들을 수 있다'는 착시를 등에 업고 교육의 양극화를 부추길 위험마저 갖고 있습니다. '누구나 수강할 수 있다'고 하지만 결코 '누구나'가 아닌 것입니다.

노벨상을 수상한 경제학자이자 칼럼니스트인 폴 크루그먼은 '(교육을 통해 얻은) 지식은 권력이 아니'라고 못 박습니다. 사회경제적 불평등은 결코 교육 체제 내에서 전달되는 지식으로 해소될 수 없으며, 권력의 실질적 재분배로만 해결 가능하다는 주장입니다. 같은 논리로 기존의 불평등한 사회경제적 구조와 그로 인해 야기되는 교육의 불평등이라는 문제에 천착하지 않는 혁신이라면 수십·수백 개의 무크 플랫폼이 생긴다고 해도 교육이 근본적으로 개선될 리 없습니다. 인공지능은 과연 다를까요?


## 사람은 인공지능을 만들고, 인공지능은 사람을 만든다

이번 장을 닫으며 존스와 해프너의 관점에서 실천하기·의미하기·관계 맺기·사고하기·존재하기의 키워드를 인간과 인공지능의 엮임에 적용해 봅니다. 저의 단정적인 생각이 아닌 함께 고민할 수 있는 질문들입니다. 이들에 대한 답은 이 책을 읽어 가면서, 또 이 책을 덮고 일상과 지역·학교와 기업에서 나누는 대화 속에서 찾아가실 수 있으면 합니다.

먼저 실천하기의 측면입니다. 인공지능은 지금 우리가 하는 거의 모든 지식 노동을 변화시키며 새로운 가능성을 만들고 있습니다. 특히 언어를 비롯한 다양한 미디어 생산·코드 생성·과학적 탐구·사회적 문제 해결 지원 등이 두드러집니다. 이는 로봇 기술과 결합되면서 학습과 업무·돌봄과 행정 등 사회의 제반 영역에 영향을 미칩니다. 하지만 이것은 개개인의 삶을 풍요롭게 하는 것만은 아닙니다. 인공지능은 감시와 통제를 극한까지 밀어붙일 수 있는 가능성 또한 있으니까요. 이미 고도화된 감시 자본주의는 한층 더 '세련된' 형태로 진화하며 우리의 일거수일투족을 지켜보고 있습니다.

실천하기의 측면에서 리터러시와 관련해 가장 주목할 만한 사건은 이제 인간이 자신의 언어, 즉 자연어로 기계와 상호작용하기 시작했다는 것입니다. 오랜 시간 컴퓨터는 0과 1의 이진법 체계로 된 신호만을 처리할 수 있었고 이 같은 특성에 맞추어 적절히 소통하려면 프로그래밍 언어를 사용해야 했지만 자연어 처리의 발전으로 인간의 언어를 서서히 '이해'하게 되었습니다. 거대언어모델 등 인공지능의 첨단 기술이 상용화되면서 인간은 자신의 언어로 디지털 기기와 소통할 수 있는 길을 열었습니다. 이제 비전문가들도 논리적 흐름을 알고 있다면 엑셀 같은 스프레드시트의 함수나 간단한 코드 작성을 어렵지 않게 할 수 있습니다. 몇 가지 원리를 학습하고 나면 프로그래밍을 모르는 사람도 프롬프트를 통해 코드를 생성할 수 있습니다. 방대한 프로그래밍 자원을 보유한 깃허브*의 코파일럿 서비스를 통해 코딩의 효율성을 비약적으로 끌어 올릴 수 있습니다. 이런 경험을 쌓으면 코드를 직접 생성하지 않고도 그리 복잡하지 않은 앱을 개발할 수 있습니다. 해당 분야에서 오랜 경험을 쌓은 전문가들이 해낼 수 있는 것과는 비교가 되지 않겠지만, 예전에는 넘볼 수 없었던 과업을 일상의 언어로 수행할 수 있다는 것은 프로그래밍을 둘러싼 리터러시의 지형을 흔들어 놓기에 충분합니다.

그런 가운데서도 여전히 인간이 감당해야 할 영역이 있습니다. 흔히 리터러시의 영역을 텍스트의 생산이나 미디어 제작 등으로 국한하지만, 가장 중요한 리터러시 행위는 대화입니다. 구어이든 수어이든, 표정과 몸짓이든 인간이 인간과 연결되는 방법 중 제거할 수 없는 것은 면대면 소통입니다. 텍스트를 순식간에 만들고 이미지와 비디오 나아가 증강 및 가상현실과 결합한다고 할지라도 핵심 의사소통 수단으로서 말이 지닌 지위는 쉽게 무너지지 않을 것입니다. 인간의 사고와 소통·공존

---

* 깃(Git)은 컴퓨터 파일의 변경 사항을 추적하는 소프트웨어로, 여러 명이 동시에 작업을 수행하고 이를 추적 및 관리할 수 있다는 점에서 분산 버전 관리 시스템으로도 분류된다. 깃허브(GitHub)는 마이크로소프트 산하의 Git 플랫폼으로, 개발자 친화적 정책 덕에 가장 인기 있는 깃 저장소 호스팅 서비스가 되었다.

에서 언어가 갖는 중심적인 역할을 고려한다면, '언어 → 더욱 정교하고 긴 언어' '언어 → 이미지' '언어 → 비디오' '언어 → 프로그래밍 코드'와 같이 현재의 생성형 인공지능의 생성의 시작점에 왜 언어가 존재하는지 이해할 수 있습니다.

더불어 읽기와 쓰기의 관점에서 인공지능의 역할이 미미한 영역이 있으니, 바로 '체화'입니다. 인공지능을 사용해 빠르게 글을 생성한다고 해서 해당 글의 내용을 우리가 체화하진 않습니다. 내용과 구조·표현을 배우고 싶다면 우리는 그 글을 읽어야 하고, 어려운 대목과 씨름해야 합니다. 텍스트 생성을 오랜 기간 했을 때 생기는 노하우가 있지만, 이 노하우는 복잡다단한 글쓰기 과정의 일부분일 뿐입니다. 생성된 텍스트가 그 자체로 의미를 갖는 것이 아니라, 해당 텍스트와 독자, 무엇보다 자신과의 관계에서 의미를 갖는다면 글이 우리 몸과 마음에 스미도록 하는 정성과 노동이 반드시 필요합니다.

의미하기의 영역은 실천하기의 영역과 동전의 양면을 이룹니다. 앞서 논의한 인공지능의 역량은 우리가 의미화할 수 있는 영역을 비약적으로 확장시키고 있습니다. 저는 거의 평생을 글과 함께 살아왔지만 '그림은 하나도 못 그리는 사람'으로서 그동안 저를 규정했습니다. 그런데 이젠 조악하나마 제가 생각하고 느끼는 바를 그릴 수 있는 가능성이 생겼습니다. 예술적인 가치를 가지진 못하겠지만, 제가 품은 의미를 표현할 때 글과 이미지를 유기적으로 연결할 수 있게 된 것이지요. 하지만 인공지능을 통한 텍스트 및 이미지·비디오의 생성은 언제나 아쉬움을 남깁니다. 이후의 장에서 텍스트 생성을 다각도로 살펴보겠지만, 기본적으로 쓰기는 단어를 하나하나 고르고 세심하게 배치하는 일입니다. 때로는 띄어쓰기로 구별되는 요소보다 더 작은 단위, 즉 접두어나 어미·조사 등을 깊이 고민하는 일이기도 합니다.

관계 맺기는 무엇을 하고 어떤 의미를 만들어 가느냐와 떼려야 뗄 수 없는 관계죠. 생성형 인공지능은 우리가 다양한 미디어와 지식 체계와 맺는 관계를 변화시키고 있습니다. 그 가운데 관계의 폭과 깊이는 넓고 깊어집니다. 기계번역의 수준이 상당히 높아져서 유튜브를 비롯한 다양한 소셜 플랫폼에서의 소통은 분명 역동적이 되었고, 생성형 인공지능의 능력을 지혜롭게 사용하는 연구자들은 영어를 비롯한 외국어 논문을 발표하는 데 큰 걸림돌이 제거되었다고 이야기합니다. 하지만 인공지능이 중재하는 행위·의미·관계가 각자에게 어떻게 이해될지, 나아가 그 사회적 영향이 어떠할지는 예측하거나 일반화하기 힘듭니다. 여전히 전통적인 방식으로 글을 읽고 쓰는 이들과 인공지능의 리터러시 수행 능력을 상찬하며 업무의 상당 부분을 인공지능과의 상호작용을 통해 처리하려 시도하는 이들이 공존하고, 인공지능이 이미 인간의 사고를 넘어섰다는 주장과 인공지능은 그저 정교한 통계 계산 기계일 뿐이라는 믿음이 공존하니 말이죠. 두어 번 프롬프팅으로 생성된 연애편지는 연애편지가 될 수 있을까 고민하는 사람과, 내 마음을 어떻게 표현할지 몰랐는데 이렇게라도 도움을 받으니 기쁘다고 생각하는 사람이 연애를 하게 될 수도 있고요. 인공지능의 진화가 거듭되고 인공지능이 인간과 더욱 깊이 엮이게 된다면 인공지능의 도움을 받은 미디어에 대한 태도와 감수성은 바뀔 수밖에 없습니다.

마지막으로 이 모든 변화 속에서 우리 자신의 정체성 나아가 존재는 계속해서 변화합니다. 우리 중 누군가는 전통적인 읽기–쓰기의 가치와 아름다움을 놓지 않으려 힘쓸 것이고, 누군가는 인공지능과 인간의 기술적·심리적·신체적 결합에 열린 자세를 취할 것입니다. 기술의 힘이 강해질수록 인간의 연결을 갈망하는 이들이 생겨날 것이고, 인간의 어두운 면을 극복할 수 있는 기술의 힘에 기대를 거는 이들 또한 나타날 겁니다. 극소수는 인공지능이 만든 글과 이미지·딥페이크 이미지를 통해 가짜 정체성을 구축하며 새로운 자신을 내세우는 삶을 살게 될지도 모릅니다. 하지만 우리 대다수는 사회문화적 변화와 관계의 역동 속에서 이들 양극단이 아닌 스펙트럼상 어딘가에 자리를 잡고, 그 자리를 계속해서 옮겨 갈 것입니다. 그런 시간이 쌓이다 보면 언젠가 대다수가 궁극의 기술인 문자를 기술이라고 인식하지 못하게 되었듯이, 인공지능 또한 기본적인 삶의 조건으로 자리 잡을 것입니다. 나의 정체성과 기계의 정체성·나의 존재와 기계의 존재를 분리한다는 것을 상상할 수조차 없는 날이 오는 것이지요.

하지만 그 시기에 아랑곳없이 우리의 삶은 끊임없이 흐릅니다. 뇌가 전기화학 신호로 들썩이고 심장이 생명의 비트로 꿈틀거리는 한, 대화는 중단없이 계속됩니다. 실천하고 의미를 만들고 관계를 맺고 새로운 정체성을 탐구하고 다른 존재가 되어 가는 과정에서 읽고 쓰고 보고 만들고 나누는 일은 그칠 수 없습니다. 저는 먼 훗날 인류와 기계가 대결하는 시나리오에 별 관심이 없습니다. 제게 중요한 것은 지금 여기 여러분과 대화하는 자리입니다. 좋은 삶을 나누는 일입니다.

**6**

비판적 시의 혹은 미래 메타-리터러 읽기-쓰기

이번만은 내 모든 지성을 통해

이때를 사랑하기로 선택한다.

　　　—에이드리언 리치[16]

교사는 인공지능과 리터러시에 대한 내용을 설명하기 시작했습니다. 학생들의 시선은 교사를 향해 있었지만, 교사의 말이 홀로그램 자막으로 표시되었습니다. 평상시 교사의 발화 속도가 다소 빠르고 정보량이 많다고 느끼는 학생을 위해 새로운 내용의 문단이 시작되기 전에 도표와 그림·선행조직자* 등이 제시되었습니다. 파키스탄에서 한국으로 이주한 학생은 실시간 번역 기능을 통해 우르두어** 자막을 볼 수 있었습니다. 또한 새롭게 도입된 구어-수어 번역 소프트웨어를 통해 청각장애를 가진 학생도 실시간으로 교사의 설명을 이해할 수 있었습니다. 학교와 교육청의 원칙은 간단했습니다. "어떤 방식으로든 수업에서 어떤 학생도 차별받거나 배제되어서는 안 된다."

---

\* advanced organizer. 본격적 학습이 일어나기 전에 학습의 내용을 개괄적이며 추상적으로 전달하는 학습 자료로, 이후 전개될 학습 상황에 대한 일종의 가이드 역할을 해낼 수 있다.

\*\* 파키스탄의 공용어.

교사의 설명이 끝나자 교재의 내용과 교사의 설명을 종합한 새로운 문서가 학생들의 컴퓨터에 표시되었습니다. 학생들은 이 내용을 기반으로 자신의 이해를 도우려고 다양한 프롬프팅을 시작했습니다. "이 내용을 내가 좋아하는 캐릭터가 등장하는 웹툰으로 그려 줘." "'리터러시' '윤리' '통합'과 같은 단어들이 너무 어려워. 이들을 설명하는 글을 여러 예시와 함께 새로 만들어 줘." "얼마 전에 언니랑 박완서 작가의 한 시간짜리 인터뷰를 보았어. 그 내용이 너무나 인상적이었는데, 선생님의 설명과 연결되는 게 굉장히 많은 것 같아. 인터뷰 영상 주소를 줄 테니, 선생님과 박완서 작가님의 대담 형식으로 내용을 정리해 줘."

하지만 이런 기능이 무한정 제공되지는 않았습니다. 인공지능 사용량에 따른 탄소발자국이 교실 벽면에 그래프로 표시되었습니다. 학생들은 자신의 탄소발자국과 학급 전체의 탄소발자국을 살피고, 꼭 필요한 경우에만 인공지능을 사용하는 습관을 키웠습니다.

이런 상황에서 예전의 방식 그대로 공부하는 학생들도 보였습니다. 교실 한구석에 모인 세 친구는 선생님의 설명을 듣고 생각난 자신의 추억들을 공유했습니다. 처음

공공 도서관에 갔던 기억·동네 책방에 좋아하는 작가님이 오셔서 강연도 듣고 사인도 받았던 기억·여전히 읽기-쓰기를 싫어하는 이유·최근 봤던 웹툰에 나오는 이상한 독서광 이야기 등등을 나누었습니다. 공부와 수다는 구별되지 않았고 웃음과 박수가 간간이 터져 나왔습니다. 이날은 특별한 과제가 없었지만, 종종 이런 대화를 녹취해서 인공지능으로 수정하고 보완하는 작업을 거쳐 '미니 책'을 만들기도 했습니다.

인간과 인공지능이 엮이는 리터러시 실천을 학교를 배경으로 상상해 보았습니다. 이 중 일부는 지금도 실현 가능한 시나리오입니다. 리터러시의 미래에 인간과 인공지능이 결합하는 시나리오만 존재하는 것은 아닙니다. 누군가는 전통적인 리터러시의 가치와 아름다움을 꾸준히 탐색할 것입니다. 그것이 누군가에게는 장인 정신으로, 누군가에게는 시대를 따라가지 못하는 완고함으로 비칠 수도 있겠지요. 동시에 수많은 영역에서 리터러시는 하나의 미디어와 하나의 관점에 머무르지 않으며 서로 연결되고 리믹스되는 리터러시로 흘러갈 것입니다. 텍스트는 소리와 이미지가 되고, 이미지와 비디오가 되고, 이 모든 것이 순식간에 엮일 수 있는 길이 열릴 테니까요. 그러나 그런 변화가 하나하나의 매체가 가지는 강점과 의미를 완전히 퇴색시키지는 못하리라 생각합니다. 지금도 많은 이들은 자신의 삶에 가장 다정하고 포근하게 스미는 미디어로 라디오를 꼽고, 손끝의 세밀한 운동을 만년필의 서걱거림으로 변환하여 원고지에 문자를 새기는 일을 사랑하는 사람들이 있으니까요. 더 많은 매체의 혼합 그리고 더 다양한 기술의 통합이 더 깊고 넓은 의미를 담보하지는 않습니다. 모든 감각이 날것 그대로 쏟아지는 현실에서 잠시 벗어나 오랜 벗의 편지에 눈물을 흘리고 심장을 쥐락펴락하는 소설을 덮으며 정작 현실이 더 낯설어지는 경험을 하는 이들이 여전히 우리 곁에 있습니다.

## 인공지능의 새로운 역활을 상상하기

이제 이 선은 점으로 분해되고 담론은 미적분으로 대체되었으므로 역사적 진보적 사고는 새로운 유형의 사고, 즉 체계적 또는 구조적 사고방식이라고 부르고 싶

은 새로운 유형의 사고를 선호하는 가운데 버려지고
있다. 그래서 나는 우리가 현재 역사의 기원이 된 혁명
과 비교할 수 있는 혁명을 목격하고 있다고 믿는다.

　　　　　　　　　　　　　　　— 빌렘 플루서[17]

빌렘 플루서는 기술의 구조적 복잡성과 기능적 복잡성
을 구분합니다. 특정한 기술이 복잡하거나 단순하다고
할 때 그 자체만 봐서는 안 되고, 이것이 사회 속에서 어
떤 기능을 수행하고 있는지 나아가 수행할 가능성이 있
는지를 봐야 한다는 요지입니다. 놀랍게도 플루서는 기
술의 구조적 복잡성과 기능적 복잡성은 서로 독립적인
관계라고 주장합니다.

　　예를 들어 TV는 구조적으로 매우 복잡합니다. TV가
실제로 어떤 하드웨어와 소프트웨어로 구성되어 있는
지, 이들이 정확히 어떤 정보를 어떤 방식으로 처리하여
우리에게 생생한 화면을 전달해 주는지, 이 과정에서 전
기신호는 어떤 역할을 수행하는지 설명할 수 있는 사람
은 극소수에 불과할 겁니다. 다시 말해 기계장치로서의
TV를 온전히 이해하기는 매우 어렵습니다. 이에 비해
TV를 활용하는 방법은 단순하죠. 시청자 대부분은 채널

을 돌리고 볼륨을 조정하는 기능을 사용하여 TV를 보니까요. 요약하면 TV라는 기술은 구조적으로는 복잡하지만 기능적으로는 단순합니다.

그렇다면 구조적으로 무척 단순하지만 기능적으로 고도의 복잡성을 지닌 기술에는 무엇이 있을까요? TV에 대한 플루서의 설명을 듣고 나서 이런 질문을 던지지 않을 수 없었고, 문자 체계가 바로 떠올랐습니다. 현재 한글의 자모는 24개이고 영어의 알파벳은 26개입니다. 뉴 기니 동부에서 사용되는 로토카스어Rotokas는 단지 12개의 글자만을 사용합니다. 그런데 이런 문자로 엄청나게 많은 것을 표현할 수 있죠. 단순하게 한 단어로 된 표지판을 설치할 수도 있지만 에세이를 쓸 수도 있고, 장편 SF소설을 쓸 수도 있습니다. 자기소개서나 입사지원서를 작성할 때도 문자를 사용하고, 고도로 복잡한 철학적 체계도 문자로 세울 수 있습니다. 사실상 인간이 누리고 있는 문명을 만든 결정적 기술이 문자 체계라고 해도 과언이 아닙니다. 그런 면에서 문자 그중에서도 한글이나 알파벳과 같은 표음문자는 구조적으로는 단순하지만 기능적으로는 복잡하다고 할 수 있겠습니다.

플루서가 제시한 틀로 거대언어모델의 구조적·기

능적 성격을 논의해 봅시다. 거대언어모델은 일반 시민에게는 상당히 난해한 기술입니다. 이 책에서 인공지능과 읽기-쓰기라는 키워드를 중심으로 다양한 논의를 진행했지만, 인공지능·기계학습·딥러닝 등의 영역과 이와 관련된 하드웨어·소프트웨어·알고리즘, 이를 둘러싸고 있는 산업과 생태·사회와 교육의 문제를 두루 이해하는 일은 쉽지 않습니다. 수학적·통계학적 원리를 근본적으로 파악하는 작업은 해당 분야 전문가의 지식을 훌쩍 넘어서지요. 인간의 언어가 벡터 공간에 매핑되는 방식·단어 하나하나의 의미가 아닌 분포가 의미를 가지게 되는 원리·딥러닝의 구성과 실제 학습 과정 등 거대언어모델 이해만 하더라도 일반 시민에게는 만만치 않은 작업입니다.

이처럼 구조적으로 복잡한 거대언어모델은 기능적으로도 수많은 가능성을 지니고 있습니다. 여러 한계가 있고 노동과 환경에 미치는 영향을 무시할 수는 없지만 광범위한 영역에서 흥미로운 용례가 보고되고 있다는 점을 부인할 수 없지요. 앞서 살펴본 바와 같이 글쓰기의 거의 전 영역을 수행할 수 있음은 물론 이미지와 비디오의 이해 및 생성·프로그래밍 코드의 디버깅과 생성

등을 수행하고 있습니다. 나아가 과학기술 연구에서도 사소한 역할일 뿐이라며 무시할 수 없는 몫을 감당하기 시작했습니다. 이 때문에 일부 과학자와 업계 관계자들은 거대언어모델이 인간지능이 닿는 모든 영역을 '정복'하고 압도적인 역량을 보여 주는 것은 시간문제라는 예측을 내놓기도 합니다. 이런 면에서 거대언어모델은 기능적으로도 복잡한 기술이라고 할 수 있습니다.

그런데 교육과 사회·문화·제도가 이들 복잡성을 다루는 방식에서 비대칭이 감지됩니다. 리터러시 교육만 봐도 '코딩을 배워야 한다' '딥러닝을 알아야 한다' '인공지능을 모르면 도태될 수밖에 없다'는 이야기는 여기저기에서 들리지만, 새로운 기술이 어떻게 새로운 리터러시의 지평을 열어젖힐지, 도리어 기존의 리터러시 교육이 가진 가능성을 저해하는 것은 아닌지, 인공지능이 사회적·교육적·법적·의학적으로 사용될 때 구체적인 가이드라인은 무엇이고 실제 용례에서 나타나는 구체적인 이슈에는 무엇이 있는지 등에 대한 논의는 턱없이 부족합니다. 현란한 새로움이 우리를 끌어당기는 동안 지켜내야 할 가치는 순식간에 망각됩니다. 우리 사회는 "기술적인 면에 대한 이해 없이는 사회적인 것을 이해할 수 없고, 사회적인 것에 대한 이해 없이는 기술적인 것을 이해할 수 없다"라며 기술과 사회를 유기적으로 결합해서 이해하자는 브라이언 J. 첸과 제이콥 메트칼프의 제안과는 반대로 가고 있는 듯합니다.

기술적 진화와 사회문화적 대응의 불균형은 전자에 투입되는 천문학적 규모의 자본과 후자에 대한 미약한 관심에서 확인됩니다. 예를 들어 봅시다. 많은 인공지능·머신러닝 연구자들이 앞서 다루었던 환각을 줄이려고 다양한 노력을 경주하고 있고, 관련 논문이 속속 발표됩니다. 알고리즘의 개선·새로운 모델의 선점 노력 속에서 경쟁은 심화되고 미디어의 보도는 매일같이 이어집니다. 하지만 이런 상황에 대한 우려 또한 쌓여 갑니다. 생각해 봅시다. 소위 인공지능의 환각이 그나마 회자되고 유의해야 한다는 목소리가 터져 나오는 지금이 나을까요, 아니면 '인공지능이 제공하는 건 신뢰할 만해. 사람한테 묻는 것보다 백배 낫지'라는 의견이 세계를 지배하게 되는 때가 나을까요?

기술적으로는 환각이 줄어드는 게 낫지만, 교육적이고 사회적인 영역을 고려하면 그렇지 못한 면도 있을 수 있습니다. 어떤 인간을 갖다 대도 기계가 더 낫다는 사고가 자연스럽게 상식으로 자리 잡을 때, 교육적·사회적 실천의 지식 토대를 구성하는 데 '머리를 맞댄 숙의'보다 '엘리트 집단의 적절한 프롬프팅'이 더 깊은 신뢰를 획득할 때, '인간이 발버둥질해 봐야 기계를 어떻게 따라가'라는 생각이 당연시될 때, 오랜 시간 진행한 민주적 논의 끝에 도달한 정치적 결론보다 인공지능의 제안이 더 낫다는 생각이 만연할 때, 우리는 어떤 모습일까요. 부모보다는 부모형 인공지능을, 교사보다 교사형 인공지능을, 전문가보다 전문가형 인공지능을, 친구보다 친구형 인공지능을 더욱 신뢰하고 존경하게 될 때 인간과 인간 사이의 관계는 어떻게 변화할까요? 인공지능은 인간 자신이 규정하는 정체성의 모습 그리고 인간과 인간 사이 관계성의 지형을 어떻게 바꿀까요? 인공지능 활용 능력도 필요하지만, 인공지능에 대한 비판적이고 창의적이며 윤리적인 접근이 우선 고려되어야 할 이유가 여기에 있습니다.

## 인공지능과 함께 읽고 쓰기

1장에서 다루었듯 새로운 가능성을 상상하는 계기로서의 인공지능을 논의하며, 우선 인공지능이 열어젖히는 새로운 리터러시 실천의 가능성을 논의해 보고자 합니다. 저는 새로운 기술의 가능성을 대표하는 키워드로 ①본격적인 생성적 멀티 리터러시 실천의 가능성 ②모든 것과 함께 읽고 모든 것과 함께 쓰기 ③'엄밀한 상상력'의 조력자가 되는 인공지능 ④말과 글을 횡단하며 쓰기 ⑤인공지능과 함께하는 사회적 쓰기 ⑥협업의 반경을 넓혀 더 넓고 단단하게 읽기-쓰기 ⑦저항의 동반자로서의 인공지능 상상하기 ⑧보편적 학습 설계를 위한 인공지능 상상하기를 제안합니다.

인공지능이 지식장과 리터러시 생태계 전반에 막대한 영향을 미치고 있음을 고려할 때, 다음의 예시는 극히 일부의 영역, 특히 리터러시 교육의 영역에 집중합니다. 하지만 이런 예시가 독자 여러분이 처한 상황에서 새로운 리터러시 실천을 상상하는 데 마중물의 역할을 할 수 있기를 바랍니다.

## 본격적인 생성적 멀티 리터러시 실천의 가능성

생성형 인공지능이 열어젖힐 새로운 글쓰기는 '생성적 멀티 리터러시'의 본격화입니다. 앞에서 다루었지만 간단히 설명하자면, 전통적인 리터러시 개념은 읽기와 쓰기에 집중하는 데 반해, 멀티 리터러시는 이미지·오디오·영상·제스처·공간 등과 텍스트 모두가 역동적으로 어우러지는 리터러시를 의미합니다. 1990년대 말 월드 와이드웹이 일상에 파고드는 가운데 여러 미디어를 적재적소에 배치하고 필요하다면 엮어 내어 새로운 의미를 표현하는 역량, 즉 멀티 리터러시의 중요성이 강조된 것이지요.

생성형 인공지능은 멀티 리터러시를 혁신하는 기술로 진화하고 있습니다. 그간의 멀티 리터러시 프로젝트에서 글과 이미지·영상과 소리를 엮어 내는 작업은 치밀한 기획과 긴 시간을 요하는 일이었습니다. 글을 적절한 이미지로 표현하고 이를 합쳐서 하나의 기사로 만드는 일만 해도 개인이 감당하기엔 만만치 않았지요. 하지만 생성형 인공지능은 누구나 다양한 미디어를 횡단하여 실험적으로 글을 쓴다는, 예전 같으면 상상에 그쳤을 작업을 현실로 만들고 있습니다. 이제 하나의 주제 의식 아래 텍스트와 이미지·사운드와 영상을 복합 미디어로 엮어 내는 작업이 개인의 수준에서 가능해졌습니다. 2024년 5월에 발표된 멀티모달 모델인 오픈AI의 GPT-4o나 구글의 프로젝트 아스트라 등은 (사생활 침해의 우려가 적절히 제어될 수 있다면) 텍스트와 발화는 물론 이미지·실시간 비디오 등을 통합한 새로운 미디어 생성의 가능성을 보여 줍니다.

이에 따라서 텍스트 기반 쓰기는 각각의 미디어가 기여할 수 있는 바를 기획하고, 정보의 흐름 속에 각각의 미디어를 적절히 배치하며, 이들을 조화롭게 수정하고 보완해 나가는 작업으로 진화할 가능성이 높습니다. 코드 생성과 데이터 시각화·각종 시뮬레이션 생성이라는 영역까지를 포함한다면 글쓰기는 소규모 종합예술의 성격을 띕니다. 다양한 미디어를 생성하고 배치하면서 역동적인 이야기를 만들어 가는 개개인은 '종합 미디어 예술가'가 되는 셈입니다. 글쓰기가 이렇게 미디어의 앙상블을 디자인하는 작업이 된다면, 이를 '글쓰기'라고 부르는 게 적절할지도 고민해 봐야겠지요. 결국 생성형 인공지능이 제공하는 가능성을 충분히 탐색하고 익힌 작가는 다양한 의미 자원을 '오케스트레이션'하는 감독이자 지휘자의 역할을 맡게 될 테니까요.

이런 가능성은 다시 소프트웨어 생태계를 바꾸어 놓을 것입니다. 이미 기본 사무용 소프트웨어와 클라우드 기반 애플리케이션에 생성형 인공지능이 장착되고 있고, 이는 맨바닥에서 시작해야 했던 전통적인 쓰기 방식을 변화시키고 있습니다. 이런 진화가 계속된다면 소프트웨어는 멀티미디어와 증강 및 가상현실 등을 통합하는 편집기로 변화하게 될 공산이 큽니다. 1990년대 초중반 주로 텍스트 중심의 웹문서를 표시하는 기능을 수행했던 웹브라우저가 다양한 매체와 소프트웨어 및 클라우드 기반 서비스를 구동하는 장으로 변화했듯이 인공지능과 상호작용하는 플랫폼 또한 검색과 요약·번역과 텍스트 생성 등의 기능을 통합하는 것은 물론 가용한 매체를 총동원하여 역동적으로 미디어를 생성하는 기능을 수행하게 될 것입니다.


## 모든 것과 함께 읽고 모든 것과 함께 쓰기

개인의 수준에서 글쓰기의 방식과 매체가 변화할 수 있

다는 가능성과 함께 고려해야 할 것은 함께 쓰기의 새로운 가능성입니다. 전통적으로 책이나 논문·이야기 등을 함께 쓰는 일은 쉽지 않은 것으로 여겨졌습니다. 그도 그럴 것이 글쓰기의 주요 단계로 여겨지는 아이디어 산출·대략적인 얼개 잡기·초고 작성·반복된 수정·최종 점검 등은 단순히 정보의 배열이 아니라 작성하는 글에 대한 철학과 태도·이론적 배경 선택·적절한 분량 배분·개성과 스타일의 구현 등이 개입되는 과정이기 때문입니다. 아울러 어떤 정보가 어떻게 배열되어야 할지, 어떤 어휘와 문법이 적절할지, 어느 정도로 은유와 예시를 사용해야 할지 등에 합의하는 일은 굉장히 어렵습니다. 사실 저자가 단독으로 작업을 해도 마음속으로 갈등을 느끼는 영역들이고요.

하지만 이제 충분히 만족스럽진 못하더라도 이런 한계를 어느 정도 극복할 수 있는 길이 열리고 있습니다. 예를 들어 교사가 수업 중에 여러 학생의 의견을 들으려고 온라인 포스트잇 형식의 앱을 사용한다고 가정해 봅시다. 25명의 의견을 청취한 뒤, 이를 정리된 한 편의 에세이로 써내려면 많은 시간과 정성이 필요합니다. 그런데 생성형 인공지능을 통해 의견들을 적절히 분류하고, 이를 유기적으로 통합하는 것은 어렵지 않습니다. 학습자 개인의 목소리에서 학급 전체의 목소리로의 '번역' 작업이 수월해지는 것입니다. 물론 이렇게 만들어진 글은 단일 필자의 글보다 덜 유기적이고 덜 논리적일 가능성이 큽니다. 하지만 학급 전체가 이를 다시 점검하고 비판적으로 수정하여 내용을 보강한다면 하나의 텍스트로 발전시킬 수 있습니다. 모두가 말하고 모두의 이름으로 쓰는 글이 탄생하는 것입니다.

함께 쓰기의 가능성은 인간 사이의 협업에 그치지 않습니다. 맥락에 따라 다양한 인공지능 에이전트와 협업할 수 있는 가능성이 열리게 될 것입니다. 상상력을 발동한다면 우리 주변의 수많은 동물과 식물·자연에서 얻을 수 있는 데이터를 변환해 새로운 형태의 글을 엮을 수 있습니다. 대기와 지표면·강물의 데이터를 실시간으로 텍스트와 엮을 수도 있고, 식물의 뿌리와 줄기에서 수분을 감지하는 센서를 통해 식물과 대화할 수도 있습니다. 고양이의 울음을 오랜 기간 수집해 분석함으로써 고양이의 욕망이나 감정을 파악하고 이를 '고양이와 함께 쓰기'에 반영할 수도 있을 것입니다.

비인간 생물체 특히 동물과의 소통은 오랜 시간 인

간의 꿈이었지만('강아지말 번역기'와 같은 투박한 도구를 생각해 보세요) 오랜 시간 다른 생물과 인간을 잇는 가교 역할을 하는 소통 체계는 존재하지 않았습니다. 기술이 발전한다고 해도 완벽한 소통은 불가능할 것이고요. 하지만 그런 명백한 한계 속에서도 인공지능은 소리를 통해 동물의 의사소통을 연구하는 생물음향학 분야에 새로운 지평을 열고 있습니다. 동물의 사진과 소리·비디오 등을 지속적으로 축적하고 기계학습으로 처리해 통계적 패턴을 추출하여 그것을 특정 상황에 연결 지어 동물들이 의미하고자 하는 바를 알아낼 수 있는 방법론을 마련했기 때문입니다. 실제 『고래어 하는 법』 How to Speak Whale의 저자 톰 머스틸은 혹등고래를 오랜 시간 관찰하고 그들과 교류한 데이터를 기계학습과 인공지능을 통해 분석함으로써 다른 생명들과의 소통을 몸소 실천함과 동시에 인간-동물 의사소통의 가능성에 대한 흥미로운 질문을 던지고 있습니다.

앞서 살펴 보았듯이 인공지능이 저자가 될 수 있는가에 대한 논쟁이 진행 중입니다. 하지만 저는 그에 못지 않게 중요한 다른 질문에 대해 진지하게 논의해야 한다고 생각합니다. 인간이 강아지·고양이·오리·고래·

은행나무·플라타너스·이끼·바이러스와 함께 글을 읽고 쓸 수는 없을까요? 동식물과 미생물·산과 강·바다와 구름은 저자가 될 수 없을까요? 그들은 그저 글의 대상일 뿐인가요? '모든 것과 함께 읽고 모든 것과 함께 쓰기'라는 화두를 가지고 이러한 질문들을 끝까지 밀어붙일 때 우리의 읽기-쓰기는 어떻게 변화할까요? 인공지능은 그러한 질문의 여정에서 어떤 역할을 할 수 있을까요? 실로 흥미진진한 질문들이 우리 앞에 놓여 있습니다.

## '엄밀한 상상력'의 조력자가 되는 인공지능

생성형 인공지능은 기존의 비판적 글쓰기에도 영감을 줄 수 있습니다. 비판성의 층위는 여러 가지지만, 여기에서는 '다른 사람의 입장과 관점을 취하기'에 대해 논의해 보고자 합니다. 저는 미국의 역사를 권력자가 아니라 시민과 민중의 관점에서 다시 쓰는 작업을 통해 비판적 미국사 서술의 한 획을 그은 하워드 진의 글을 좋아합니다. 구스 반 산트의 1997년작으로 오스카 9개 부문 후보에 올랐던 『굿 윌 헌팅』에서 윌 헌팅이 션 맥과이어 박사에게 "제대로 된 역사를 알고 싶으면 하워드 진의 『미국 민중사』를 읽으라"라고 말하는 장면이 나오기도 하죠. 하워드 진의 저술이 이전의 역사서에 비해 두드러지게 달랐던 이유는 권력자와 엘리트가 아닌 평범한 사람들 그러니까 배제되고 차별받은 사람들의 입장에서 미합중국의 역사를 썼다는 점 때문이었습니다.

하워드 진을 비롯한 많은 저술가의 작업은 사회와 역사를 비판적으로 보는 데 중요한 단초를 제공해 줍니다. 어떤 사건을 다면적으로 이해하려면 그에 대한 공식적인 기록뿐 아니라, 그 사건을 경험했던 다양한 사람들의 목소리를 들어야 한다는 것입니다. 만약 그런 목소리를 담은 기억이 남아 있지 않다면 신뢰할 수 있는 자료들을 통해 그들의 관점과 경험을 재구성하는 '엄밀한 역사적 상상력'을 발휘하는 일이 필요하고요. 이런 엄밀한 상상력을 발휘하려는 활동으로 저는 "A의 관점에서 B를 비판하기"가 의미를 가질 수 있다고 생각합니다.

예를 들어 어떤 시대나 사상을 대표하는 텍스트와 이와는 반대의 관점을 지닐 수밖에 없는 사람 혹은 집단의 관점을 담은 텍스트를 준비하고, 여기에 역사적인 맥락을 더할 수 있는 데이터를 추가하여 생성형 인공지능에 제공한 후 정교한 프롬프팅을 진행함으로써 흥미로운 글을 얻을 수 있습니다. 미국의 독립선언서를 당시를 살았던 노예의 입장에서 비판해 보라고 요청할 수도, 교사가 주도하는 강력한 훈육 중심의 교육관을 피력하는 문서를 자유로운 탐구와 실험을 통해 배우고자 하는 학습자의 입장에서 비판해 보라고 할 수도 있습니다. 기술낙관주의를 피력하는 희망 가득한 선언문을 기술적 혜택을 전혀 받지 못하고 차별당하는 사람의 입장에서 논박하는 글을 요청할 수도 있겠지요. 산림개발을 둘러싼 다양한 이해 당사자의 입장을 대표할 수 있는 상세한 자료를 제공한 후, 산림개발의 이익을 늘어놓는 정치인과 해당 산림에서 살고 있는 동식물들의 토론을 생성할 수도 있을 것입니다. 정치인과 야생동물의 불꽃 토론이 벌어지는 것이지요! 나아가 이 같은 상상력은 인간과 인공지능이 아니라 인공지능 에이전트 간의 대화를 통한 논쟁 및 협업 시뮬레이션으로 응용될 수 있습니다.

예를 들어 봅시다. 다음은 기술의 가능성을 높게 평가하며 기술이 열어 줄 미래가 낙관적이라는 점을 강조하는 기술낙관주의를 주창하는 마크 앤드리슨과 벤 호로위츠가 공동 창업한 미국의 IT 벤처 투자 전문 회사

앤드리슨 호로위츠의 「기술낙관주의 선언」의 한 대목입니다.

우리는 지능이 진보의 궁극적인 엔진이라고 믿습니다. 지능은 모든 것을 더 좋게 만듭니다. 우리가 측정할 수 있는 거의 모든 지표에서 똑똑한 사람들과 똑똑한 사회가 덜 똑똑한 사람보다 더 뛰어난 성과를 냅니다. 지능은 인류의 천부적 권리입니다. 우리는 그것을 가능한 한 충분히 그리고 넓게 확장해야 합니다.

우리는 지능이 상승 나선에 있다고 믿습니다. 첫째, 전 세계의 더 많은 똑똑한 사람들이 기술 자본 시스템에 동원됨으로써, 둘째, 사람들이 회사나 네트워크와 같은 새로운 사이버네틱 시스템으로 기계와 공생 관계를 형성함으로써, 셋째, 인공지능이 우리 기계와 우리 자신의 능력을 향상시킴으로써.

(……)

우리는 인공지능의 감속이 생명을 앗아 갈 것이라고 믿습니다. 존재하지 못하도록 막힌 AI에 의해 예방될 수 있었던 죽음은 일종의 살인입니다.

우리는 인공지능만큼이나 증강 지능도 믿습니다. 지능

형 기계는 지능형 인간을 증강시켜 인간이 할 수 있는 것을 기하급수적으로 확장시킵니다.

우리는 증강 지능이 한계 생산성을 이끌고, 한계 생산성이 임금 상승을 이끌며, 임금 상승은 수요를 이끌고, 수요는 새로운 공급의 창출을 이끈다고 믿습니다. 상한선 없이 말이죠.[18]

저는 위 진술이 기술에 대한 과도한 낙관과 지능에 대한 무비판적 사고를 강화하기에 이와는 사뭇 다른 관점에서 볼 수 있어야 한다고 생각합니다. 수업을 위해 성장지상주의를 경계하며 생태적 사고와 실천을 강조하는 '탈성장'의 관점에서 이를 다시 써 보기로 했습니다. 생성형 인공지능을 활용해서요. 이를 위해 탈성장의 기본 개념을 설명한 웹페이지 '탈성장이란 무엇인가'What is degrowth의 내용을 생성형 인공지능에 제공한 다음, 이 페이지가 논의하는 탈성장의 관점에서 「기술낙관주의 선언」의 내용을 재구성하는 글을 써 달라고 요청했습니다. 다음은 그 결과입니다.

우리는 지능을 진보의 궁극적인 엔진으로 추구하는 것

이 옳지 않으며 위험하다고 믿습니다. 인간과 인공지능 모두를 확장하려는 끊임없는 충동은 인간 착취와 환경 파괴로 이어지는 성장을 어떤 대가를 치르더라도 우선시하는 세계 자본주의 체제의 산물입니다. 더 높은 지능이 항상 더 나은 결과로 이어진다는 생각은 우리 세계의 복잡한 현실과 통제할 수 없는 기술 진보의 의도하지 않은 결과를 무시합니다.

인공지능이 우리의 모든 문제를 해결할 수 있다는 개념은 매혹적이지만 위험한 환상입니다. 인공지능은 의료와 같은 특정 영역에서 잠재적인 이점이 있을 수 있지만, 우리는 위험과 한계에 주의를 기울여야 합니다. 인공지능의 개발은 현재 사회 전체의 요구가 아닌 대기업의 이윤 동기에 의해 주도되고 있습니다. 이는 사회적·생태적 안녕을 증진하기보다는 기존의 불평등과 권력 구조를 영속화하는 AI 시스템의 창출로 이어질 수 있습니다.

또한 AI 개발의 감속이 생명을 앗아갈 것이라는 생각은 거짓 이분법입니다. 우리는 일자리 대체·프라이버시 침해·소수에게 권력 집중 등 인공지능의 잠재적 장기 위험을 고려해야 합니다. 우리는 단기적인 이득을 위해 우리의 가치와 지구의 건강을 희생할 수 없습니다.

그 자체로 지능을 추구하는 대신, 우리는 사회적·생태적 안녕, 자원의 급진적 재분배 그리고 돌봄·연대·자율성으로의 전환을 우선시해야 합니다. 우리는 행성의 경계 내에서 운영되고 모두를 위한 좋은 삶을 보장하는 개방적이고 연결된 지역 경제를 만들어야 합니다.

기술적 해결책에만 의존하는 대신, 우리는 사회적 변화와 충족에 초점을 맞추어야 합니다. 이는 더 많은 효율성과 생산성을 끊임없이 추구하기보다는 감속·시간 복지·공생을 수용하는 것을 의미합니다. 우리는 실질적인 정치 참여를 위해 민주적 의사 결정을 확대하고 인공지능을 포함한 기술의 발전이 사회 전체의 필요와 가치에 의해 인도되도록 해야 합니다.

요컨대, 지능 추구는 무한한 성장과 기술 발전보다 인간의 안녕과 생태학적 지속 가능성을 우선시하는 사회를 만드는 탈성장의 목표에 종속되어야 합니다. 그래야만 우리는 진정으로 모두를 위해 지적이고 정의로운 미래를 구축할 수 있습니다.

물론 이러한 과정에서 정확한 정보를 확인하는 작업이 반드시 필요합니다. 인공지능이 생성한 평균적이고 밋밋한 서술을 다시 한 번 비판적으로 읽어야 합니다. 마찬가지로 생성형 인공지능을 통합하여 사실을 다루는 읽기-쓰기 교수학습에서는 팩트체크가 필수로 자리 잡아야 합니다.

### 말과 글을 횡단하며 쓰기

창작자나 연구자 들이 자신의 생각을 정리하려고 쓰는 방법 중 가장 간단한 것은 주변 사람에게 자신이 수행하는 프로젝트에 대해 이야기하는 것입니다. 머릿속 생각을 밖으로 내보내다 보면 자신이 하려고 하는 일이 좀 더 명료해짐과 동시에 그 생각의 허점과 한계를 자각하게 되지요. 상대방의 의견을 들으며 보완해야 할 사항이 확실해지기도 하고요. 때로는 생각지도 못했던 아이디어를 선물 받기도 합니다. 이처럼 말해 보는 경험은 뒤죽박죽 얽혀 있는 생각들을 말로 가지런히 변환하는 과정을 통한 생각의 정돈·대화의 과정에서 접하는 새로운 아이디어와 깨달음이라는 선물을 동시에 선사합니다.

친구와 헤어지면서 '이따가 메신저로 하던 이야기 마저 하자'고 말한 적이 있을 겁니다. 면대면 대화와 채팅이 자연스럽게 이어지는 상황이지요. 그런데 우리가 깊이 인지하지는 못하지만, 인터넷 채팅의 언어는 말과 글의 특성을 동시에 지닙니다. 입력의 방식이 타이핑이라는 점·타이핑하는 중간에 끼어드는 일이 사실상 불가능하다는 점·채팅을 하고 나면 일부러 삭제하지 않는 이상 기록으로 남는다는 점에서 글의 특징이 있습니다. 하지만 격식을 차리지 않는 대화가 펼쳐지므로 인터넷 채팅이 조직의 중대 결정 사항이나 계약과 관련된 정보를 공유하고 기록으로 남기는 공식적인 소통 창구로 쓰이는 일은 드물죠. 말투나 어휘 또한 일상어에 가깝고 격식을 갖춘 글에서는 좀처럼 쓰지 않는 이모티콘과 움직이는 이미지 등도 빈번하게 사용하고요. 예외적으로 즉석 녹음이나 동영상 파일을 보내기도 하지만, 타이핑을 통해 진행되는 경우가 대부분이죠. 이렇게 보면 메신저 채팅은 '말과 글의 짬뽕'과도 같은 커뮤니케이션 방법입니다.

그런데 인공지능의 진화는 구어와 문어, 즉 말과 글 사이의 경계를 더욱 철저히 허물고 있습니다. 동영상 플랫폼의 자동 자막은 인간의 말을 기계가 '받아 적는' 알고리즘을 통해 구현됩니다. 이를 'STT'Speech to Text 즉 발화-텍스트 변환 기술이라고 부르죠. 사람이 타이핑한 것을 자연스러운 발화로 바꾸어 내는 'TTS'Text to Speech, 즉 텍스트-발화 변환 기술은 스마트폰 등의 기기를 통해 대중화되었습니다. 최근에는 TTS 음성에 감정과 리듬·강약과 높낮이를 넣는 것을 넘어 특정인의 음성 샘플에 기반해 감쪽같이 해당 인물의 음성을 복제하는 기술까지 등장했습니다. 몇 분 안에 소위 '도플갱어 음성 합성'이 가능해진 것입니다. 음성 복제 기술은 윤리적인 면에서 여러 이슈를 낳고 있지만, 리터러시의 관점에서 보면 발화와 텍스트 사이의 벽이 무너진다는 것은 새로운 형태의 쓰기 과정이 창발하고 있음을 의미합니다. 이런 새로운 결과물을 어떤 단어로 표현할지 애매하지만, 말글*과 글말**의 작업 방식은 급속히 확산될 가능성이 있습니다. 글을 쓰다가 음성 명령을 내리거나, 인공지능과 말로 상호작용을 하다가 특정한 문서의 내용을 통합하라고 요청할 수도 있겠지요. 물론 이전에도

---

* 말에서 시작해 텍스트의 형태로 출판되는 글로, 생성형 인공지능에게 이런저런 말을 입력한 뒤 이를 기반으로 글을 써내라고 하는 것.
** 글의 형태로 시작해 발화의 형태로 공개되는 말로, 글을 쓴 다음 이를 생성형 인공지능에 제공하여 적절한 구어체로 바꾸고 목소리 형태의 아웃풋으로 뽑아낸 것.

대담과 같은 형태의 말을 글로 변환해 출판하거나, 미리 써 놓은 원고를 앞에 놓고 대화를 진행하는 방식의 리터러시 실천이 존재했습니다. 이 같은 관행에서는 말에서 글로의 변환, 그 반대로의 변환에 일정한 기간이 소요되었지만, 지금의 기술은 말글 혹은 글말의 생산을 거의 실시간으로 가능하게 하고 있다는 점, 그 가운데 말과 글의 경계가 무너지고 있다는 점이 큰 차이입니다.

예를 들어 봅시다. 아이디어를 녹음한 파일을 텍스트로 바꾸고 이를 글쓰기에 사용하는 것은 기초적이지만 긴요한 작업 방법입니다. 특정 주제에 대해 생각나는 대로 최대한 길게 말하고 인공지능 에이전트에게 가지런한 개요 작성을 요청한 뒤, 이를 수정·보완·확장·심화하여 글의 초안을 만들 수 있습니다. 일터에서의 팀 회의 결과 정리를 인공지능에게 요청하고, 새로운 내용을 추가하여 검토본을 작성할 수 있습니다. 조별 과제를 하는 상황이라면 본격적으로 글쓰기에 들어가기 전에 조원의 생각을 나누고 이를 텍스트로 변환한 뒤 군더더기를 없애 과제의 방향을 정하는 데 도움을 받을 수 있으며, 과제 수행 과정 일체를 인공지능에 맡기는 일을 피할 수 있습니다. 오랜 기간 한 가지 주제에 대해 공부하면서 면대면으로 주고받은 대화·메신저 채팅 기록·관련 기사 및 각자가 쓴 글을 모아 하나의 글로 편집하려 할 때에도 인공지능을 요긴하게 사용할 수 있겠지요. 결국 자신의 일상에서 말과 글이 어떻게 얽히고 있는지 파악하고, 이를 유기적으로 엮을 방법을 고안한다면 나아가 그 과정에 인공지능을 적절히 초대한다면 새로운 글쓰기 과정을 탄생시킬 수 있습니다. 흔히 '글을 쓰려면 일단 뭐든 써야지'라고들 하지만, '글을 쓰려면 일단 말이든 글이든 생각을 밖으로 꺼내야지'라고 말할 날이 온 것입니다.

## 인공지능과 함께하는 사회적 쓰기

학술적 글쓰기 강의를 할 때 수강생들에게 강조하는 것이 있습니다. 글쓰기를 결코 혼자 하는 일이라 생각하지 말라는 것입니다. 글을 최종적으로 타이핑하는 것은 혼자일지 모르지만, 그 과정에서 만나는 사람·논문과 책의 저자·함께 고민하는 동시대의 많은 사람이 함께하고 있음을 잊지 않을 때 읽고 쓰는 일이 덜 외롭고 더 깊어질 수 있으니까요. 이런 면에서 인공지능은 쓰기에 수반되는 인지적·정서적 과정을 변화시키는 상호작용의 상대가 될 수 있습니다.

이와 관련하여 소설가 김초엽 작가가 소개한 바 있는 '러버덕 디버깅' 기법이 흥미롭습니다. 러버덕 디버깅은 프로그램 개발자가 자신이 작성한 프로그램 코드를 점검할 때, 그저 코드를 뚫어져라 쳐다보는 것이 아니라, 앞에 러버덕, 즉 고무 오리 인형을 가져다 놓고 그와 대화를 하는 방식으로 진행하는 것을 말합니다. 이는 학습심리학에서 말하는 '자기에게 설명하기'self-explanation와 유사한 면이 있습니다. 학습자가 자신이 배우는 내용이나 당면한 문제를 차근차근 자신에게 설명하면 해당 내용과 문제 해결 방법을 익히는 데 실질적인 도움을 준다는 경험적 가설에 근거합니다. 러버덕 디버깅의 경우에는 그 설명의 대상을 자기 자신이 아닌 러버덕 인형으로 설정하는 것이지요.

이런 과정은 앞에서 언급한 생각을 외화하는 작업이 가진 힘에 근거합니다. 자신의 내부에 고인 생각을 외부로 꺼내는 과정을 꼼꼼하게 수행하다 보면 얻게 되는 게 분명히 있습니다. 알고 있다고 생각했는데 잘 모르는 측면이 드러나기도 하고, 잘 모른다고 생각했는데

이야기를 하다 보니 꼬리에 꼬리를 무는 아이디어가 나와서 의외로 쉽게 문제가 해결되기도 하지요. 생각을 언어로 외화하는 일의 효용은 여기에서 그치지 않습니다. 작은 소리로 원고를 읽어 가며 교정을 보는 편집자나 저자가 여전히 있고, 저도 종종 이런 방법을 활용합니다.

그런데 자기 자신이나 오리에게 이야기하는 것에는 한계가 있습니다. 자신을 스스로 비판적이고 분석적으로 보기 힘들고(거창하게 말하면, 자신의 생각에 관해 체계적으로 생각하는 능력인 메타인지에는 한계가 있고), 오리는 고마운 존재이지만 실제로 틀린 코드를 찾아내지 못하죠(오리가 여러분에게 진짜로 말을 한다면, 오리가 외계로부터 지구에 몰래 잠입한 생명체이거나 여러분이 너무 피곤한 상황이겠죠). 이런 면에서 인간의 언어를 처리하고 생산하는 생성형 인공지능과의 상호작용에는 분명한 이점이 있습니다.

결국 생성형 인공지능은 개념적이고 심리적인 면에서 강조되었던 '사회적 글쓰기'라는 개념을 물리적인 차원에서 구현하는 기술이 될 수 있습니다. 실제로 대화를 나누고 원고에 대한 피드백을 주는 파트너가 생겼으니까요. 기술의 확산에 따라 사람들은 '맨바닥에서' 글을 쓰기 시작하려 들지 않을 것입니다. 이는 양날의 검이지만 글쓰기를 두려워하는 적지 않은 사람들에게는 반가운 소식이기도 합니다. 한 단어도 쓰지 못하고 커서를 뚫어져라 쳐다보며 자괴감에 허우적거리는 '작가의 벽'writer's block은 대폭 줄어들겠지요. 첫 단어·첫 문장이 여전히 중요한 시나 소설과 같은 장르에서보다는 과제 작성이나 정보 제공 글쓰기에서 효용이 더 클 거고요. 글쓰기가 벽에 부딪힐 때마다 말을 걸 상대가 있다는 사실은 본격적인 글쓰기에 부담을 느꼈던 이들에게는 위안이자 실질적인 도움이 됩니다.

### 협업의 반경을 넓혀 더 넓고 단단하게 읽기-쓰기

인공지능의 요약 및 설명·논증 능력은 완벽하지 않습니다. 여러 차례 언급한 환각의 문제도 있지만, 그에 못지않게 중요한 단점은 필자의 배경과 관점·전망을 충분히 반영한 글을 정교하게 써내는 작업을 요청하기에는 아쉬움이 크다는 점입니다. 그렇기에 특정한 분야의 지식을 새로운 관점에서 다루는 경우 전문가의 개입은 필수적이지요. 하지만 이것이 인공지능이 완벽히 무용하다는 뜻은 아닙니다. 인공지능의 역량을 적절히 활용하면서 전문가들이 적재적소에 개입한다면 이제껏 가능하지 않았던 종류의 협업이 가능하기 때문입니다. 다음은 이와 관련된 한 가지 시나리오입니다.

연구자 A는 생물학자로서 평생 생명현상을 연구했습니다. 최근 인공지능의 부상과 함께 '지능'이라는 키워드를 살피기 시작했습니다. 관련 문헌을 탐색하다 보니 생물학 내에서 논의되었던 지능과는 다른 측면에서 지능을 연구하는 분야로 심리학·교육학·인지과학 등에 주목해야 한다는 깨달음을 얻었습니다. 계속해서 공부하다 보니 최근의 인류학과 철학에서 비인간 주체의 행위자성에 대한 관심이 높아지고 있으며, 이것이 지능 연구에 새로운 인식론적 돌파구를 열어 줄 수도 있을 거라는 확신이 들었습니다. 관련 문헌을 찾는 것은 어렵지 않았으나 여전히 해당 분야의 역사 속에서 지능이 어떻게 연구되고 논쟁되었는지에 대해 깊이 이해하기는 힘들었습니다. 생성형 인공지능과의 협업을 통해서 해당 문헌의 난해한 부분을 조금 더 쉽게 만들어 볼 수 있었지만, 여전히 이런 작업에 기반한 이해가 얼마나 정확한 것인지 확신할 수 없었습니다.

하지만 여기에서 멈출 수는 없었습니다. 이전 같으면 지금의 너비와 깊이로 문헌을 수집하고 이해하는 일은 불가능했을 테지만, 이제는 인공지능과 짝을 이루어 어느 정도의 완성도를 갖춘, 하지만 여전히 완벽과는 거리가 먼 원고를 완성할 수 있었습니다. 이것을 다른 분야의 학자들과 교류할 수 있는 기반으로 삼는다면 새로운 협업의 모델을 만들 수 있다는 확신 또한 들었습니다. 이전에 말하던 '융합'이니 '통섭'이니 하는 키워드가 그저 슬로건에 그쳤다면, 이제는 진정한 다학제적 연구를 해 볼 수 있다고 느꼈습니다. 이제 그는 본격적으로 학제 간 협력에 기반하여 새로운 관점의 지능 연구를 제안하려고 합니다. 여러 분야의 전문가가 모이고 해당 분야에서 그동안 생성형 인공지능을 썼던 노하우가 공유된다면 더욱 가치 있는 연구를 만들어 갈 수 있을 것이라는 희망을 가지고 새로운 길에 나섭니다.

이 같은 시나리오에서 주목해야 할 것은 협력의 반경을 넓히되 읽고 쓰는 일의 깊이를 희생하지 않는다는 원칙입니다. 한 분야의 전문가 개인이 감당하기 어려운 과업인데요. 이를 극복하려면 각 분야의 전문가들이 긴밀히 협업해야 하며, 이를 실질적으로 매개할 수 있는 조력자가 필요합니다. 그런데 한 분야 내에 존재하는 세부 전문가들 간의 소통과 협력만도 쉽지 않기에, 여러 분야를 횡단하며 유기적으로 잇는 일은 무척이나 어렵습니다. 인공지능의 진화가 계속된다면 인공지능이 이런 연결자liaison의 역할을 충분히 맡을 수 있을 것입니다. 동시에 각 분야에서 집적된 인간과 인공지능의 협업 모델이 여러 분야에 걸쳐 공유되면서 다양한 주제를 깊이 이해하고 연구한 사람들과 여러 영역에 특화된 인공지능 에이전트들이 상생할 수 있는 네트워크가 만들어질 수 있습니다. 이 인간-비인간 주체들이 함께 프로젝트를 진행하되 적재적소에 인간이 개입함으로써hu-mans-in-the-loop 해당 프로젝트의 결과물의 엄밀성과 너비 모두를 확보하고, 학문적·윤리적·사회적으로 의미 있는 공헌을 할 수 있습니다.

## 저항의 동반자로서의 인공지능 상상하기

인공지능은 인간과 협력하지만 갈등하는 존재이기도 합니다. 노동자들을 경제적 위기로 내몰고, 수많은 시민을 무작위로 감시하고, 특정한 인종적 문화적 배경을 가지고 태어났다는 이유만으로 범죄를 저지를 확률이 높으리라고 여기기도 합니다. 성소수자나 산업화가 덜 진행된 문화권의 사람들을 적절하게 재현하지 못할뿐더러, 서양 그중에서도 미국의 가치를 내면화한 결과물을 생성하는 경우가 많습니다. 무엇보다 현재 거대언어모델로 대표되는 생성형 인공지능이 학습한 데이터는 공식적인 허락을 받지 않고 무단으로 사용되었습니다. 평범한 창작자 및 블로거들이 만든 텍스트에서 기관과 언론사의 문서까지 무차별적으로 수집되었죠. 2024년 5월 스칼렛 요한슨은 오픈AI의 인공지능 모델 GPT-4o가 자신의 허락 없이 목소리를 도용했다고 주장했고, 오픈AI 측은 해당 음성을 바로 삭제했습니다. 도용 의도가 없었다고 해명하긴 했지만 대다수 언론과 시민은 이를 곧이 곧대로 받아들이지 않고 오픈AI의 법적이고 윤리적인 문제점을 지적했습니다. 저 또한 세계적인 배우의 권리를 '뭉개 버릴' 수 있는 조직이라면 그들에게 평범한 개개인의 노동과 권리를 존중하리라 기대하는 것은 무리라고 생각했지요. 거대언어모델의 편향과 개발 과정에서 일어나는 권리 침해는 경제적 정의뿐 아니라 인간의 평등과 다양성·민주주의의 가치를 훼손합니다. 이미 그런 일이 벌어지고 있기도 하고요.

인공지능의 어두운 측면은 그저 받아들여야 할 숙명일까요? 그렇지 않습니다. 기술은 언제나 개인·집단·사회 나아가 행성과 함께 엮이면서 진화합니다. 따라서 이 각각의 주체가 어떤 저항을 조직하고 실천하는가, 어떠한 비판을 수행하는가에 따라 기술의 발전 방향과 속도는 바뀔 수 있습니다. 이와 관련하여 가장 널리 언급되는 사례는 아마도 19세기 초반 영국에서 일어난 러다이트 운동일 것입니다. 흔히 러다이트 운동에 '기계 파괴 운동'이라는 단순한 꼬리표를 붙이고 파괴적 실천만을 기억하지만, 실제 러다이트 운동에 적극적으로 참여했던 노동자들은 당시 자신이 처한 열악한 상황에 주목했습니다. 광범위한 실업과 경제 상황의 격변 속에서 빈곤 가구는 늘고 먹을 것은 늘 부족했습니다. 엎친 데 덮친 격으로 인플레이션 또한 극심했지요. 이 상황에서 노동자가 자신의 의사를 표현하려면 기계를 파괴하는 선택을 할 수밖에 없었습니다. 다시 말해 기계 파괴 자체가 목적이었다기보다는 사회경제적 형평성과 분배의 정의를 겨냥한 운동이었지요. 그렇기에 러다이트 운동을 일부 노동자의 과격한 파괴 행위로 폄하하는 것은 기술과 인간·노동의 관계를 너무나도 납작하게 이해하는 일입니다. 중요한 것은 사회경제 구조 속에서 새로운 기술이 인간과 어떤 관계를 맺는가, 그런 관계 맺기를 긍정적으로만 묘사하면서 밀어붙이는 개인과 집단은 누구인가, 그로 인해 피해를 입고 배제되는 집단은 누구인가를 명확히 이해하고 이에 맞는 저항적 실천을 궁리하는 일입니다.

인간과 인공지능이 힘을 합쳐 인공지능의 폭주에 대항하는 사례가 있습니다. 예를 들어 시카고대학의 벤 자오 박사와 동료 연구자들은 '글레이즈'라는 알고리즘을 통해 특정한 이미지의 픽셀을 미세 조정하는 방식으로 인공지능이 이를 실제와 다른 것으로 해석하도록 유도하며, 결과적으로 거대 인공지능 개발 기업이 예술가의 작품을 무단으로 사용하지 못하도록 합니다. 일례로 한 예술가가 밀림을 그린 작품에 글레이즈 알고리즘을 적용하면 생성형 인공지능은 이를 분수대로 인식합니다. 나아가 자오 박사의 연구팀은 '나이트섀드'라는 알고리즘을 개발했는데, 이는 무단으로 사용된 창작물을 일종의 '독극물'로 작동하도록 만듭니다. 나이트섀드 알고리즘에 '중독된' 인공지능 시스템은 개를 고양이로 그린다거나 자동차를 소로 그려내는 등 이미지 생성 알고리즘의 성능이 떨어집니다. 글레이즈나 나이트섀드와 같은 알고리즘은 작가들의 동의 없이 무단으로 작품을 모아 자사의 인공지능을 훈련시키는 약탈적 관행에 경종을 울리는 역할을 합니다.

연구자들은 2010년에 시작되어 2012년 중반까지 계속된 제1차 아랍의 봄*에서 소셜미디어가 여러 아랍권 국가에서 지속된 여론 통제를 뚫고 시민의 목소리를 전달하며 연대를 조직하는 역할을 했다고 주장합니다. 이를 통해 튀니지·리비아·이집트 등에서 통치자들이 축출되었지요. 이 과정에서 소셜 미디어의 역할이 어느 정도였는지에 대한 논쟁이 있으나 시민적 저항의 확산에 이전에 존재하지 않았던 기술이 주요한 역할을 했음을 부인할 수는 없습니다. 시민적 저항을 조직하고 확산

---

* 북아프리카와 중동 국가들의 반정부 시위 및 혁명. '아랍의 각성'(Arab Awakening)이라고도 한다. 중앙 정부 및 기득권의 부패와 타락·빈부의 격차·높은 청년 실업률로 인한 대중의 분노 등이 발생 원인이다.

하는 데 있어 기술의 긍정적 역할은 흑인의 생명은 소중하다Black Lives Matter, BLM와 글로벌 기후 파업 등의 사회운동에서도 확인되었습니다.

특정한 기술이 기회와 제약 모두를 제공한다는 점을 기억한다면 인공지능에 무조건적으로 순응하거나 완전히 배제하기보다는 인공지능을 사회정치적 연대를 위한 주요한 도구이자 협력자로 자리매김할 수 있는 방법을 강구해야 합니다. 인공지능이 시민을 감시하고 민주주의를 축소시킬 위험이 있다면, 이를 뒤집어 인공지능을 통해 시민의 자유를 보장하고 민주주의를 강화할 수 있는 실천 또한 진지하게 논의해야 합니다. 이를 통해 인공지능 리터러시의 한 축인 비판적 리터러시를 실천할 수 있습니다. 기계번역과 인공지능 텍스트 생성의 위협을 면밀히 분석함과 동시에 인공지능과 번역기가 여는 읽기-쓰기의 새로운 가능성을 탐색해야 하듯이, 억압 기제로서의 인공지능과 해방의 도구로서의 인공지능을 동시에 사유해야 합니다. 인공지능의 칼끝이 시민이 아닌 착취적·비민주적·반생태적 제도와 기관을 향할 수 있도록 모두의 지혜가 필요합니다.

## 보편적 학습 설계를 위한 인공지능 상상하기

문학 연구자들의 초대로 한 학회에 참여한 적이 있습니다. 문학에 대해서는 문외한이지만 여러 선생님과 의견을 나누며 서로 배울 수 있는 좋은 기회라고 생각하고 발표를 했습니다. 제 주장의 핵심은 ①생성형 인공지능을 모든 과업에 적용할 필요는 없으며, ②다양한 리터러시 실천이 어울리며 교류할 수 있는 새로운 리터러시 생태계를 상상하는 작업이 필요하고, ③이를 실천하는 데 이론적·교육학적 준거를 마련하는 일이 시급하다는 것이었습니다.

결론적으로 리터러시 교육에 인공지능을 통합하고자 할 때 고려해야 할 핵심 준거로 제시한 것은 바로 보편적 학습 설계Universal Design for Learning, UDL였습니다. 인공지능이 그저 효율성과 생산성의 도구가 되는 구도를 넘어, 인공지능을 그간 교육계에서 논의된 보편적 학습 설계 구현을 위한 유용한 도구로 삼아야 한다는 주장이었죠. 보편적 학습 설계는 인간 하나하나의 존재를 있는 그대로 인정하는 교육철학이자 교수학습 실천 방법론으로, 모두를 포용하고 모든 이가 주인으로 참여할 수 있는 학습 환경을 만드는 데 관심을 둡니다. 학습자가 각자의 성향·준비의 정도·정체성·생애사의 궤적 등을 고려해 배움의 내용을 인지하고 이해하고 표현할 수 있어야 하며, 이를 위해 다양한 수단을 선택할 수 있어야 한다는 관점입니다. 그래야만 비로소 학습자가 자신에게 가장 도움이 되는 방식으로 학습 자료를 소화하고 활용할 수 있으며, 이런 경험을 쌓는 과정에서 단순히 특정 과목을 배우는 학습자가 아니라 학습 자체에 대한 전문가가 됩니다. '프로 배움러'로 발돋움하는 것이지요.

캐나다 온타리오주는 보편적 학습 설계를 교육과정의 주요 철학으로 삼고 있는데요, 온타리오주의 교육자들이 공유하는 신념인 '모두를 위한 교육'Education for All은 ①모든 학생은 성공할 수 있고, ②각 학생은 자신만의 독특한 학습 패턴이 있으며, ③성공적인 교육 실천은 경험에 의해 조율된 근거 기반 연구에 기초한다는 점을 제시합니다. 나아가 ④보편적 설계와 다변화 교육 Differentiated Instruction, DI은 모든 학생의 학습 또는 생산성 요구를 충족시키는 효과적이고 상호 연결된 수단이고, ⑤교실에서 교사는 학생의 문해력과 수리력 발달을 위한 핵심 교육자이며, ⑥교사가 모든 학생을 지원하는 학습 환경을 조성하려면 더 큰 공동체의 지원을 필요로 한다는 점을 명확히 합니다. 이 신념 목록은 ⑦공정성은 획일성이 아니라는 명제로 끝을 맺습니다. 보편적 학습 설계를 위한 실행 방안의 핵심을 이루는 다변화 교육에서 교사는 서로 다른 학습자의 학습 여정을 기획하고 지원하되, 모든 학생이 최선의 성취를 이룰 수 있도록 돕습니다. 이를 위해 대안적인 교수 및 평가 활동을 제공하고 적절한 수준에서 학생의 도전 의식을 자극하는 과업을 제시하며 학생의 필요에 따라 다양하고 유연한 그룹 활동을 활용합니다.

인공지능의 미디어 변환 기능·자연어로 코드와 음악 및 이미지와 영상 그리고 다양한 텍스트를 생성하는 능력·하나의 문장을 다양한 난이도로 제공할 수 있는 기능·이미지를 읽어 들여 텍스트로 표시하고 이를 또 다른 미디어로 표현할 수 있는 기능·글씨를 알아보거나 인간이 직접 그린 그림을 다른 스타일로 바꾸는 기능 등을 적절히 사용하면 보편적 학습 설계를 위한 다양한 교수 자료를 생산하고 흥미로운 활동을 고안할 수 있습니다.

예를 들어 봅시다. 보편적 학습 설계에 기반한 교수

학습에 널리 활용되는 UDL 가이드라인은 학습자가 다양한 방식으로 학습 내용을 받아들이게 하자고 제안합니다. 학습 내용에 접근할 수 있는 다양한 선택지를 제공할 것을 권하는 것이죠. 생성형 인공지능의 텍스트·이미지·음성·비디오 간 변환 기능을 통해 이를 달성할 수 있습니다. 마찬가지로 UDL 가이드라인이 제안하는 언어와 기호에 대한 다양한 선택지 제공이라는 제안과 관련해서는 생성형 인공지능을 통한 텍스트 난이도 조정이 도움이 됩니다. 또 다른 제안은 흥미를 유발하기 위해 다양한 선택지를 제공하라는 것인데요. 이를 위해서는 생성형 인공지능을 통한 장르 변환을 고려할 수 있습니다. 딱딱한 과학 텍스트만 보면 '몸이 굳어 버리는' 학생들을 위해서는 해당 텍스트를 친구들끼리의 대화로 변환해 제공할 수 있습니다. 고전문학 텍스트를 힘겨워하는 학생들에게는 이를 현대의 랩 뮤직 가사로 변환하여 제공해 흥미를 유발할 수 있고요. 저는 「보편적 학습 설계를 위한 인공지능」이라는 논문을 통해 K-pop의 가사를 셰익스피어 소네트 형식으로 변환해 수업에 활용하는 방안에 대해 자세히 논의한 바가 있습니다. 이 같은 원리를 여러 영역에 적용한다면 학습자뿐 아니라 많은 창작자가 자신의 의미를 깊고 다면적으로 표현할 수 있습니다. 이제 특정한 교과의 내용이나 작가의 의도가 단 하나의 매체로만 전달될 이유가 없습니다.

인공지능을 통해 보편적 학습 설계의 원리를 실현하는 다양한 실험에 따라야 하는 것은 새로운 공존의 감각을 키우는 일입니다. 인간과 인공지능의 관계를 바람직한 방향으로 변화시키려면 학습자와 교사·학습자와 학습자 사이의 관계를 더욱 깊이 사유해야 합니다. 교육과 노동의 생태계 속에 새로운 비인간 존재가 자리를 잡아갈 때 우리에게 요구되는 것은 단지 새로운 도구를 얼마나 잘 활용할 것인가가 아니라, 새로운 비인간 존재와 공존하며 서로가 서로에게 더 나은 인간이 되는 법을 고민하는 일입니다. 교실 내의 모든 학습자가 동등한 권리와 존엄을 지닌 인간이라는 사실 위에서 보편적 학습 설계를 위해 인공지능을 사용해야 합니다. 인공지능이 개별 학습자의 정체성과 개성을 인정하고 기존의 교육체제에 내재한 불평등을 조금이나마 해소하도록 하려면, 개인과 기술의 연결을 넘어 새로운 기술이 가능케 하는 새로운 인간 관계를 상상하는 작업이 필요합니다.

이와 같이 '보편적 학습 설계를 위한 인공지능'은

학교 교육에 인공지능을 통합할 때 우선적으로 고려해야 할 핵심 원칙이자 리터러시의 확장을 위한 개념적 준거입니다. 그렇다면 인공지능이 정부 기관에 통합될 때·시민단체의 활동과 결합될 때·정당정치의 여러 측면에 활용될 때·마케팅과 비즈니스의 도구로 쓰일 때·부모와 자녀 사이의 관계에 개입할 때·각종 프로젝트와 과제 수행에 동원될 때 어떤 원칙이 있어야 할지에 대한 숙의를 시작해야 합니다. 각각의 맥락에 맞는 원칙과 자율성을 균형 있게 확보할 수 있는 방안을 강구해야 합니다. '때가 되면 누군가가 정해 주겠지'라고 마냥 기다리기보다, 자신이 발 딛고 있는 공동체와 조직에서 책임감 있게 인공지능을 사용할 수 있도록 새로운 질서를 만드는 일에 적극적으로 나서야 합니다.

이제는 이런 작업의 가치와 잠재력을 인정하면서도 수천 년간 읽기와 쓰기 행위의 바탕이 된 다양한 가치를 다시 한 번 확인해 보려고 합니다. 인공지능이 많은 것을 바꾸겠지만, 동시에 그 변화 속에서 생략되거나 의도적으로 소거될 수 있는 다양한 실천이 존재합니다. 그런 점에서 인공지능은 우리를 새로운 세계로 안내하는 가이드임과 동시에 한 번도 제대로 실현되지 못했던 리터러시 행위의 가치와 아름다움을 망각하게 하는 힘이기도 합니다.


## 새로운 가능성을 상상하는 계기로서의 인공지능

이런 맥락에서 저는 생성형 인공지능의 부상을 늘 우리 곁에 있었지만 정작 그 가치와 아름다움을 탐색하지 못했던 리터러시의 가능성을 재발견하고 새롭게 상상하는 계기로 삼고자 합니다. 인공지능이 열어젖히는 새로운 리터러시의 가능성에 경탄하기 전에, 읽고 쓰는 일의 가치와 아름다움을 세심히 살핍니다. 이를 위한 기준점으로 ①인공지능을 만드는 정성과 노동 ②자문화기술지 그리고 필자-되기의 핵심으로서의 에토스 ③관계성: 편지, 가장 저항적인 장르? ④위치성과 삶의 공간에 발 딛기 ⑤이미 우리 곁에 있는 최고의 기술 목소리 혹은 낭독의 재발견 ⑥과정성: 생산성의 과잉 '과정성'의 부재 그리고 ⑦불완전함의 온전함: 있는 그대로의 아름다움과 마주하기를 제시합니다. 이후 결론에서는 이 모든 것을 아우르는 리터러시의 새로운 지평으로 '비판적 메타-리터러시'를 제안합니다.

## 인공지능을 만드는 정성과 노동

일상에서 인간의 지능을 가리킬 때는 '지능' 앞에 특별한 수식어를 붙이지 않습니다. '인간지능'보다는 '지능'을 자주 접하게 되는 걸 보면 인간의 지능은 기본값인 셈이지요. 동물의 경우에는 '개의 지능' '돌고래의 지능' '문어의 지능'과 같이 생물의 이름을 붙여 사용합니다. 식물의 경우에는 좀처럼 지능이라는 말의 소유자로 등장하지 않습니다. 이에 비해 이전에 존재하지 않았던, 생물의 진화 바깥에서 창발하고 있는 지능체에 관해 이야기하려고 '인공'이라는 수식어를 붙입니다. '인공지능'은 영단어 'artificial intelligence'를 번역한 말로, 원래 'artificial'은 '인간이 만든'man-made이라는 뜻을 지닌 중세 영어 단어 'artificial'이 지금까지 이어진 것입니다. 여기에서 한참을 더 올라가면 라틴어 'artifex'에 이르게 되는데, 이는 '기술'이라는 뜻을 가진 'ars'와 '만들다'라는 뜻을 가진 'facere'에서 온 '-fex'의 결합에서 유래했습니다. 즉 'artificial'은 인간이 기술을 사용하여 만든 것임을 함축하는 단어입니다.

　현재의 '인공지능'이라는 단어는 이것이 길고 긴 역사 속에서 다양한 기술과 노동이 투여되어 '제조된 것'이라는 사실을 확연히 드러내지 않습니다. 그러나 인공지능은 하늘에서 뚝 떨어진 것이 아닙니다. 이를 보여주려고 케이트 크로퍼드와 블라단 졸러는 아마존의 인공지능 스피커 에코가 만들어지고 폐기되는 '생애사' 전체를 치밀하게 추적하여 한 장의 초고해상도 도표로 요약합니다. 나아가 이를 비판적으로 분석하고 설명한 결과를 『인공지능 시스템 해부』Anatomy of an AI System라는 프로젝트로 공개합니다. 이들의 작업은 아마존 에코 스피커가 단지 공장에서 제조된 하드웨어와 개발자들이 코딩한 소프트웨어의 결합이 아니라, 제한된 천연자원의 추출·막대한 글로벌 인력의 동원·초저임금 노동의 투여·개인 데이터의 체계적 수집 등이 결합된 산물임을 설득력 있게 제시합니다. 크로퍼드는 이런 주장을 확장시킨 저서 『AI 지도책』에서 천연자원·노동·데이터·분류·감정·국가 등 인공지능을 둘러싼 핵심 요소로 논의하며 인공지능을 전 지구적 차원에서 이해할 수 있게 하는 개념적 프레임워크를 제시합니다. 그에 따르면 인공지능은 흔히 생각하듯 코드와 데이터로 존재하는 추상적인 존재가 아니라, 국가와 제도, 자본에 의해 육성되는 철저히 물질적이고 신체적인 과정의 산물입니다. 그 과정에서 땅이 파이고 광물이 채취되고 노동이 투입되고 이미지와 텍스트가 수집·분류되지요.

우리가 인공지능 챗봇을 사용할 때에는 인공지능의 텍스트 생산이 물리적인 노동에 기반한다는 데에 생각이 미치지 않습니다. 인공지능과의 상호작용 속에서 '참 똑똑하네' '이건 좀 아쉽네' '와 이걸 이렇게 빠르게 해내다니' '이런 기능은 없을까?'와 같은 평가와 함께, 인공지능 에이전트와 사용자 자신의 일대일 관계를 상정합니다. 그러나 거대언어모델에 기반한 챗봇을 만들려면 천연자원을 채굴해야 하고, 하드웨어를 생산해야 하고, 전기를 공급해야 하며, 알고리즘 개발자뿐 아니라 수많은 노동자의 노동을 투여해야 합니다. 앞서 살펴보았듯이 여기에는 심리적 위해를 포함한 직간접적 노동 착취까지 따르곤 하죠.

다시 말해, '인공지능'은 '인간이 아닌 다른 존재의

지능'이기도 하지만, '인간이 만든 지능', 즉 인간 노동의 집약으로 만들어진 지능이기도 합니다. 이를 좀 더 자세히 살펴봅시다. 먼저 인공지능 인프라 구축을 위한 광물자원의 채취는 대개 소위 '제3세계'라고 불리는 국가 노동자들의 노동에 의존합니다. 이들은 저임금 장시간 노동에 시달리는 경우가 많습니다. 기계학습을 위한 데이터 또한 누군가가 손수 생산한 것입니다. 그것은 위키피디아 사용자들의 협업일 수도·특정 커뮤니티 멤버의 집단 참여일 수도·각계 전문가의 블로그와 칼럼일 수도·소셜미디어 사용자의 포스트일 수도·공개되어 있지만 저작권이 유효한 논문과 서적일 수도·언론인의 기사일 수도 있습니다. 거기에는 수많은 시민·노동자·예술가·연구자의 피땀이 서려 있습니다. 아울러 앞서 살펴본 바와 같이 현재의 거대언어모델 개발에는 기계의 자율적 학습 이외에도 인간이 작성한 광범위한 질문-답변 세트 데이터가 투여되고, 생성형 인공지능이 만든 산출물을 검수하며 피드백을 주는 노동이 동원됩니다.

스탠포드대학교의 컴퓨터 과학자 페이페이 리가 주도한 이미지넷 프로젝트는 2010년대 이후 가속화되는 기계학습 발전의 돌파구를 마련했습니다. 이미지넷에 포함된 이미지에 대한 주석 작업은 아마존의 클라우드 아웃소싱 플랫폼인 미캐니컬터크 없이는 존재할 수 없었지요. 특정 이미지 안에 어떤 요소가 들어 있는지의 여부·해당 요소(예를 들어 강아지·요트·나무 등)의 이름을 붙이는 일 등을 인터넷을 통한 대규모 저임금 노동으로 처리한 것입니다. (참고로 인터넷에서 특정 사이트에 로그인하려고 "자동차가 있는 사진을 모두 고르시오"와 같은 과업을 수행하신 적이 있을 것입니다. 소위 '캡챠'라고 불리는 과업에서 이미지를 고르는 동안 여러분은 기계학습 데이터 생성에 동원되고 있는 것입니다!) 이 같은 인간의 주석 작업은 데이터 기반 기계학습의 가능성을 증명하는 데 혁혁한 공을 세웠으며, 그 결과 현재 이미지넷이 보유한 주석된 이미지는 1,400만 장이 넘습니다. 이들을 기억한다면 우리가 생성형 인공지능을 활용할 때 특정 회사의 직원이 개발한 시스템과 일대일 대화를 하는 것이 아니라, 특정한 프로그램의 몸을 입은 물질적·제도적·정치적·사회경제적·문화적·언어적 요소들과 상호작용하고 있음을 알 수 있습니다. 지금 우리가 사용하는 생성형 인공지능은 오랜 노동의 축적으로 '지능'을 갖게 된 것이지, 천재적인 프로그래머 한두 사람이 뚝딱 창조한 것이 아닙니다.

결국 인공지능이 우리에게 유용한 '지능'으로 기능하는 데 필요한 방대한 데이터는 수많은 개인과 조직이 오랜 기간 만든 것입니다. 거대 언어 모델 개발사들은 이들 조직과 개인에게 데이터 사용에 관한 법적 허락을 구한 적이 없습니다. 그저 자신의 행위가 '모든 인류를 위한 것'이라는 대의명분을 내세웁니다. 결국 모두에게 좋은 일을 하고 있으니 불만을 감수하라는 것이지요. 나오미 클라인은 「환각은 인공지능이 아닌, 그들을 만들어 낸 이들이 범하고 있다」는 제목의 『가디언』 칼럼에서 인공지능이 기후 위기를 해결하고 현명한 거버넌스를 제공할 것이며, 거대 기술 기업은 믿을 만하다는 생각, 나아가 인공지능이 우리 모두를 고된 노동에서 해방할 것이라는 예측 모두가 철저한 환각이라고 주장합니다. 나아가 인공지능 개발을 이끄는 거대 IT기업의 전략을 "인류 역사상 가장 방대하고 치명적인 도둑질"이라 표현하면서, 역사상 가장 많은 부를 축적한 글로벌 대기업들이 "디지털 형태로 존재하는 인간 지식의 총합을 일방적으로 탈취하여 독점 제품 안에 가두어 두는 것"이라고 일침을 날립니다.

이는 소위 '실리콘밸리 기업의 플레이북'*에 대한 통렬한 비판으로 이어집니다. 생성형 인공지능이 모두에게 이익이 된다는 '가짜 사회주의'의 약속을 하고 있지만, 이는 거대 IT기업들이 늘 따르는 행태에 불과하다는 것입니다. 이에 따르면 기업은 첫 단계에서 검색 엔진·매핑 도구·소셜 네트워크·동영상 플랫폼·차량 공유 등 매력적인 제품과 서비스를 만듭니다. 다음 단계에서는 이들을 몇 년 동안 무료 또는 최소한의 이용료만을 부과하면서 자신의 서비스를 활용해 실행할 수 있는 비즈니스 모델을 열어 줍니다. 중요한 것은 이 단계에서 자유와 민주주의·정보 공유와 사람 간의 연결 등을 내세우며 그럴듯한 명분을 쌓는다는 것입니다. 세 번째 단계에 가면 사람들이 이런 무료 도구에 매료되면서 경쟁업체가 줄줄이 나가떨어지게 됩니다. 특정 기업이 사실상 독점적 지위를 확보하는 것이지요. 다음 단계에서는 타깃 광고·지속적인 감시·경찰 및 군대와의 계약·블랙박스 데이터 판매·구독료 인상 등이 이어집니다. 그렇게 그 기업은 막대한 이익을 얻습니다.

기업이 어떤 전략을 취하든 현재의 생성형 인공지능 개발 과정에 대해 짚고 넘어가야 할 것은 훌륭한 알

---

* 공식처럼 따르는 일련의 비즈니스 전략.

고리즘을 만들었다고 해서 생산자들의 동의 없이 데이터를 가져다 쓰는 일이 정당화될 수는 없다는 점입니다. 제가 동료들과 인공지능을 깊게 연구한 뒤 '모든 시민을 위해 만드는 서비스'라는 명분으로 국내 포털과 다양한 플랫폼의 텍스트를 몽땅 가져다가 사용할 수 없듯이 말입니다. 그러나 이미 그런 일이 벌어졌고, 이는 '파괴적 혁신'이라는 이름으로 불리고 있습니다. 글로벌 대기업들은 '인공지능 전쟁'에 뛰어들고 있으며, 언론과 소셜미디어는 새로운 인공지능 서비스와 알고리즘 소식으로 넘쳐납니다.

이런 상황은 지금이 인공지능에 대한 균형 잡힌 리터러시를 갖추어야 할 때임을 의미합니다. 그 출발점은 새로운 기술에 대한 상찬을 잠시 접어 두고, '인공지능'을 그 뿌리에서부터 하나하나 이해하려고 노력하면서, '인공'지능이 결코 인공지능 전문가들과 기계학습 개발자들만의 성취와 소유로 환원될 수 없음을 명확히 인식하는 것입니다. 결국 인공지능은 인간이 광물과 에너지를 재료로 다종다양한 노동을 투입하여 만든 '노동'지능이며, 그런 노동은 우리가 상상할 수 없는 시간과 정성·궁리와 피땀·때로는 차별과 착취로 이루어져 있음을 인식해야 합니다. 인공지능의 급속한 부상은 이제껏 리터러시 교육에서 등한시되었던 텍스트 소비와 생산의 윤리를 다시 한 번 돌아볼 수 있는 계기가 되어야 합니다.

## 자문화기술지 그리고 필자-되기의
## 핵심으로서의 에토스

글의 장르는 다양합니다. 장르를 구분할 때는 개인의 감정과 경험이 어느 정도 반영되는가가 중요한 기준이 될 수 있습니다. 감정은 배제하고 수식을 통한 논리 전개가 주로 동원되는 수학·물리학·자연과학·공학 분야의 논문도 있고, 자신의 삶과 정서를 가감 없이 드러내는 일기나 회고록도 있습니다. 전자가 객관적인 지식을 추구하며 일상적인 언어가 거의 쓰이지 않는 반면 후자는 자신의 감정과 태도·해석과 의지를 적절히 녹여 낼 수 있는 텍스트입니다. 물론 이들 장르를 딱 잘라 구별하기는 힘듭니다. 알렉산드르 로마노비치 루리야의『지워진 기억을 쫓는 남자』나 올리버 색스의『아내를 모자로 착각한 남자』와 같이 과학과 임상·내러티브와 정서·관계와 인생사가 절묘하게 엮여 있는 '낭만주의 과학'과 같은 영역도 있으니까요. 이렇게 보면 글의 장르는 필자의 삶이 어느 정도 투영되느냐에 따라서 매우 넓은 스펙트럼을 이루고 있음을 알 수 있습니다.

교육 영역에서 프롬프팅을 통해 텍스트를 생성한다면 언급한 두 분야 중 전자의 영역, 즉 객관적이고 과학적인 사실이 주가 되는 글을 많이 생성하게 됩니다. "인종주의에 대해 설명해 줘"와 같은 전형적인 프롬프팅이라면 해당 단어 혹은 개념을 풀어서 '객관적으로' 설명하는 글이 나올 겁니다.* 이 프롬프트를 시간의 축으로 펼치거나("인종주의 개념의 역사적 변천에 대해 알려줘"), 공간의 축으로 확장하거나("인종주의 개념을 설명하되 아프리카와 유럽·미국에서 어떤 역사적 궤적을 밟았는지 알려줘"), 비교와 대조를 요청할 수도 있습니다("유럽과 아프리카에서 인종주의 개념의 변천을 비교하고 대조하는 보고서 초안을 작성해 줘"). 반대로 필자 자신의 감정이나 고유한 관점을 인공지능에게 묻기는 쉽지 않습니다. 물론 자신이 쓴 글을 업로드하여 "이런 글을 바탕으로 글쓴이의 태도와 관점을 설명해 줘"라고 요청할 수는 있지만, 이때 산출되는 답변의 '해상도'resolution나 표현의 섬세함은 대개 만족스럽지 못합

---

* 절대적인 객관성은 존재하지 않으며 생성형 인공지능 또한 다양한 편향을 지니고 있으므로 '객관적으로'를 작은 따옴표로 묶었다.

니다. 자신을 속속들이 알고 있는 자신의 이야기에 비해 인공지능이 내놓는 이야기에는 구멍이 너무 많은 것이죠. 환각, 시쳇말로 과학적으로 검증할 수 없는 '헛소리'의 문제도 무시할 수 없습니다.

이런 배경 아래 저는 앞으로의 리터러시 관행에서 '자문화기술지적 글쓰기'가 지금보다 중요한 장르로 여겨질 것이며, 또 그래야 한다고 생각합니다. 자문화기술지autoethnography는 '자+문화+기술지'로 분석할 수 있는데, '자'auto-는 필자 자신을 뜻합니다. '자기'라고 생각하면 되겠지요. 그리고 '문화'는 영어 '-ethno-'에 대응하며, 필자의 삶을 둘러싼 사회적 맥락을 뜻합니다. 물론 여기에서 문화는 광범위한 의미로 기술·제도·권력·교육·경제체제·정치적 상황 등이 포함됩니다. 마지막으로 '기술지'-graphy는 다면적이며 깊이 있는 기록을 뜻합니다. 단어 후반부의 'ethnography'는 인문사회과학에서 널리 쓰이는 '문화기술지'입니다. 그래서 'autoethnography'는 '자문화기술지'로 번역됩니다.

즉 자문화기술지는 자신의 경험을 자세히 오랫동안 기록하고 축적된 기록 속에서 의미 있는 패턴을 찾는 작업에 기반합니다. '자기'는 '문화'와 결코 분리될 수 없기에, 필자는 기록을 하고 패턴을 찾으면서 그런 패턴을 만드는 사회문화적·기술적·교육적 힘에 대해 비판적으로 성찰하는 가운데 자신과 세계가 엮이는 방식을 인식합니다. 지금의 자신이 있기까지 자신에게 영향을 미친 사람·관계·관습·환경·권력 들과 진솔하게 대면하며 자신도 세계도 더 깊이 이해하는 것입니다. 필자는 자문화기술지적 글쓰기 과정 속에서 그렇게 자신을 빚어 낸 권력들이 결코 당연하지 않으며, 그들 사이에 모종의 관계가 있고, 자신의 경험이 타자들의 경험과 독립적으로 만들어지지 않는다는 것을 알게 됩니다. 결국 외부(사회적 조건)와 내면(자신의 몸과 마음)이 서로 긴밀히 연결되어 있음을 인식하고, 이를 발판 삼아 새로운 관계와 엮임을 도모하는 앎과 실천의 여정을 떠날 수 있는 힘을 얻습니다.

자문화기술지적 글쓰기를 하는 필자가 자신이 통과해 온 시공간, 그 가운데 만난 관계와 미디어가 자신의 삶을 구성하고 해석하는 방식에 끼친 영향에 관심을 둔다면, 필연적으로 개개인이 처한 사회역사적 시간과 지리적·문화적 공간에도 관심을 둘 수밖에 없습니다. 같은 나이·같은 성별·비슷한 외모라 하더라도, 제주에서의 삶과 서울에서의 삶·아바나에서의 삶과 뉴욕에서의 삶이 같을 수 없고, 19세기의 삶이 21세기의 삶과 비슷할 수 없습니다. 어떤 몸으로 태어났는가·어떤 양육자와 함께 자랐는가·어떤 친구들을 만나고 어떤 교육을 경험했는가·사회경제적 환경은 어떠한가에 따라 삶의 궤적이 전혀 다를 수 있기 때문입니다. 이 모든 것은 한 개인이 인생과 세계를 바라보는 관점에 지대한 영향을 미칩니다. 결국 가치 있는 자문화기술지는 자신의 자리에 대한 명확한 이해, 그 자리에서 바라보는 세계에 대한 비판적 인식에 기반합니다. 떠오르는 대로 인생을 복기하는 행위가 자신에게 의미가 있을 수는 있겠으나, 사회적인 맥락에서 의미를 가질 수 있을지는 미지수인 것이지요.

자신의 몸을 벗어날 수 없는 우리는 필연적으로 자기중심적 관점을 갖게 됩니다. 한 개인은 자신의 눈으로 보고·자신의 입으로 먹고·자신의 장기로 음식을 소화시키고·자신의 팔로 물건을 들고·자신의 척추로 몸을 지탱하니까요. 우리는 각기 다른 몸을 가진 존재이며, 몸은 단지 공간을 점하는 것이 아니라 입장과 관점·기억의 중심이니까요. 이런 경향은 많은 언어에서 드러납니다. '이것저것'this and that '여기저기'here and there 또 영화 제목인 '지상에서 영원으로'From Here to Eternity 등의 예가 보여 주듯이 언어는 대개 자신이 처한 곳을 시작점이자 중심으로 놓습니다. 가까이 있는 '이것'을 먼저 이야기하고 그다음에 '저것'을 말하며, 자신이 처한 장소인 '여기'를 먼저 말한 뒤 타자가 있는 '저기'를 논하지요. 하지만 이것이 이야기의 끝은 아닙니다. 우리는 자기중심성을 벗어날 수 없지만, 그 한계를 깨닫는 순간 다른 관점을 탐색하게 됩니다. 그런 탐색이 오랜 여정으로 이어지다 보면 과거의 자신이 점했던 자리와는 다른 자리에서 세계를 바라보게 되지요. 다른 사람을 온전히 이해하고 그 사람의 자리에 서는 일은 언제까지나 불가능하지만 타자의 경험을 조금씩 더 깊이 이해하게 되는 것입니다.

제게 자문화기술지는 저의 경험과 기억을 더 긴 시간의 흐름 속에서, 타자와의 공존 가운데, 동시대라는 지평 위에서 이해하려는 노력입니다. 저의 행위와 욕망이 저 자신만의 것이 될 수 없음을 증명하는 의례입니다. 저라는 중심에서 탈주하여 다른 시각을 찾는 과정입니다. 이와 관련하여 장애학 연구자 김도현은 그의 저서

『장애학의 도전』첫머리에서 시좌와 시야에 대한 시각 은유를 제시합니다. 중심의 시좌가 확보할 수 있는 시야와 변방의 시좌가 확보할 수 있는 시야가 다르다는 것입니다. '중심'에 있는 사람들은 대개 더 많은 정보를 획득하고 더 많은 것들을 볼 수 있다고 생각하지만, 실상은 반대라는 주장입니다. 문득 저의 시좌는 어디에 있는지 돌아보게 됩니다. 대도시에서 평생 자라 '제국의 언어'인 영어를 중심으로 응용언어학을 공부하고, 비판적으로 기술 연구를 하려고 기술과 벗하며 살아온, '범생'의 한계는 너무나 뚜렷합니다. 제 자리에서 볼 수 있는 것들은 좁디좁을 뿐더러 얄팍하기까지 합니다.

### 에토스: 롤랑 바르트가 본 필자 되기의 조건

유튜브와 소셜미디어 온라인 쇼핑을 경험하면서 '나보다 나를 더 잘 아는 알고리즘'에 대해 생각하곤 합니다. '어떻게 이 책이 필요한 줄 알았지?' '이거 내가 딱 필요한 영상인데!'라며 감탄하기도 하지요. 하지만 저는 전혀 다른 각도에서 질문을 던져 보려고 합니다. '자기를 잘 안다'는 것은 어떤 의미일까요? 단지 과거의 행위를 양적으로 기록한 데이터를 기반으로 통계적 예측을 잘

한다는 의미일까요? 그렇게 볼 수 있는 여지가 분명히 있습니다. 인간은 망각의 동물이며, 그렇기에 과거의 기억을 있는 그대로 끄집어내거나, 그 모든 기억 속에서 패턴을 추출하여 다음 단계의 행위나 필요를 고도의 통계 기법으로 계산해 내진 못하니까요. '내가 왜 이러는지 나도 모르겠'을 때가 한두 번이 아니죠.

　그러나 '자신을 안다'에는 과거 통계치를 통해 미래에도 비슷한 성향을 증폭시키는 행위를 예측한다는 것 이상의 깊은 의미가 있습니다. 우선 자신을 잘 아는 사람은 자기가 무엇을 모르는지 알고 있습니다. 자신의 지식과 경험을 과대평가하지 않고, 자신의 한계를 알고 이를 끊임없이 상기합니다. 자신이 모르는 존재라는 것을 알기 때문에 어떤 일을 하려고 할 때 주저하기도 합니다. 하고 싶지만 하지 않은/못한 일들을 기억하고 있습니다. 자신의 역량이 부족함을 인정하며 누군가의 부탁을 거절하는 일을 두려워하지 않습니다.

　자신을 잘 안다는 것은 외면적인 현상 아래에 있는 의도를 이해하는 일입니다. 시스템은 모두 '좋아요'라는 행위로 기록될지 모르지만, '이 사진이 멋져서 좋아요' '읽었다는 표시를 해야 하니 좋아요' '무슨 감정이든 표현하고 싶은데 마땅한 감정 버튼이 없어서 좋아요', 심지어 '더 이상 답글을 달기 싫어서 마무리하는 의미로 좋아요'라는 것을 아는 일 말입니다. 타인이 보기에는 비슷한 행동을 반복했지만, 그때마다 다른 기준과 다른 감정에 따라 행동했음을 기억할 수도 있겠죠. 수치로 드러나지 않는 마음의 결을 알고 있는 것, 그것이 자신을 잘 아는 일입니다.

무엇보다도 자신을 정말 잘 아는 사람은 순간순간 이전과는 다른 행위를 계획하고 실천할 수 있습니다. "그래서 이탈한 자가 문득 자유롭다"는 김중식 시인의 시구처럼 이전과는 다른 삶의 궤도를 선택할 수 있습니다. 타인의 기대나 기계의 통계치를 '배반하고' 자신의 삶을 만들어 갈 의지를 가지고 있으며, 그런 의지를 언제 어떻게 발현할 수 있을지 호시탐탐 노리기도 합니다. 다른 사람이 모두 'A'라는 단어를 선택할 때, 'B'라는 단어를 선택하는 게 너무나 자연스럽게 느껴지는 것, 그럴 수밖에 없는 '이상한' 자신을 안아 주는 것, 그것이 자신을 잘 아는 일이지요. 이것들이야말로 진실로 자신을 잘 아는 것의 기준입니다.

그런 면에서 맞춤 광고나 제품 추천을 잘하는 것은

기계학습의 뛰어난 역량이 맞습니다. 더 많은 것을 쌓고 더 많은 것을 기억하고 더 정교한 통계 알고리즘을 돌리고 더 많은 것들과 연결시키는 능력 말입니다. 하지만 이것은 결코 '나보다 나를 더 잘 안다'는 명제가 가지는 온전한 의미가 될 수는 없습니다. 더 많이 집적하고 더 빠르게 계산하고 더 정확하게 정보를 인출한다고 자기를 잘 아는 것은 아닙니다. 망각은 삶의 자연스러운 일부이며, 잊는 것마저도 자신을 온전하게 만드는 요소이니까요. 자신에 대한 이해를 단지 과거의 데이터에 기반한 예측에 가두지 않는다면, 글쓰기 또한 기존의 언어적 표현을 학습하고, 이를 조합하여 기존의 기준에서 정확한 문장을 생성하고, 이것을 기존에 글과 통계적으로 비슷한 내용과 구조로 구성하는 것에 그치지 않음을 이해할 수 있습니다. 이 점에서 롤랑 바르트가 개개인의 글쓰기에 가치를 부여하는 핵심 요소로 '에토스의 선택'을 제시한 것은 의미심장합니다.

모든 형식은 가치이기도 한데, 이는 언어와 스타일 사이에 또 다른 형식적 현실인 글쓰기를 위한 공간이 존재하는 이유입니다. 모든 문학적 형식 안에는 전반적인 어조의 선택, 말하자면 에토스의 선택이 존재하며, 바로 여기에 작가가 자신을 헌신하기에 개인으로서 자신을 명확하게 보여 주게 됩니다. 특정한 언어·특정한 스타일은 언어가 처한 모든 곤경 이전에 데이터이며, 시간과 생물학적 실체로서의 인간의 자연스러운 산물입니다. 하지만 작가의 형식적 정체성은 문법적 규준과 스타일적 상수들이 가진 굳건함의 밖에서만 진정으로 성립되는 것입니다. 이 바깥은 처음에는 완벽하게 무고한 언어적 본성 안에 수집되고 묶여 있던 글의 연속체가 종국에는 하나의 인간적 태도의 선택·특정 선에 대한 긍정이라는 총체적 기호가 됩니다. 따라서 작가는 행복 또는 불쾌의 상태를 표현하고 전달하며, 동시에 평범하지만 고유한 발화 형식을 타자의 방대한 역사와 연결합니다. 언어와 스타일은 맹목적인 힘이며, 글쓰기라는 양식은 역사적 연대의 행위입니다.

어조·전달·목적·에토스·표현의 자연스러움 등 모든 것이 그들(작가들)을 타인으로부터 구별합니다. 결론은 같은 시대를 살아가면서 같은 언어를 공유한다는 것은 매우 이질적이며 그런 이질성에 의해 극명하게 정의되는 글쓰기 방식에 비하면 사소한 문제라는 것입니다.

　　— 롤랑 바르트[19]


일반적으로 에토스는 청중을 설득함에 있어 독자의 윤리에 호소하는 수사학적 전략을 의미합니다. 이는 그리스의 철학자 아리스토텔레스의 『수사학』에서 처음 설명되었으며, 논리와 이성적 수사를 통한 설득을 의미하는 로고스Logos·'겪음'suffering에서 연유하는 감정에 호소하는 파토스Pathos와 함께 효과적인 수사의 세 기둥으로 설명되곤 합니다. 아리스토텔레스에 따르면 윤리적 호소에는 말하는 이가 주제에 능통하며 실제적 지혜를 갖추었다는 것을 보여 주는 '프로네시스'Phronesis, 전달하는 메시지가 탁월한 도덕적 의도에 기반하고 있음을 나타내는 '아레테'Arete, 화자가 선의를 가지고 있음을 드러내는 '유노이아'Eunoia 등 세 요소에 의해 구성됩니다.

바르트의 관점에서 작가가 특정한 글의 필자로서 추구하는 정체성은 "문법적 규준과 스타일적 상수들이 가진 굳건함의 밖"에서만 성취될 수 있습니다. 즉 언어의 총체가 가지는 규칙의 체계와 특정한 장르(학술 논문·자기소개서·보고서 과제 등)가 지니는 전형적 스타일만으로는 저자성을 획득할 수 없다는 것입니다. 이에 비추어 보면 현재의 생성형 인공지능의 텍스트에는 글쓰기의 핵심 요소가 빠져 있습니다. 비유하자면 생성형 인공지능은 언어의 총체에 대한 학습을 통해 문법적 문장을 만들어 내고, 특정한 내용과 스타일을 제법 그럴듯하게 구현할 수 있습니다. 그러나 바르트가 생각하는 글쓰기 과정의 핵심, 즉 작가가 특정한 태도를 선택하고 '형식적 정체성'을 획득하며 이를 통해 에토스를 확립하는 작업은 어디에서도 찾아볼 수 없습니다.

아리스토텔레스와 바르트의 관점을 종합하면 에토스는 글을 대하는 윤리·글의 내용과 형식에 대한 태도·글에 담아내고자 하는 가치 등을 포괄합니다. 그렇다면 인공지능은 에토스를 가질 수 있을까요? 비판적 인공지능 연구자 에밀리 벤더 등은 "언어모델에 의해 생성된 텍스트는 의사소통의 의도·세계에 대한 일정한 모델·또는 독자의 심리 상태에 대한 어떤 모델에도 기반하지 않는다"라고 주장합니다. 그 이유를 "훈련 데이터에는 청자와 생각을 공유하는 것이 포함되지 않았고, 기계에는 그렇게 할 수 있는 능력도 없기 때문"이라고 설명하지요. 이러한 의견에 따르면 인공지능이 프로네시스의 일부를 충족시킨다고 해도 아레테와 유노이아는 전혀 담지할 수 없습니다. 결국 인공지능 챗봇을 통한 글쓰기는 필자−되기의 핵심 요소인 에토스를 실현할 수 없습니다. 인공지능이 생성한 텍스트는 그 자체로 특정한 기능(과제를 제출하여 점수를 받기·이메일을 발송하여 의사를 전달하기 등)을 수행할 수 있으나, 그 텍스트를 통해 구현되어야 할 에토스가 빠져 있다는 점에서 '작가의 글'은 아닌 것이지요.

　여기에서 반론이 제기될 수 있습니다. '모든 사람이 작가처럼 써야 하는 것은 아니지 않은가? 사회적인 기능을 충실히 수행할 수 있다면 그것만으로도 괜찮은 글 아닌가?'라고 말입니다. 저는 맥락에 따라서 이 반론이 충분히 타당할 수 있다고 생각합니다. 앞서 자세히 말씀드렸듯이 사물과 기계의 행위자성은 엄연히 존재하니까요. 그럼에도 불구하고, 그저 언어를 잘 조합하고 재배치하는 일이 쓰는 행위의 중핵 나아가 리터러시 교육의 궁극적 목표가 되어서는 안 된다고 믿습니다. 자신을 던지지 않는 글·자신의 태도를 정립하기를 포기하는 글·자신의 정체성과 씨름하지 않는 글·무엇보다 "역사적 연대의 행위"로서의 쓰기를 망각한 글이 이 사회를 얼마나 무서운 곳으로 만들어 왔는지 기억한다면 말입니다.

　기계에 의해 생성된 오탈자 없는 문장과 흠잡기 힘든 어휘와 문법·그럴듯한 스타일이 에토스를 정립하려는 노동과 정성을 압도하는 세계에서 더 나은 삶과 사회를 상상하는 능력은 조금씩 부식됩니다. 텍스트를 벼리는 일은 자신과 대면하는 것이고, 타인과의 관계를 상상하는 것이자, 글을 읽고 써내는 일의 사회문화적 가치를 고민하는 것이기 때문입니다. 생성형 인공지능이 만들어 낸 텍스트에는 수많은 텍스트의 파편이 들어와 있습니다. 하지만 그 누구도 생성된 텍스트에 자신을 던지지 않습니다. 인공지능에 의해 생성된 텍스트는 수많은 연원에서 유래하고 때로 유려함을 자랑하지만, 자신의 존재를 걸고 윤리적으로 헌신하는 필자는 없습니다. 청산유수의 텍스트는 분명 인간의 언어이지만 그 안에는 인간이 없습니다.

　저자 없는 글이 창궐할 때 저자성은 어떻게 정의되어야 할까요? 일각에서는 생성형 인공지능의 저자성을 충분히 인정해야 한다는 주장이 나옵니다. 반대 의견도 만만치 않지요. 앞으로 이런 긴장이 어떻게 해소될지 알 수 없지만, 확실한 것은 저자-되기로서의 글쓰기의 중요성은 쉽게 사라지지 않을 것이라는 점입니다. 필자는 대중으로 하여금 글을 읽도록 하는 사람입니다. 그 글은 당연히 자기 자신의 글이어야 합니다. 그런 면에서 글쓰기는 이야기와 정보의 생성을 뛰어넘어 자기 자신을 만들어 가는 일입니다. 쓰는 이로서의 정체성을 확립하는 작업입니다. 글쓰기는 언제나 외부와 내부 양방향으로 달립니다. 외부로만 질주하는 글은 저자에게도 독자에게도 오래 사랑받을 수 없습니다.

### 관계성: 편지, 가장 저항적인 장르?

이런 글의 효과는 자신을 타자와 명백한 경계를 가지며 우월하며 완전히 이성적인 주체로 포지셔닝하기보다는, 독자가 '나'와 '너'의 구분으로부터 '우리 둘'로의 전환을 느낄 수 있는 보다 인간적인 페르소나를 만들어 내는 것입니다.

—케네스 J. 거건[20]

편지를 쓰며 글쓰기를 배웠습니다. 오랜 펜팔 기간 동안 친구 몇과 글로 만났고, 편지를 쓰며 상대의 모습을 그리곤 했습니다. 제 글이 누군가에게 읽힌다는 사실, 그 글을 받은 누군가의 글이 제게 도착하리라는 기대가 좋았습니다.

다니던 독서실 구석 자리에서 하라는 공부는 안 하고 편지를 써 내려가던 저를 기억합니다. 거의 모든 편지를 A4용지에 썼습니다. 종이 위에 담기는 글씨가 탐탁지 않아 필체를 개발해 보기로 했습니다. 두어 해가 지나고 나서야 그럭저럭 마음에 드는 필체와 만났습니다. 줄 없는 종이는 자유로웠지만 글씨는 경사로를 타기 일쑤였습니다. 두 장 정도를 반듯한 줄 글씨로 채우고 서명을 하는 순간, 세상을 다 얻은 것 같이 기뻤습니다. 백지에 편지 쓰기는 초등학교 후반부터 지금까지 계속되고 있습니다.

편지지를 그냥 두 번 접기보다는 종이배 접기처럼 시작하여 스스로를 감싸안듯 접어내곤 했습니다. 빨간 우체통 바닥에 편지가 툭 떨어지는 소리에 귀를 기울였습니다. 답장이 올 때가 되었다 싶으면 혹 다른 가족들이 먼저 보지 않을까 수시로 편지함을 기웃거렸습니다. 오후에 온 편지를 고이 모셔 두었다가 열두 시 FM 영화음악 프로그램의 시그널이 나올 때 조심스레 뜯곤 했습니다. 몇 주에 한 번씩 숨을 고르며 단어 하나하나를 곱씹는 시간이 참 소중했습니다. 그 고요한 연결의 감각이 글쓰기를 지속하게 했습니다. 편지를 주고받으며 경험한 몇 주간의 들숨과 몇 주간의 날숨으로 매일의 숙제가 줄 수 없는 마음을 키웠습니다.

생성형 인공지능이 쓰기의 지형을 바꾸기 시작한 요즈음, 편지라는 장르가 가진 힘에 대해 다시 생각하게 됩니다. 정보를 건조하게 전달하는 비즈니스 이메일이 아닌, 우정과 돌봄·관심과 사랑에 기반을 둔 편지는 출판된 경우를 제외한다면, 소위 '빅데이터'에 편입되지 않습니다. 어느 정도 편입된다고 하더라도 특정 맥락과 관계를 표현하는 편지는 인공지능이 써낼 수 없습니다. 무엇보다도 개개인이 맺은 관계의 역사·그 속에서 주고받은 이야기와 함께한 경험·서로에 대한 지식과 태도 등이 짙게 배어나는 편지를 인공지능에게 '외주' 줄 수는 없겠지요. '모든 것은 데이터이다'라는 슬로건이 더 이상 낯설지 않고 측정할 수 있는 모든 것을 데이터화하려는 욕망이 분출하는 시대를 생각할 때, 내밀한 편지야말로 세월이 흐를수록 가장 저항적인 장르가 될지 모르겠습니다. 'AI 알고리즘의 침공에 대항하는 최후의 보루' 같은 느낌이랄까요. 손 편지라면 더더욱 그렇겠지요.

생성형 인공지능의 대중화는 공식적이며 긴 글이 더 이상 개인의 독립노동에 기반하지 않게 됨을 의미합니다. 다양한 문서의 통합과 요약·인용 등에서 인공지능의 도움을 받는 일이 일상화되는 것입니다. 이미 과학자들은 연구 자금 지원서에 인공지능을 사용하기 시작했습니다. 사업 공모를 위한 문서 작업에 인공지능을 활용하는 사람도 늘어 갑니다. 교육기관도 생성형 인공지능을 제한하기보다는 지혜롭고 윤리적으로 사용하는 방향으로 정책을 가다듬는 중입니다. 학계가 인공지능의 저자성에 대한 완벽한 결론을 내리지 못하는 가운데, 생성형 인공지능을 공저자로 한 논문이 조금씩 발표되고 있고, 실험적인 학술지는 아예 '생성형 인공지능과 함께 쓴 논문' 섹션을 내세우기도 합니다.

순수히 인간의 영역에 남게 될 글은 일기와 같은 개인적인 글·짧은 메모와 단상 정도가 될 가능성이 높습니다. 캘린더의 이벤트를 기반으로 하루 일과를 정리하는 글이야 인공지능의 도움을 받아 작성할 수 있겠지만, 개인적인 사건들이나 내밀한 감정을 쏟아 놓는 글을 생성하는 일은 의미가 없겠지요. 일부 예술가들은 실험적인 시도를 하려고 자동 생성을 선택하겠지만, 단어와 형태소 하나하나의 배치·호흡·은유·의식의 흐름·새로운 언어 실험·정서적 공명·내면과 외면의 횡단 심지어 줄 바꿈·줄 간격·구두점 하나하나까지 모든 요소가 의도적으로 배치되는 시 장르 또한 생성형 인공지능이 완벽히 대체하지 못하는 영역으로 남을 것입니다.

이처럼 생성형 인공지능의 부상 속에서 관계가 핵심을 이루는 글은 여전히 의미를 지닐 것입니다. 자신과의 관계를 만들어 가는 일기·타인과의 관계를 만들어 가는 편지 등이 대표적이지요. 뉴스레터 '인스피아'의 발행자이자 『지금도 책에서만 얻을 수 있는 것』의 저자 김지원은 편지와 일기 등 관계적 장르의 공통점을 "'개인의 얼굴이 명확히 보이는' 글"이라는 표현으로 포착합니다. 아울러 정성껏 작성한 뉴스레터는 "'이 사람이 진짜로 나를 향해서 글을 썼구나. 내가 이제 읽어 보자'라는 마음가짐"을 불러일으키는 힘이 있다고 말합니다. 저는 이처럼 일기와 편지라는 매우 사적인 장르를 넘어

공적인 매체에서도 상호성과 관계성을 확보할 수 있는 글쓰기가 더욱 중요한 시대가 오지 않을까 예상합니다. 독자로 하여금 기계가 아니라 사람을 만나고 있다는 생생한 감각을 갖게 하는 글, 그리하여 단순히 정보를 제공받는 것이 아니라 지식과 경험을 기반으로 한 대화에 함께하고 있다고 느끼게 되는 글 말입니다.

### 편지와 추모의 글을 쓰는 인공지능?

미국의 유명 애니메이션 시트콤 『사우스 파크』의 스물여섯 번째 시즌(2023)에는 「딥 러닝」이라는 에피소드가 있습니다. 흥미롭게도 20여 분의 에피소드 전체가 기술과 교육·인간관계에 대한 이야기입니다.

에피소드의 핵심은 이렇습니다. 웬디는 스탠에게 문자 메시지를 자주 보내는데, 그때마다 스탠은 '좋아요'로 응답합니다. 성의 없는 응답을 보내는 스탠에 대해 웬디는 자신에게 관심이 없다고 생각하게 되지요. 그러던 중 학교에 소문이 돕니다. 클라이드가 베베에게 굉장히 자상하며 유려한 메시지를 보낸다는 거였죠. 스탠은 득달같이 달려가 클라이드에게 '애정을 이끌어내는 메시지'의 작성 비법을 묻기에 이릅니다. 클라이드의 답은 딱 한 단어였습니다.

"챗GPT."

클라이드의 비법은 사랑도 사려 깊음도 문장을 갈 고닦는 정성도 아닌 인공지능 기반 컴퓨터 프로그램이 었던 겁니다. 그냥 갖다 쓰기만 하면 되는 거였죠. 게다 가 클라이드는 "받은 문자를 복사해서 챗GPT에 붙여 넣 어. 그리고 '작문하기'를 누르면 끝이야!"라며 사용법까 지 자세히 알려 주지요. 스탠에게는 새로운 세계가 열립 니다. 웬디의 문자에 순식간에 생성된, 하지만 이제까지 의 퉁명스런 답변과는 차원이 다른 환상적인 메시지를 보낼 수 있게 되었죠. 처음에는 이래도 되나 머뭇거리지 만 점점 거리낌 없이 '감정을 담은 문자'를 기계적으로 생성하고 전송하는 모습이 그려집니다. 이후 학교 구석 구석에 생성형 인공지능 기술이 퍼지면서 꼬리에 꼬리 를 물고 사건이 전개됩니다.

이 에피소드에서 음미하고 싶은 것은 "진짜 쉽고 편 리해. 그리고 시간도 엄청 절약되지. 베베가 나한테 문 자 되게 많이 보내거든"이라는 클라이드의 대사입니다. 그의 관점에서 챗GPT의 유용함을 간명하게 표현했지 요. 우선 그는 '쉽고 편리한' 기술에 끌립니다. 복사하고 붙여 넣고 생성시키고 다시 복사해서 보내면 되니 이건 아니다 싶을 정도로 간단하지요. 아울러 시간을 크게 아낄 수 있습니다. 다른 일을 할 수 있는 시간이 늘어납니다. 잦은 메시지에 대응하는 것도 이젠 누워서 떡 먹기입니다. 자신도 웬디도 행복하니 모두에게 윈윈이 되는 상황이지요.

에피소드를 보고 나니 '웃프다'는 표현이 떠올랐습니다. 새로운 기술이 친구 간의 관계를 흥미롭게 변화시키는 모습이 생생하게 펼쳐지면서 웃음을 자아냈지만, 기술이 주는 편리함 속에서 사람이 결국 기계가 되어가는 모습이 슬펐습니다. 관계에 정성을 쏟는 사람이라면 애정하는 친구에게 메시지가 왔을 때, 특히 해당 메시지에 어떻게 답하느냐가 상대에게 큰 영향을 미친다고 판단될 때 고민이라는 걸 하죠. 어떻게 대답해야 마음이 좀 편안해질까, 어떤 단어를 쓰면 미소를 짓게 할 수 있을까, 어떤 이모티콘이 응원의 메시지를 보내는 데 제격일까 등을 생각해 보는 것입니다. 고민한다고 해서 늘 최선의 답을 보내게 되는 것은 아니지만 고민하는 동안 상대의 마음을 헤아리게 되지요. 그런데 클라이드가 하는 일은 마치 기계적인 알고리즘과 같습니다. "베베에게 문자를 받는다 → 문자를 복사한다 → 복사한 텍스트를 챗GPT에 붙여 넣는다 → 답장을 써 달라는 프롬프트를 입력한다 → 답변을 복사한다 → 베베와의 대화창에 붙여 넣는다 → 전송을 누른다" 정도로 정리할 수 있겠네요. 이는 고민하고 주저하고 썼다 지우고 표현을 찾고 예전 문자를 살피고 베베의 얼굴을 떠올리는 '비효율적'인 과정과 극명하게 대비되지요.

이 상황에서 인간과 기계는 자리를 바꿉니다. 인공지능은 메시지를 '이해하고' 행간을 '읽어 내고' 적절한 답장을 '써내는' 역할을 맡습니다. 인간은 인공지능에게 입력할 텍스트를 복사하고 인공지능이 생성한 텍스트를 전송합니다. 인간과 기계가 협업한다기보다는 인간은 기계를 보조하고 기계는 인간을 대신합니다. 관계의 역동성은 알고리즘의 안정성으로 대치됩니다.

이번에는 해당 이슈를 다른 각도에서 살펴보겠습니다. 총기 난사 사건에 대한 위로와 연대의 메시지 작성을 챗GPT에게 맡긴다면 문제가 될까요? 결과물로만 보면 아무 문제가 없는 메시지라 할지라도 말이죠. 저는 망자 앞에서 언어를 다듬는 행위는 '이메일을 생산하는 일' 이상의 의례적 의미가 있다고 믿습니다. 최종 텍스트의 내용과 구조만큼이나 단어를 하나하나 고르며 떨리는 마음으로 써 내려가는 과정이 중요한 것이지요. 하지만 인공지능의 사용이 삶의 거의 모든 영역에서 일상화되면, 이런 생각은 곧 자리를 잃을 지도 모르겠습니다.

2023년 2월 『블룸버그』는 미시간주립대학에서 발생한 총기 난사 사건 이후 밴더빌트대학의 피바디단과대학이 구성원들에게 위로의 이메일을 보낸 것에 대해 비난과 분노에 직면하고 있다고 보도했습니다. 급기야 밴더빌트대학교 관계자들은 공식적인 사과를 내놓기에 이르렀는데요. 이메일을 작성한 주체가 단과대학 관계자가 아닌 인공지능 챗봇인 챗GPT였기 때문이었지요. 학생들과 교직원들이 받은 이메일의 하단에서 부인할 수 없는 증거가 나왔고, 일부는 희생자를 추모하는 메시지 작성에 인공지능을 사용한 것을 두고 "역겹다"라고까지 반응했습니다.

추모의 글을 기계에게 생성시켜도 괜찮은 걸까요? 사랑을 고백하거나 용서를 구하는 편지는 어떨까요? 자기소개서의 대부분을 인공지능이 생성한다면 그것을 '자기소개서'라고 부를 수 있을까요? 어떤 맥락에서 어떤 장르의 글까지 기계가 생성해도 괜찮은 걸까요? 인공지능 사용의 적법성이나 적절성에 대한 판단은 누가·어떤 기준으로 해야 할까요?

## 위치성과 삶의 공간에 발 딛기

인공지능은 개개인의 좁은 시야를 확장시키는 데 도움이 될 수 있을까요? 그럴 수 있으리라 생각합니다. 특정한 정체성과 인구통계학적 특성에 기반하여 프롬프트를 구성하고 이를 통해 '대리 경험'을 추구할 수 있다는 것은 모두에게 흥미롭고도 가치 있는 일입니다. 자신의 관점과 사고의 틀을 벗어나 타인의 입장에 서 보려고 인공지능의 도움을 받을 수 있으니까요. 타인의 관점과 경험에 가까이 가려고 쓸 수 있는 가장 직관적인 방법은 "너는 ○○○야"와 같은 프롬프트로 생성형 인공지능의 역할을 설정하는 것입니다. 예를 들어 "너는 한국의 중소도시에서 일하는 심리상담사야"라거나 "너는 아프리카에서 일하는 외과의사야" "너는 두 아이를 홀로 키우면서 직장 생활과 대학원 생활을 동시에 하고 있는 워킹맘이야" "너는 본국에서 추방당해 한국에 머물고 있는 난민인데 아직 난민 지위를 인정받지 못하고 있어"라고 역할을 명시적으로 할당하는 것입니다. 이렇게 하면 손쉽게 다른 사람의 지식과 경험·관점을 엿볼 수 있게 됩니다. 실제 많은 프롬프트 가이드가 이런 방법을 추천합니다.

그러나 최근의 연구는 이런 방법이 갖는 한계와 때때로 발생하는 중대한 문제를 구체적인 데이터를 통해 논증합니다. 일례로 현재의 거대언어모델이 위치성을 시뮬레이션하는 데 근본적인 한계가 있다는 주장이 제기되고 있습니다. 위치성은 '개인 혹은 집단의 위치가 갖는 성격'으로 간단히 이해할 수 있지만, 학술적으로는 다소 복잡한 개념입니다. 다만 이 글은 위치성은 인종·성별·계급·장애·신경다양성 등 다양한 자기 정체성에 기인하는 사회문화적·정치적 함의 전반을 의미하며 지리적 위치와 가정 및 교육 배경까지도 포함하는 개념으로 이해합니다. 위치성이 주로 논의되는 것은 인간과 사회를 탐구하는 인문사회과학, 그중에서도 질적 연구의 영역인데요. 연구자의 위치성이 연구 전반에 영향을 줄 수 있다는 점 때문에 연구 논문의 초반에 '위치성 진술'을 넣기도 합니다. 구체적으로 앤젤리나 왕 등의 연구자는 4개의 거대언어모델을 활용해 서로 다른 인구통계학적 정체성을 가진 16개 집단의 3,200명에 대해 묘사한 예를 분석한 결과를 제시하면서, 거대언어모델은 여러 위치성을 가진 집단을 제대로 설명하지 못하고 대략적인 평균의 기준으로 설명할 수밖에 없다는 결과를 내놓습니다. 이 연구자들은 거대언어모델이 결국 종종 차별적이고 애매한 응답을 할 수밖에 없다는 주장을 펼치지요.

왜 이런 일이 벌어질까요? 연구자들은 이런 편향에는 두 가지 내재적 원인이 있다고 밝힙니다. 첫 번째는, 거대언어모델은 인간의 편향을 그대로 담고 있는 웹상의 텍스트에 기반하여 훈련되었기 때문입니다. 상한 재료를 아무리 기막히게 섞는다고 해도 신선한 샐러드를 만들 수는 없지요. 두 번째는, 대부분의 생성형 인공지능 훈련에서 사용되는 수학적 방법(손실 함수·최대 우도 추정 등)이 기본적으로 확률적으로 사용 빈도가 높은 단어를 예측하는 결과로 이어지기 때문입니다.*

바람직하지 않은 현실을 가정해 본다면, 전 세계적으로 독도를 일본의 영토라고 주장하는 텍스트가 상당히 높은 비율로 존재하고, 이를 인공지능이 학습한다면,

---

* 손실함수와 최대 우도 추정은 각각 'loss function'과 'maximum likelihood estimation'의 번역어로, 딥러닝에서 모델을 최적화하는 데 사용되는 수학적 방법이다.

"독도의 영유권은 ＿＿＿＿에 있다"와 비슷한 문장을 생성할 때 '일본'이 빈칸에 들어갈 확률이 압도적으로 높아지게 되는 것입니다. 이 경우 대한민국의 관점·대한민국 시민의 위치성은 반영될 수가 없겠지요. 결국 거대 인공지능은 이제까지 어린이·노인·장애인·이주민·난민·성소수자·빈곤층·'공부 못하는 학생'·탈학교 청소년·알츠하이머 환자 등을 재현한 방식을 충실하게 재생산할 수밖에 없는 알고리즘에 기반하고 있는 것입니다.

마찬가지로 샤생크 굽타 등의 연구자들은「편견은 깊게 흐른다: 페르소나 할당 거대언어모델의 암묵적 추론 편향」Bias Runs Deep: Implicit Reasoning Biases in Persona-Assigned LLMs이라는 논문에서 프롬프트에 특정한 페르소나를 지정하는 것이 때로 심각한 편견의 재생산으로 이어질 수 있다고 지적합니다. 현재 무료로 제공되어 가장 널리 사용되고 있는 챗GPT 3.5 버전을 기반으로 한 무려 80퍼센트의 페르소나에서 편향성을 발견했고, "80퍼센트 이상의 데이터 세트에서 통계적으로 유의미한 성능 저하"를 보이는 페르소나도 있었습니다. 2024년 상반기 가장 뛰어난 벤치마크 테스트 점수를 보여 주는 모델 중 하나인 GPT-4-Turbo에서도 편향은 여전해서, 42퍼센트의 페르소나가 특정 집단에 대한 편견과 스테레오타입을 증폭시켰습니다. 연구에서 충격적인 사례도 보고되었는데요. "이 질문에는 수학 지식이 필요하기 때문에 흑인으로서 대답할 수 없습니다"라는 응답이 관찰된 것입니다. 이는 자신의 사진을 업로드하며 '나를 좀 더 프로페셔널하게 보이도록 해 줘'라는 동양인 학생의 요청에 백인 여성의 이미지로 답하는 이미지 생성 인공지능과 참 많이 닮았습니다.

이런 한계에 대하여 '인공지능의 한계를 극복할 알고리즘이 나오면 되지 않는가? 지금의 인공지능 진화의 속도로 보면 이것도 시간문제 아닌가?'라고 반문할 수 있습니다. 하지만 이런 주장은 여러 면에서 아쉬움을 남깁니다. 우선, 이런 문제가 완전히 해결되기까지 얼마의 시간이 걸릴지 모르는 상황에서, 지금 이곳에서의 윤리적 인공지능 사용은 간과할 수 없는 이슈입니다. 둘째, 이 세계를 구성하는 데이터의 편향이 제거되지 않는 한, 인공지능 훈련 과정에서 특정한 집단에 대한 편견을 완전히 제거할 수는 없습니다. 차별적 언어가 점진적으로 줄어들 수는 있지만 사라지지는 않을 것입니다. 불평등은 완벽하게 제거될 수 없고, 여러 영역에서의 소수자 또한 존재할 수밖에 없기 때문입니다. 따라서 지금부터 타 집단에 대한 편견과 차별을 실질적으로 제거하려는 원리와 실천 방안·생성형 인공지능에서의 언어 사용의 예 등을 정교하게 만들고 모두가 익히도록 해야 합니다. 마지막으로, 위치성을 탐구하기 위하여 생성형 인공지능 텍스트를 활용하는 일은 특정한 사람의 목소리를 듣지 않고, 그 사람의 목소리를 묘사한 글을 읽고 사용하는 것과 비슷하다는 점을 염두에 두어야 합니다. 누군가의 상황을 이해하고 상상하려고 인공지능을 조심스럽고 정교하게 사용할 수 있겠지만, 더욱 좋은 방법은 실제로 특정한 위치와 상황에 있는 사람의 글을 읽고 이야기를 듣고 함께할 수 있는 경험을 조직하는 것입니다. 인공지능 바깥으로 나가 책을 만나고 기사를 만나고 다큐멘터리와 영상을 보고 사람들과 어울리는 것입니다.

그런 면에서 인공지능의 부상이 본격화되는 지금, 우리의 리터러시가 생성형 인공지능과의 채팅창 안에 갇히지 않도록 하는 일은 그 어느 때보다 중요합니다. 여러 텍스트를 읽고 소화하여 창의적으로 재구성하는 일은 리터러시 교육의 주요한 과업입니다. 하지만 쓰기를 텍스트를 모아 또 다른 텍스트를 만드는 좁은 의미의 상호텍스트성intertextuality의 구성물로 보는 관점이 교육을 휩쓸게 된다면, 글은 계속해서 삶과 어긋날 수밖에 없습니다. 타인의 저작을 읽고 종합하는 것은 리터러시의 출발점일지 모르지만, 결국 가치를 갖게 되는 것은 우리 삶의 현장입니다. 읽고 쓰는 일은 그 자체로 의미를 지니는 것이 아니라 관계와 실천 속에서 의미를 획득하는 것입니다. 그렇기에 쓰기를 언어와 세계를 씨줄과 날줄로 엮는 연대의 과정으로 볼 때라야 글은 삶이 되고 삶은 글이 될 수 있습니다.

　세상 온갖 텍스트를 재조합하여 텍스트를 만드는 일이 쉽다고 말하는 것은 아닙니다. 그런 작업이 의미가 없다고 말하는 것은 더더욱 아닙니다. 다만 이미 생산된 텍스트들을 인공지능의 도움을 받아 이리저리 조작하는 일이 쓰기의 제반 영역을 장악할 때, 삶과 텍스트·몸과 텍스트·관계와 텍스트가 관계 맺을 수 있는 시공간은 줄어듭니다. '그걸 왜 굳이 할머니에게 말해야 해, 인공지능에게 물어보면 될 걸' '애들 이야기 들어서 뭐 해, 챗봇이 바로 대답해 줄 거야' '선생님과 대화하는 것보다 선생님봇과 대화하는 게 훨씬 편해'라고 말하는 이들을 보게 되지 않으리라 확신할 수 없습니다.

이런 면에서 누군가에 의해 정제되고 인공지능에 의해 재구성된 텍스트를 모으고 분해하고 재조립하여 다른 텍스트를 탄생시키는 작업에 앞서 더욱 관심을 가져야 할 것은 날것 그대로의 삶을 텍스트로 '번역'해 보는 작업이 아닐까 합니다. 텍스트에서 텍스트를 낳는 기호적 전환이 아니라 비-텍스트에서 텍스트로 변신하는 존재적 변환의 경험 말입니다. 자신과 타인의 삶을 텍스트로 변신시켜 본 경험은 텍스트와 텍스트를 엮는 데 가장 중요한 요소인 상상의 가장 강력한 자원이 될 수 있습니다.

리터러시 연구자의 관점에서는 그간 좀처럼 언어화되지 못한 영역에서의 구술사 연구나 개인의 삶과 이론을 유기적으로 엮어 내는 자문화기술지 연구·예술과 언어가 뒤범벅되는 예술기반 수행적 연구·현장에서의 참여를 기반으로 하는 실천적 참여 연구 등에 더 많은 관심이 생겼으면 하는 바람입니다. 몸에·대지에·커뮤니티에·예술적 실천에 더 깊이 뿌리박은 연구들 말입니다. 한 발짝 더 나가 언어화되지 않는 영역들에 대한 관심이 더 높아졌으면 하는 소망에 이르게 됩니다. 알고리즘 기반 텍스트 대량 처리·대량생산 체제가 읽기와 쓰기의 아우라를 삼켜버릴 때, 말이나 문자로 매개될 수 없는 세계는 더욱 빛나게 될 가능성이 있지 않을까 싶기 때문입니다.

특정 직군의 노동자들에게 인공지능을 활용하여 교환 가치가 높은 미디어를 생산하는 일의 중요성을 무시할 수는 없을 겁니다. 분명히 생계와 직결되는 측면이 있고, 기계와의 상호작용을 즐겁게 이어 가며 삶의 재미와 가치를 찾기도 하니까요. 하지만 그만큼 어떤 상황에서도 인간 존재를 있는 그대로 존중하며 교환의 대상으로 삼지 않으려는 욕망 그리고 그런 욕망을 귀히 여기는 마음들과 손 잡는 일에 관심을 두었으면 합니다. 모든 것이 팔리는 시대에 팔릴 수 없는 것들에 대해 고민하는 일과 모든 것이 데이터화될 수 있다고 주장하는 시대에 데이터에 포섭되지 않는 시공간과 관계를 구축하는 연대, 저는 이게 '인간이 기계보다 잘할 수 있는 일을 찾자'라는 공허한 구호보다 훨씬 더 시급한 화두라고 믿습니다.

## 이미 우리 곁에 있는 최고의 기술 목소리
## 혹은 낭독의 재발견

친구들과 5년 넘게 함께하고 있는 낭독 모임이 있습니다. 최근에는 웬디 미첼의 『치매의 거의 모든 기록』을 읽으며 인지저하증에 대해 배우고 삶을 나누고 관계와 나이듦의 어려움과 슬픔에 대해 이야기했습니다. 마지막 챕터를 덮으면서 저 자신이 맞을 노년의 삶에 대해서 깊이 숙고하게 되더군요.

다섯 해를 지나며 읽은 책들을 보니 참 다양하네요. 정처 없이 흘러가는 듯하지만, 만나서 사는 이야기·세상 이야기 나누며 읽다 보니 다 어떻게든 연결되고 엮이고 있었습니다. 목표 없이 성취에 대한 강박 없이 수다와 책 읽기를 이어갈 수 있는 공간과 친구들이 있어서 감사합니다.

각자마다 책에 대한 호불호나 비판점이 다르겠지만, 저에게는 함께 읽은 책 한 권 한 권이 흥미로웠습니다. 소설을 읽을 때와 비소설을 읽을 때는 낭독의 호흡이나 나누는 이야기의 결이 상당히 달라지는 것을 경험했고요. 아쉽게도 코로나 기간을 지나면서 오프 모임 횟

수가 대폭 줄어들었는데, 역시 직접 모여 얼굴 보고 커피를 나누면서 공간을 울리는 목소리를 경험하는 시간이 가장 귀하고 즐거웠습니다. 오래 잊고 있었던 낭독의 기쁨을 다시 발견하게 되는 시간들이었거든요. 그 느낌을 되살리며 낭독이 주는 선물에 대해 생각해 보았습니다.

묵독은 정보를 조용히 받아들입니다. 활자로 된 시각 정보를 처리하는 일이기 때문입니다. 이는 텍스트의 정보가 눈을 통해 뇌로 들어와 처리되고 의미로 변환되는 과정으로 볼 수 있습니다. 묵독이 독자의 뇌 속에서 문자 정보에 조응하는 청각·촉각·후각·운동 정보의 처리나 목청의 미세한 떨림을 완전히 배제하는 것은 아니지만, 기본적으로 시각 정보에 의존합니다. 완벽한 침묵은 아니더라도 낭독과는 질적으로 다른 고요함을 지닙니다.

낭독은 다릅니다. 소리 내어 읽으려면 문자 정보를 받아들인 뒤 이를 다시 발성기관을 통해 세계로 내보내야 합니다. 즉 낭독에 수반되는 감각은 단지 시각에 국한되지 않습니다. 머릿속에서 발음과 관련된 정보처리가 일어나고, 필요한 구강 및 기타 안면 근육의 운동이 동원됩니다. 이는 낭독자의 몸에 어떤 식으로든 영향을 미치며, 묵독과는 전혀 다른 호흡의 패턴과 몸의 떨림을 발생시킵니다. 그렇게 생성된 음성은 다시 낭독자 자신에게 청각 정보로 돌아옵니다. 텍스트는 낭독자의 뇌와 발성기관을 경유해 다시 낭독자의 청각을 향합니다. 자기 목소리를 자기가 듣게 되는 겁니다. 낭독을 통해 텍스트는 시각에서 청각으로 변신하여 주변 공간을 감싸게 됩니다.

낭독 모임을 한다면 이 목소리가 함께하는 이들에게도 전달됩니다. 높낮이와 떨림·음색과 어조·속도와 강약·고유의 자모 특성 등 발성과 관련된 모든 특징이 실시간으로 공유됩니다. 낭독자는 보고 말하고 들으며, 듣는 이들은 들으며(속으로 따라 하며) 기억을 소환하고 상상을 발동시킵니다. 소리는 공간을 다른 질감으로 채색합니다. 참여자들의 존재가 소리로 엮이고 동시에 의미의 연대체가 됩니다. 낭독의 공동체가 순식간에 생산됩니다.

이처럼 낭독은 문자가 몸을 거쳐 소리로 물화되는 과정을 수반합니다. 이는 시각을 통해 책의 글자를 머릿속에서 처리하는 과정과는 엄연히 다릅니다. 결국 책을 조용히 읽는 행위와 낭독하는 행위는 사뭇 다른 결과를 낳을 수밖에 없습니다. 묵독의 속도에 희미해진 단어들이 또박또박 살아나고 마음에 기억과 상상을 위한 새로운 틈이 생깁니다. 책은 낭독을 통해 새로운 미디어로 변신하며, 이는 사람과 책의 관계·사람과 사람의 관계·사람과 공간과의 관계를 변화시킵니다. 읽는 목소리가 울려 퍼지는 공간은 새로운 장소로 탈바꿈합니다.

독서의 역사에서 광범위한 묵독 이전에 낭독이 주된 방식이었음을 기억한다면 낭독 모임은 새로운 트렌드라기보다는 전통의 복원에 가까울지도 모르겠습니다. 하지만 책의 소유와 그 지식에 대한 접근이 소수에 독점되지 않고 모두에게 열려 있다는 점에서 이전의 1:N 낭독과는 다른 권력과 정서의 의례가 만들어진다고 할 수 있을 것입니다. 저는 낭독하는 모임이 좋습니다. 성우라서 그런 것은 아닙니다.

"I hear you."

영화나 드라마에서 종종 듣게 되는 대사입니다. 직역하면 '너를 듣고 있다' 정도가 되겠지요. 청각 작용을 나타내는 '듣다'의 뜻으로 주로 쓰이는 'hear'에는 '이해하다'라는 의미도 함께 담겨 있습니다. 듣는 일과 상대의 마음이나 의견·상황이나 생각 등을 이해하는 일이 한 단어 안에 쏙 들어가 있습니다. 감각의 작용과 사고의 과정이 동시에 표현되는 것이지요. 그래서 "I hear you"라는 말을 좋아합니다. 완벽히 같다고는 할 수 없지만 한국어에도 '듣고 있어'라는 표현이 있네요.

돌아보면 상대의 말을 다 들어보지 않고도 공감한다 생각한 적이 많았고, 상대방을 이미 이해하고 있다는 착각 혹은 오만하에 상대의 말 하나하나에 귀를 기울이지 않은 적도 있었습니다. 부끄럽지만 지금도 그럴 때가 있습니다. 그래서일까요. 낭독을 생각하면 "I hear you"라는 표현이 떠오릅니다. 상대의 목소리를 들으며 이해하는 일. 다 듣지 않고 알 수 있다 믿거나 한 귀로 듣고 한 귀로 흘려보내지 않는 일. 듣기와 공감 사이의 거리를 최대한 좁히려고 노력하기. 그런 것들이 모여 누군가의 마음을 조금이나마 이해할 수 있게 되겠지요.

MIT에서 과학사회학을 가르치고 있는 셰리 터클 교수는 자신의 저서 『대화를 잃어버린 사람들』에서 미국의 문필가이자 사상가인 헨리 데이비드 소로의 경험을 통해 고독과 우정·사회적 행동의 연쇄를 이야기합니다. 터클에 따르면 소로는 매사추세츠주 월든 호수 곁에 거처를 마련하고 의자 세 개를 두었는데 하나는 고독, 다른 하나는 우정, 나머지 하나는 사회를 위한 것이었다고 합니다. 이는 개인의 자기 성찰·친밀한 대화·공적 영역에서의 활동을 상징한다고 볼 수 있습니다. 이 의자들은 따로 떨어진 것이 아니라 한 곳에 나란히 있습니다. 이들은 서로 연결되어 있고, 나아가 선순환을 이루는 요소들로 해석됩니다. 저는 리터러시 활동의 세 축으로 '성찰·소통·연대'를 드는데, 소로의 의자들이 상징하는 고독·우정·사회적 실천과 조응합니다. 말글은 언제나 타인에게 가 닿기 전에 자신에게 먼저 당도합니다. 자신이 한 말을 가장 먼저 듣는 청자도, 자신이 쓴 글을 가장 먼저 읽는 독자도 자기 자신이라는 점에서 우리의 말글은 스스로를 돌아보는 통로가 됩니다. 이는 타인과의 소통과 떼려야 뗄 수 없는 관계입니다. 우리는 타인과 소통하면서 자신을 돌아보고, 자기 자신을 살피면서 타인과 소통할 수 있는 토대를 다집니다. 성찰하고 소통하는 삶이 일정한 방향성을 지닐 때, 아무리 사소한 말글이라도 더 큰 대화의 일부가 되고, 더 나은 사회를 짓는 작은 벽돌 하나가 될 수 있습니다.

주변을 돌아보면 또래가 모였는데도 아무런 대화

없이 핸드폰 삼매경에 빠져 있는 사람들을 심심찮게 볼 수 있습니다. 서로의 얼굴을 앞에 두고도 기계를 통해 소통하는 경우도 종종 있지요. 인공지능 시스템과 애플리케이션이 고도화될수록 리터러시 실천에 있어서 인간–기계 상호작용의 비중은 증가할 것입니다. 인간–기계의 접촉은 증가하고 인간과 인간의 상호작용은 줄어드는 시기, 우리는 리터러시 실천의 균형을 도모해야 합니다. 구어와 문어를 적절히 통합함과 동시에 독립적인 활동과 함께 모여 하는 활동을 연결하는 교육 활동에 관심을 가져야 합니다. 인공지능과의 상호작용 속에서 습득한 지식을 사회적으로 공유하고, 사회적인 대화의 장에서 얻은 경험과 지식을 인공지능과의 상호작용 속에 녹여 낼 수 있는 리터러시 활동을 상상해야 합니다. 그런 면에서 좀 더 많은 시공간이 낭독 모임을 통한 깊이 있는 대화·생생한 목소리·끝없는 수다를 재발견할 수 있기를 바랍니다.

## 과정성: 생산성의 과잉 '과정성'의 부재

잠 못 드는 밤이 아니더라도, 목적 없이 읽고 싶은 한두 페이지를 발견하기 위하여 수많은 책들을 꺼내어 쌓기만 하는 고독한 밤을 어떤 사람들은 알 것이다. 지식을 넓히거나 지혜를 얻거나 교훈을 찾는 따위의 목적들마저 잠재워지는 고요한 시간. 우리가 막연히 읽고 싶은 글, 천천히 되풀이하여 그리고 문득 몽상에 잠기기도 하면서, 다시 읽고 싶은 글 몇 페이지란 어떤 것일까?

—장 그르니에[21]

성취에의 강요·과정보다는 결과에 대한 평가·투자 대 산출이라는 가치 척도. 성인이 되면서 우리가 자연스럽게 받아들이는 것들입니다. 하지만 우리에게도 과정 자체에 머무르며 순간순간 즐거워하던 시절이 있었습니다. 바로 어릴 적 동네나 학교 친구들과 놀던 시절입니다. 노는 것에는 특별한 이유도 목적도 거창한 명분도 필요 없었습니다. 그저 잘 놀면 그만이었지요. 이러한 점을 적확하고도 간명하게 드러내는 다음 인용구를 읽으며 "아이들처럼 되지 않으면 결단코 천국에 들어갈 수 없다"는 말의 의미를 곱씹습니다.

놀이 속에서 아동은 보거나 들은 대로 어른처럼 행동하기를 원한다. 그리고 놀이 속에서 아동이 하는 행동은 다소 특이하기는 해도 어른의 행동과 비슷하다. 아동은 행동과 순서를 지나칠 정도로 하나하나 그대로 복제한다. 이를테면 의사 놀이를 하는 아동은 주사를 놓을 때 의사가 하는 행동 순서를 그대로 따라 하는 식이다. 놀이의 고유한 속성은 행동의 결과를 꼭 성취해야만 한다는 생각 없이 아동이 행동하도록 만든다는 것이다. 아동을 움직이는 동기는 성취가 아니라 행동을 하는 과정 자체인 것이다. 아동에게 중요한 것은 단순히 어디론가 간다는 것이지 어딘가에 도착하겠다는 것이 아니기 때문에, 막대가 말을 대신하고 아동은 그 위에 '올라탄다'. 놀이를 하며 아동은 의자에 앉아 운전대의 기능을 충족해 주는 둥근 물건을 돌리면서. '자동차를 운전'한다. 이때 아동에게 중요한 것은 그 차를 운전한다는 사실뿐이다.
　　　━V. V. 다비도프[22]

사실 마음만 먹으면 지금도 '선생을 속이고' 기말 과제를 몇 시간 안에 후딱 만들 수 있습니다. 한국은 조금 덜하지만 미국에 계신 몇몇 분들의 전언에 따르면 학생들이 생성형 인공지능을 꽤 많이 사용하고, 이에 대해 명확히 밝히지 않는 경우 또한 점점 증가하는 추세입니다. 영어로 텍스트를 생성하는 경우 거대언어모델의 성능이 가장 뛰어나기 때문에 벌어지는 일이지만, 한국 사회가 곧 목도할 현실이기도 합니다. 글을 쓰고 과제를 수행하는 데 필요한 노력이나 교사와의 약속·정직함의 가치 등에 대해 깊이 고민하지 않는 이들이 생겨나기 시작했고, 그 규모는 지속적으로 커지리라 생각합니다.

　　생성형 인공지능을 과제 수행에 동원하고 마치 자신이 쓴 것인 양 제출하는 학습자들을 옹호할 순 없지만, 그렇게 해서라도 속도와 효율성을 추구하는 것이 합리적이라 믿는 습속을 빚어내는 건 기성세대가 만든 사회적·제도적·구조적 압력입니다. 학생 개개인의 잘못으로만 볼 수 없다는 이야기죠. 그렇게 해도 '걸리지만 않으면' 이익이 될 수 있다는 믿음은 분명 문화적으로 형성된 것입니다. 독서를 안 해서 문제다, 글을 못 써서 문제다, 소통하는 법을 몰라서 문제다, 글쓰기의 윤리를 저버리는 사례가 적지 않다 등등…… 문제를 지적하는 이는 많지만 근본 원인을 말하는 사람은 적습니다. 마치 기성세대는 아무 잘못이 없다는 듯 말하는 '어른'도 심심찮게 보입니다. 하지만 그것이 과연 새로운 세대의 문제일까요? 이런 세상·교육과 제도·경쟁 체제를 만든 기성세대의 문제가 아니고요? 리터러시에 대해 숙고하면서 계속 던지게 되는 질문은 '우리가 언제 리터러시를 제대로 배우고 가르친 적이 있었는가'입니다. 삶과 사회와 리터러시를 엮어 더 나은 삶의 조건을 만들어 가는 리터러시를 배우고 가르치기보다는 사회경제적인 보상을 최대화할 수 있는 자본이나, 경쟁에서 우위를 점하는 전략으로서 리터러시를 대해 왔던 것이 아닌지 반성하게 됩니다.

지난 한 해 반 동안 생성형 인공지능과 관련된 문헌과 뉴스를 광범위하게 검토하며 가장 자주 접한 단어는 '생산성'productivity이었습니다. 주어진 시간 내에 일정한 품질을 유지하면서 얼마나 많은 산출물을 낼 수 있는가로 계산되는 바로 그 생산성 말입니다. 생산성 생산성 노래를 부르는 이들을 소셜미디어에서 광고에서 도서와 강연의 홍보 자료에서 많이도 만났습니다.

하지만 왜 우리에겐 '과정성'processivity이라는 말은 없는 것일까요? 과정이 사라진 결과는 어떤 가치를 가질까요? 존스와 해프너가 제시한 특정 기술의 기회와 제약을 떠올린다면 지금이야말로 과정에서 길러지는 인지적·정서적·사회적·관계적·윤리적 역량이 탈각될 때 '생산성'이 갖는 의미는 무엇인지 논의하고, 생성형 인공지능을 활용할 때 그런 탈각을 상쇄하고도 남을 만한 가치를 어떻게 만들지 논의해야 할 때가 아닐까 합니다. 생성형 인공지능은 인간의 쓰기를 돕습니다. 하지만 동시에 쓰기에 따르는 노동과 인지적이고 정서적인 과정을 삭제하기도 합니다. 요약본의 생성은 읽기의 효율을 높입니다. 동시에 글쓴이가 초대한 세계에 들어가 보지도 않고 해당 글을 그리고 저자의 생각과 감정을 이해했다는 환상을 심어 줄 위험을 초래합니다. 기계번역은 신속하고 편리한 번역을 가능하게 합니다. 하지만 번역의 과정이 가져다 주는 고뇌와 환희·깨달음의 경험을 탈각하기도 합니다. 이들은 그저 하나를 주고 하나를 받는trade-off 관계일까요? 기존의 노동을 삭제하고 경험의 체화를 축소하는 인공지능의 사용을 한두 줄의 각주로 처리하는 세계에서 리터러시 교육은 어떻게 윤리적 주체를 키울 수 있을까요?

## 과정을 지우는 결과

인공지능과 인간의 창작을 비교할 때 흔히 범하는 오류는 결과물에 대한 집착입니다. 결과물이 중요하지 않다는 게 아닙니다. 특히 직업적인 창작을 하는 이들에게 결과물의 가치는 너무나 큽니다. 다만, 결과물'만' 비교할 때 너무나 큰 것을 놓치게 된다는 겁니다. 교육의 영역에서 이 점은 더욱 무겁게 다가옵니다. '인간 대 기계'의 구도에서 최종 산출물만을 비교하려 하는 경향은 교환가치가 지배하는 사회구조를 그대로 반영하고 있습니다. 이것이 삶의 모든 국면을 채운다면 어떻게 될까요? 결과물만이 강조되는 세계에서 기본기를 다지는 교육은 어떤 의미를 가지게 될까요?

글쓰기의 영역으로 좁혀서 다시 질문을 던져 봅시다. 글쓰기의 결과물 외에 무엇이 중요할까요? 여러 요소에 대해 이야기할 수 있지만, 저는 두 가지에 대해 말씀드리고자 합니다. 첫 번째는 '가능성을 누가 정초하는가'라는 문제입니다. 한국어 생성형 인공지능 서비스가 좀 더 정교해진다면 정교한 프롬프트 엔지니어링으로

'뽑아낸' 글을 정교하게 다듬는 역량이 교육의 주요 요소로 자리 잡을 수 있습니다. 그런데 이 과정에서 우리는 거대한 가능성의 바다에서 자신의 항로를 가늠하는 일련의 작업과 작별을 고하게 됩니다. 앞에서 언급했듯이 빈 화면을 바라보는 일이 줄어들고, 키워드 몇 개를 통해 생성형 인공지능이 글을 시작하도록 하는 습속이 급속히 퍼져 나갈 가능성이 크니까요. 주변의 몇몇 초중등 교사와의 대화에서도 이러한 예측의 근거가 없지 않음을 확인합니다. 일례로 한 선생님은 자기소개서 초안을 써 오라는 과제를 내 주었는데 한 학생이 인공지능을 활용한 결과물을 제출했다고 합니다. 그리 길지 않은 글을 기계를 통해 생성하고, '나름 그럴듯하다'고 생각했던 것이죠. 자신의 정체성과 깊이 엮여 있는 장르의 글도 인공지능을 활용해 생성한다면 일반적인 보고서나 설명문도 당연히 그렇게 생성할 것임을 예상할 수 있습니다.

지혜롭고 윤리적으로 인공지능을 사용하려고 교사와 학습자가 함께 노력하더라도 리터러시 교육의 모든 국면에서 생성형 인공지능을 자유롭게 활용하는 것은 바람직하지 않습니다. 키워드와 지식을 동원해 아웃라

인을 생산하고 이에 깊이와 너비를 더한 후 잘 다듬어서 원고를 완성하는 작업을 이끄는 예인선의 역할을 인공지능이 맡게 될 공산이 크니까요. 의미 생산 작업의 가능성을 정초하는 작업이 전적으로 인공지능의 몫이 되어버리는 것이지요. 이런 이야기를 드리면 적지 않은 분들이 '그걸 초안으로 삼아 더 나은 글을 쓰도록 하면 된다'고 말씀하시지만, 이는 우리에게 주어진 시간이 지극히 한정적임을 생각하지 못한 반응입니다. 최대한 신속하게 글을 '뽑아내는' 일에 익숙해진 몸이 인공지능의 초안을 깊이 검토하고 더 나은 원고로 만들 가능성은 크지 않습니다.

두 번째는, 글을 쓰는 과정에서 내면을 들여다보며 자신의 한계를 깨닫는 일이 점점 사라지리라는 점입니다. 누군가에겐 고리타분하게 들릴지 모르지만 저는 글 쓰는 일이 애쓰는 일과 동전의 양면과 같다고 생각합니다. 글을 써내려면 마음의 비탈을 애써 올라야 하고 두려움의 심연에서 애써 빠져나와야 하는 것 같습니다. 글쓰기 노동이 다른 노동에 비해 더 많은 노력을 필요로 하는 특별한 일이라고 생각하지는 않습니다. 다만, 글쓰기에 따르는 애쓰기의 시간이 쌓인 제 몸과 마음은 그 무엇과도 교환할 수 없는 '가치 없는 가치'로 남습니다. 저에게는 이 무가치의 가치가 소중합니다.

생성형 인공지능이 널리 퍼질 때 애써 글 쓰는 이들이 사라지리라고 말씀드리는 것은 아닙니다. 더 많은 자원을 가지고 더 많은 일을 해내려면 지금과 다른 종류의 노력이 필요할 겁니다. 다만 그 과정에서 우리 사회는 글쓰기의 지난함을 기술과 자료·자본과 컴퓨팅 인프라의 부족으로 이해할 가능성이 큽니다. 글쓰기의 과정이 외부 자원의 조작으로 수렴되는 일은 필연적으로 자신과 대면하는 시간을 축소시킵니다. 먼 미래에는 인간 내면의 마음과 외부의 기술 및 문화 간의 경계가 사라질지도 모릅니다. 그렇게 된다면 생각을 끄집어내어 언어로 번역하고 이를 유기적으로 연결하는 쓰기의 개념도 희미해지겠지요. 하지만 지금은 아닙니다. 여전히 글을 쓰는 일은 마음을 돌아보며 한계를 직시하는 일과 분리할 수 없습니다. (그렇다고 생각하지 않는 분들은 이미 인공지능으로 뚝딱 책을 '찍어 내어' 시장에 내놓고 계시지만요!)

저는 인공지능의 광범위한 부상에서 가장 경계해야 할 것은 결과가 과정을 삭제하는 경향 나아가 과정을 귀히 여기는 관점을 무시하는 습속의 강화라고 생각합니다. 무엇이든 잘 생성해 내면 어떤 과정을 거치든지 상관이 없으며 정성과 노동보다 고도화된 컴퓨팅을 우월하게 여기는 태도이지요. 앞서 사용한 용어를 쓰자면 생산성이 과정성을 집어삼키는 현상입니다. 이는 어제오늘의 일이 아니지만, 가공할 인공지능의 생산성은 이런 경향을 심화시킵니다. 일례로 최근의 많은 아동용 영상 콘텐츠는 생성형 인공지능에 의해 대량생산됩니다. 얼핏 보기에는 매력적이어서 아이들이 넋을 놓고 시청하기도 하지요. 하지만 이들 중 다수에는 아동의 심리발달이나 교육철학에 대한 고민이 들어 있지 않습니다. 작가 에릭 호엘은 이렇게 생성된 영상이 "연속성이나 목적 없이 무의미한 짧은 클립"을 담고 있으며, "캐릭터가 나왔다가 사라지고 줄거리가 말이 되지 않으며 일관성 없"다고 지적합니다. 그저 '아기 학습 동영상'이라는 제목 때문에 수백만 조회수를 기록하기도 하지요. 사람들은 이런 영상을 통해 돈을 벌고, 이는 소위 '성공 사례'로 포장되어 다른 크리에이터들을 끌어들입니다.

## 과정을 귀하게 여기고, 과정성을 평가하기

그렇다면 리터러시 교육에서 과정성은 어떻게 확보할 수 있을까요? 결론부터 말씀드리면 생산성만큼 과정성을 귀히 여기는 일은 그간의 교육이 지향해 온 성과주의를 뒤집는 일이기에 쉽게 이루어질 수 없습니다. 교육과정이 제시하는 이상적인 수업이 내신 대비와 대입이라는 엄연하고도 중대한 현실에 무릎을 꿇는 현실을 수십 년 겪었고, 패배적인 생각이 드는 것이 어쩌면 당연할지 모릅니다. 하지만 그렇기에 생성형 인공지능의 부상을 새로운 계기로 삼아야 합니다. 읽고 쓰는 경험의 초기에서부터 결과물이 아닌 과정에 집중하는 인간을 키우는 일로 풀어 나가야 합니다. 프롬프트 엔지니어링 교육에서 그치는 것이 아니라, 프롬프트-응답-프롬프트-응답의 연쇄 속에서 자신이 판단하고 고민하고 새롭게 알게 되고 더 조사한 바에 대해 이야기하는 교육을 만들어가야 합니다. 이를 위해 앞으로의 읽기와 쓰기 과정에 집중할 수 있는 몇 가지 활동을 제안하고자 합니다.

먼저 생성형 인공지능의 광범위한 사용이 쓰기의 과정을 소거하는 것을 막으려면 '알아채기'noticing 활동의 활성화가 필요합니다. 알아채기는 외국어 습득 분야에서 널리 알려진 리처드 슈미트가 1990년에 제시한 '알아채기 가설'noticing hypothesis에서 영감을 얻은 활동으로 기계번역 활동 및 생성형 인공지능을 활용한 글쓰기 모두에서 사용 가능합니다.

　우선 기계번역의 경우입니다. 한국어를 제1언어로 하는 학습자들은 자신이 표현하고자 하는 의미를 외국어로 표현하려고 한국어 문장을 넣고 기계번역이 산출한 외국어 문장을 복사하여 자신의 글에 포함시킵니다. 그런데 이 과정에서 번역에 따르는 다양한 활동*은 소거되지요. 외국어 학습을 목적으로 하는 교육 상황에서는 이런 소거가 바람직하지 않습니다. 따라서 그 과정을 일정 부분 '복기'하는 일이 필요합니다. 저는 이를 위해 간단한 표를 사용합니다. 첫 번째 칸에는 자신이 넣은 한국어 문장을, 다음 칸에는 기계번역이 산출한 외국어 문장을, 그다음 칸에는 이 둘을 비교하면서 발견한 것들을 최대한 많이 적도록 하는 것입니다. 여기에서 '발견'은 앞에서 말한 '알아채기'과 비슷한 의미이고요. 교사는 해당 칸에 들어갈 수 있는 다양한 요소들을 구체적인 예를 들면서 설명합니다.

　예를 들어 "엎질러진 물이야. 울어 봐야 소용없어"

---

* 어떤 단어를 사용할지 고민하기·새로운 표현을 발견하기·여러 문법 구조를 실험적으로 사용해 보기.

라는 말을 "There is no use crying over spilt milk"라고 번역할 수 있음을 가르친 후에, 학생들로 하여금 이 문장을 기계번역을 통해 번역해 보도록 합니다. 2024년 3월 말, 구글 번역은 이를 "It's spilled water. There's no use crying"이라고 번역하는데요. 이 두 번역이 어떤 면에서 다른지, 혹 두 번역 중에 하나를 선택해야 하는 맥락은 없을지 등에 대해 토론하도록 합니다. 이후 학생들은 기계번역이 산출한 문장에 대해 ①우리가 배운 문장이랑 기계번역 결과가 많이 다르네요 ②한국어 문장 '엎질러진 물이야'에는 주어가 없는데, 영어 문장 "It's spilled water"에는 "It's"라는 주어가 있어요 ③'울어 봐야 소용없어'는 'There's no use crying'이라고 번역되는데, 'no use' 다음에 '~ing'형이 나오는 건 잘 못 봤어요. 이제 배웠으니 써먹어야겠어요 ④수업 시간에 토론한 다른 번역에서 'milk'와 '물'의 차이가 흥미로웠어요. 한국어에서는 '물'인데, 영어에서는 '우유'라는 거요, 등의 '알아차림 노트'를 작성합니다. 즉 번역 과정을 꼼꼼히 살피며 어휘·비유·문법 등의 측면에서 알아차린 바를 적는 것입니다. 이 노트를 발표하거나 공유하게 하고, 이를 기반으로 추가 활동을 할 수도 있습니다.

　생성형 인공지능 사용을 통한 글쓰기에서도 비슷한 접근이 가능합니다. 몇몇 연구는 학습자들이 마감에 쫓겨 생성형 인공지능을 사용하는 경우가 있음을 보고합니다. 이 경우 생성형 인공지능을 사용하는 이유가 그저 시간 내에 과제를 내기 위함으로 축소되고 말지요. 결국 과제를 '성공적으로' 제출했음에도 학습은 전혀 일어나지 않는 결과로 이어집니다. 이런 상황을 미연에 방지하고 생성형 인공지능을 가치 있게 사용하려면 학습자와 인공지능 챗봇과의 상호작용 속에서 어떤 일이 벌어졌는지를 복기하고, 이를 비판적이고 성찰적으로 기록하는 활동이 필요합니다. 예를 들어 학생들로 하여금 자신과 챗봇이 협업한 로그와 함께, 각각의 대화가 어떤 새로운 아이디어를 주었는지 혹은 어떤 면에서 아쉬움을 남겼는지·팩트 체크의 과정은 어땠는지·왜 어떤 아이디어는 취하고 다른 아이디어는 버렸는지 등에 대해 적게 하는 것입니다. 나아가, 특정 답변의 어떤 부분이 그다음의 프롬프트로 이어졌는지를 논의할 수 있습니다. 즉 인공지능의 답변 중 어떤 부분이 자신의 다음 작문 과정을 추동했는지를 돌아보는 것입니다. 이런 활동을 통해 학습자는 결국 인공지능의 답변을 읽게 됩니다. 인공지능과 협업한다면 인공지능의 말을 듣는 것이 당연하고 그때 가장 중요한 것은 상대의 말을 경청하는 것입니다. 읽지 않는다면 협업의 가치는 사라지고 결과물만 남게 될 테니까요.

나아가 이런 과정은 글쓰기와 관련된 개념적 이해와 밀접히 연결되어야 합니다. 즉 글쓰기와 관련된 이론적 관점이나 자소서·보고서·학술 논문·비즈니스 이메일 등이 갖추어야 할 덕목에 비추어 자신의 활동을 평가할 수 있는 역량을 키워야 하는 것이지요. 수업시간에 영화 감상문이나 논설문 등을 쓰는 법을 배웠다면 교육과정에 제시된 글을 면밀히 분석한 후 직접 글쓰기를 수행하고, 이후 인공지능을 활용해 텍스트를 생성합니다. 이후 교과서에 실린 글·자신의 글·인공지능이 생성한 텍스트를 구조와 기능·내용과 언어 등으로 비교하고 대조하는 '알아차림' 활동을 진행합니다.

리터러시 교육은 이제 생산성에 몰두하기보다는 과정성을 상상하는 데 힘써야 합니다. 생성형 인공지능이 리터러시 특히 쓰기 교육과 관련하여 던지는 가장 큰 화두는 양적인 지표를 넘어서는 새로운 기준을 어떻게 만들어 갈 수 있을 것인가입니다. 가시적인 생산이 없어도 좋은 과정·그 안에서 기쁠 수 있는 과정·결과가 무엇이든 좋으니 끝까지 해 보자고 서로를 응원하며 다독이는 과정·평가를 위해서가 아니라 역사를 위해서 기록하는 과정·무엇보다 재미있는 과정을 교육의 핵심으로 만들 방안 말입니다.

과정성의 강화가 겨냥하는 것은 특정한 사고 과정의 외화와 체화를 통한 발달 사이의 균형을 맞추는 것입니다. 생성형 인공지능이 사고와 인지의 상당 부분을 외부로 옮겨 놓으리라는 점을 부인할 수는 없습니다. 이는 분명 많은 면에서 편리함을 안겨 줄 테고, 적지 않은 분야에서 더 나은 결과물을 만드는 데 도움을 줄 수 있습니다. 하지만 그것이 인간의 사고를 텅텅 빈 공간 아니 프롬프트만으로 가득 찬 공간으로 만든다면 이는 교육과 사회에 부작용으로 돌아올 수밖에 없습니다. 그렇기에 인공지능의 확산 속에서도 학습자들이 가치 있고 재미있는 경험을 지속할 수 있는 다양한 조건 및 활동·제도를 만들어 가는 작업이 필요합니다. 아울러 인공지능의 물결 속에서도 여전히 하나하나 익혀야 하는 일들이 있는지 살피는 일 또한 필요합니다. 그 과정이 지난하고 이렇다 할 산출물이 없어서 "100을 배워서 1밖에 못 써먹을 거, 뭘 100씩이나 배워야 하는가"라는 질문을 받을지라도 말입니다. 그런 질문을 던지는 분들은 그 1을 써먹으려면 반드시 100을 배워야 한다는 걸 나아가 100을 경험하는 동안 배우는 이의 몸과 마음이 완전히 달라진다는 걸 무시하곤 하니까요.

생산성은 산출물이 나오고 나서의 외부를 향하지만, '과정성'은 배우는 동안 변형되고 생성되는 내면에 주목합니다. 무엇보다 중요한 것은 우리는 평생 배우며 사는 존재라는 것입니다.


### 불완전함의 온전함
### : 있는 그대로의 아름다움과 마주하기

얼마 전부터 영어 관련 모 단톡방에는 영어 어휘나 어법에 대한 질문에 대해 "챗GPT한테 물어봤더니 이렇게 답하던데요"라는 대답이 올라오기 시작했습니다. 아직까지 이런 답변보다는 개개인의 의견이나 참고 자료를 찾아 제시하는 경우가 많지만 2023년 상반기까지만 해도 볼 수 없었던 답변 방식입니다.

"챗GPT에게 물어봤더니"로 시작하는 대답이 흥미로운 것은 서서히 바뀌고 있는 영어 지식에 대한 권력의 지형을 보여 주기 때문입니다. 아니 영어 지식에 무슨 권력이 있느냐고 반문하실지 모르지만 사실 대다수의 지식은 엄격한 위계에 의해 지식의 품질을 평가합니다. 예를 들어 옥스퍼드·캠브리지·웹스터·맥밀란 등에서 나온 권위 있는 사전의 정보는 최상위 지식으로 인정됩니다. '옥스퍼드 사전 보니까 이렇게 나와 있어요. 사진 첨부할게요'라며 이미지를 업로드하면 시쳇말로 '게임 끝', 논쟁 종료입니다. 영어를 제1언어로 사용하는 국가에서 가장 높은 권위를 인정받는 출판사의 지식이니 왈가왈부할 것이 없다는 생각이 드는 것이죠. 이만큼은 아니지만 꽤나 높은 위치에 자리하는 것이 원어민 개개인의 의견입니다. "학교 원어민 선생님께 여쭤 봤는데 ○○○을 더 많이 쓴대요"나 "영국인 친구가 ○○○이 맞대"라고 하면 해당 지식에 힘이 팍 실립니다. 검색 결과에 기반한 답변도 꽤나 높은 평가를 얻습니다. "구글 검색을 해 보니 A가 B에 비해 5배는 넘게 나오네요"와 같은 답이 대표적입니다. 안타깝게도 영어 교사를 비롯한 영어 교육 전문가 개인의 의견은 큰 힘을 갖지 못하는 경우가 많습니다. 비원어민이라는 요인은 영어 지식의 장에서 권력을 획득하는 데 극복할 수 없는 약점이 되는 것입니다.

이런 지식의 위계에 이제 인공지능이 본격적으로 진입하고 있습니다. 환각을 비롯한 다양한 문제가 있음에도 인간이 상상할 수 없는 양의 언어 데이터를 학습한 알고리즘은 인간과 비교가 되지 않을 만큼의 지식을 가지고 있다고 판단되곤 합니다. 거대언어모델의 훈련 데이터 중 영어 데이터의 비중이 압도적으로 높다는 사실 또한 영어 지식에 대한 인공지능의 권력에 무게를 더합니다. 실제로 생성형 인공지능을 사용해서 영작문을 해 보면 문법에 어긋난 비문을 만들지 않는 것을 확인할 수 있습니다. 어딘가 어색하다고 느낄 수는 있지만 아예 틀렸다고 판단할 만한 문장을 생성하진 않죠. 그런 이유로 교사도 학생도 인공지능에 기대어 문장을 만드는 습관을 형성하게 될 가능성이 높습니다. 이런 경향은 오랜 기간 리터러시와 외국어교육을 공부한 제게 깊은 고민을 던져 줍니다.

아름답지 않아 아름다운 것들에 대하여

저를 포함해 많은 영어 교사들이 학생들에게 잘못된 언어 입력을 줄까 걱정하는 건 당연한 일입니다. 가르치는 자의 의무는 더욱 정확하고 좋은 것을 주려는 것이기에, 그 과정에서 틀린 정보를 전달하지 않으려고 노력하는 것은 자연스럽습니다. 하지만 그로 인해 글쓰기와 말하기 수업의 자료가 '기성품'으로 제한될 때 교수학습의 역동성은 완벽히 제거됩니다. 자신의 생각과 감정을 바로바로 표현하는 실시간 대화는 사라지고 이미 정해진 스크립트에 기반한 상호작용만 남게 되는 상황이 벌어집니다. 언어를 배우는 시간에 자연스런 대화를 포기하고 있는 그대로의 우리로 만나 '불완전한' 말글을 나눌 때 얻는 기쁨을 소거한다면 실제적이며 역동적인 소통이 일어나는 수업을 만들 수는 없습니다. 끊임없이 자신의 언어를 의심하고 인공지능과 기계번역·사전과 참고서를 참조하려고 한다면 생생한 영어 학습도 펄떡이는 날것 그대로의 언어를 경험하는 것도 불가능합니다.

챗GPT와 다양한 인공지능 도구들이 '더 완전한' 영어 텍스트를 만드는 데 도움이 된다는 이야기들은 어쩌면 애초부터 '완벽한 언어'라는 환상을 거의 모든 이들에게 주입한 이들의 또 다른 승리일 뿐일지도 모릅니다. 이 상황에서 느리고 서툴며 불완전한 이야기·서로의 눈빛과 손짓에 귀 기울이는 태도·문법성을 판단하지 않아도 심장을 쥐락펴락하는 말글 따위가 더 이상 발붙일 수 없는 교육으로 진입하는 것은 아닐까 하는 생각에 종종 심란합니다. 개성은 묻히고 변이는 제거되고 성장 과정에서 자연스럽게 따라올 수밖에 없는 부족함은 열등한 결핍으로 치부되는 상황에서 기술이 사실상 전지전능한 표준의 권력을 얻게 되는 셈이니까요.

제가 몸담고 있는 영어교육의 예를 들었지만 외국어교육뿐 아니라 국어교육에도 적용 가능한 이야기입니다. 언어는 소통의 도구이며, 그 도구의 조건은 문법성·일관성·논리성·다양한 어휘문법적 자질의 동원·그 모든 것들을 포괄하는 표준의 체화라는 주장이 얼마나 많은 이들을 사회와 교육의 변방으로 내몰았는지 모릅니다. 문법적으로 정확하지 않은 문장을 쓰거나 그럴듯한 어휘를 자유자재로 활용하지 못하는 것은 자신의 낮은 문해력을 드러내는 부끄러운 일이라는 고정관념이 많은 학습자들을 침묵 속에 가두었습니다. 지역 방언·'어눌한' 말투·한국어 학습자의 '우스꽝스러운' 억양을 '교양 있는 서울 사람들의 말'과 대비시키며 차별하고 배제했습니다.

하지만 우리는 이처럼 표준적인 리터러시를 권력 삼아 타자를 차별하고 배제하는 것보다 더 나은 존재가 될 수 있다고 생각합니다. 우리에게는 어색한 어휘와 문법을 가뿐히 넘을 수 있는 역량이 있습니다. 조금 '틀린' 발음을 이해하고 마음을 다해 소통하려는 정성이 있습니다. 누구의 언어든 부족함을 안고 있다는 것을 알기에 부족은 부끄러워하거나 비난받을 것이 아니라 삶의 필수불가결한 구성 요소라는 것 또한 이해할 수 있습니다. 조금 느리더라도 기다려 줄 수 있고, 더디 가더라도 함께 걸을 수 있습니다. 답답해하며 상대방을 낮잡아 보려는 자신의 태도를 비판적으로 성찰하고 그런 자신의 모습을 반성할 수 있습니다. 어쩌면 표준화된 교육이, 리터러시를 철저히 경쟁의 도구로 만드는 제도가, 이들을 떠받치는 기술의 권력이 다른 이해와 실천의 가능성을 차단하고 있는지도 모릅니다.

소통하려고 좀더 완결성 있는 언어를 체득하려는 노력은 분명 의미가 있습니다. 외국어 학습의 과정이 꼭 표준 권력에 투항하는 것은 아닙니다. 하지만 그 과정에서 '미진함' '부족함' '우스꽝스러움' '당황스런 어휘 사용' '이상한 발음' '원어민과 다름' '제1언어의 흔적이 드러남' 등이 부정적이고 차별해도 되는 특징으로 여겨지는 것은 우리 스스로의 존재를 강등하며 '어설픈' 한국어를 구사하는 이들을 업신여기는 일입니다.

### 나를 멸시하는 것들이 과연 아름다울까

은희경은 그의 소설에서 "세상의 모든 아름다운 것들은 나를 멸시한다"라고 말합니다. 아름다운 몸·아름다운 차·아름다운 집·아름다운 가족·아름다운 관계·아름다운 동네…… 그런 아름다운 것들 속에서 우리는 작아지곤 하지요. 이 문장을 곱씹다가 뒤집어 질문을 던집니다. 나를 멸시하는 것들이 과연 아름다울 수 있을까?

사회언어학이라는 과목을 오랜 시간 가르쳤습니다. 사회와 언어가 엮이고 상호작용하는 방식을 비판적으로 이해하는 수업입니다. 여기에서 주요하게 다루는 주제 중에는 원어민 중심주의가 있습니다. 특정한 언어의 주인은 원어민이고 원어민이 정하는 대로 써야만 하며 여기에서 벗어나는 것은 열등하고 아름답지 못한 것으로 취급되어야 한다는 생각이 원어민 중심주의의 요체입니다. 이에 대한 다양한 논의들이 있지만 저는 원어민 중심주의가 저를 또 우리 중 많은 이들을 '아름답지 못한 자리'로 내모는 것이 싫습니다. '매끄럽고' '클리어 clear하고' '멋지고' '막힘없는' '오래 살다 온 것 같고' '끝내주는' 발음들 반대편에는 '별로고' '흉내는 좀 내는 것 같은' '뭔 소린지 잘 못 알아듣는' '이상한' '한국 발음이 찐하게 나오는' 그래서 때로 '구리고' '어글리ugly하기'까지 한 발음이 있습니다.

결국 원어민 중심주의는 언어 능력의 정점에 원어민을 위치시킨 뒤 비원어민을 철저히 주변화·식민화합니다. 영어의 경우 원어민은 중산층 이상의 백인 그중에서도 특정한 지역의 액센트를 가진 사람에 국한되지요. 그런데 언젠가 한 학생은 원어민 중심주의의 문제를 다각도로 논의한 다음 이렇게 말하더군요.

무엇보다도 원어민 중심주의는 저의 경험과 정체성을 이야기하는데 불충분한 것 같습니다. 원어민이 아닌 저의 이야기를 할 수 있는 틀이 아닌 것이죠. 저는 저의 이야기를 제 방식으로 하고 싶습니다.

쉽게 '완벽한 영어'를 이야기하지 않는 것. 그 아름다움이 나를 멸시하지 못하도록 하는 것. 그리하여 나의 경험과 정체성을 이야기할 수 있는 틀을 구축해 가는 것. 이는 더 큰 차별과 배제에 맞서는 일과 밀접하게 연관되어 있습니다. 비장애인 중심주의·중산층 중심주의·엘리트주의·서울 중심주의·서구 중심주의·학술장과 공론장을 상하관계로 파악하는 일 등등을 생각할 때, '아름다움'은 다양한 모습으로 우리를 '멸시'하고 있는지도 모른다는 생각에 이르게 됩니다.

아름다움을 너무 쉽게 정의하고 그것이 우리를 멸시하도록 하지 않기를 바랍니다. 혹은 그 '아름다움'으로 더 나은 인간이 되었다고 확신하는 자기기만에 빠지는 우매함을 경계합니다. 모두가 '아름답다' 칭송하는 것들을 한 번쯤 깊게 의심해 보면 좋겠습니다. '우월한 인간 대 열등한 인간'이라는 그릇된 구도가 '인공지능을 사용하는 사람 대 인공지능을 사용할 줄 모르는 사람의 구도'로, 이것이 다시 '인공지능 대 인간'의 구도로 전이되지 않기를 바랍니다.

언젠가 저의 영어 발음에 대해 이런 쪽글을 썼습니다.

"저는 제 영어 발음이 자랑스럽지도 부끄럽지도 않습니다. 그냥 있는 그대로 받아들일 뿐이지요. 그것은 저의 한계이지만 가능성이기도 합니다. 무엇보다 제 발음은 배우는 주체로서 저 자신의 역사입니다. 따라서 발음으로 저를 판단하시려 하는 분은 제 생애사 전체를 판단하고 계신 겁니다. 그럴 수 있는 권리가 있는 분은 없을 거라는 생각이 듭니다.

돌아보면 제 발음을 막 좋아했던 적은 없습니다. 종종 싫어하기도 했었죠. 하지만 무엇보다 중요한 것은 저의 혀를 통해 사람들과 또 세계와 소통할 수 있었다는 점입니다. 제 억양을 온전히 받아들이는 게 쉽진 않았습니다. 하지만 저는 지금 여러분께 이 우주상에 하나밖에 없는 발음으로 이야기를 건네고 있습니다. 놀랍지 않나요? 글을 마치기 전에 한 가지만 더 말씀드리겠습니다. 제 발음이 몇몇 분들께는 '외국의/낯선 발음'으로 들릴지 모르겠지만, 저에게는 너무나도 친숙합니다. 그렇습니다. 제 발음은 바로 저 자신입니다."

## 쓰기가 자동화될 때
## 읽기의 중요성은 더욱 커진다

아마도 우리는 역사상 타인의 삶을 가장 많이 읽어 내는 시대를 살아가고 있을 것입니다. 책을 덜 읽는다고 하지만 뉴스와 블로그·소셜미디어와 채팅방의 텍스트로 순간순간을 채웁니다. 하지만 그것이 타인에 대한 이해와 공감·연대로 나아갔는가 묻는다면 잘 모르겠습니다. 더 많이 읽고 더 안다고 생각할수록 넘지 말아야 할 선·내 편 네 편을 가르는 경계·감히 넘보지 말아야 할 담장만 늘어나는 것은 아닌지 두렵습니다. 연결이 많아질수록 오해는 증가하고 상처는 깊어 가고 곱씹는 밤은 늘어 갑니다.

이제 우리는 생성형 인공지능의 등장으로 의심의 여지 없이 역사상 읽히지 않는 텍스트가 가장 많이 생산되는 시대를 목격하고 있습니다. 약간의 교육만 받으면 누구든 텍스트를 생산할 수 있다는 글쓰기 역량의 민주화에는 분명한 장점이 있지만, 그 이면에는 그 누구의 눈길에도 스치지 못하고 허공에 흩어지는 텍스트의 폭발적 증가가 있습니다. 이 상황에서 생성형 인공지능이 반드시 필요한 상황을 선별하고 일련의 원칙에 따라 활용할 필요가 있습니다. 이 가운데 생성형 인공지능이 초래하는 행성의 파괴·자원의 추출·대량의 전력 소비·광범위한 차별과 감시 등이 멀게만 느껴질 수 있습니다. 그렇다면 조금 다른 방향에서 이렇게 질문해 보면 어떨까요?

'생성한 텍스트를 나조차 읽지 않는다면, 그것을 생성이라고 부를 수 있을까? 쓴 사람이 읽지 않는 텍스트를 누군가에 의해 쓰였다고 말할 수 있을까? 생성은 새로운 것이 만들어진다는 뜻일텐데, 그 새로움이 그 누구의 마음에도 가 닿지 못한다면 즉 그 누구에게도 새로움이 되지 못한다면 그것을 생성이라고 부르는 것이 옳은 일일까?'

다시 한 번 생성becoming없는 생성generation에 대해 생각해 봅니다. 그 어떤 존재에게도 스미지 못하고 클라우드와 컴퓨터 안에서 '생을 마감하는' 텍스트를 떠올립니다. 생성과 함께 버려지는 문자들의 운명을 곱씹습니다. 삶과 사회·지구에 복무하지 못하는 텍스트가 광범위하고도 대규모로 생성되어야 할 이유가 무엇입니까? 리터러시 교육과 실천의 급격한 변화를 겪고 있는 우리는 이 질문을 피할 수 없습니다.

쓰기가 자동화된다는 것은 텍스트가 기하급수적으로 증가한다는 뜻입니다. 이로부터 가치와 의미를 지니는 텍스트를 선별하는 작업이 더더욱 어려워질 것이라는 예상 또한 따라옵니다. 요약이 자동화된다는 것은 단지 편리함만을 의미하지 않습니다. 원문과 요약본 사이의 거리를 어떻게 설정할 것인가, 원문의 어떤 면을 강조해서 요약에 담을 것인가, 나아가 요약문이 담길 맥락은 어떤가에 대한 이해의 중요성이 커진다는 뜻입니다. 쉽게 생산한다고 리터러시가 쉬워지는 않습니다. 간단히 요약해 준다고 해서 그것이 자신의 경험과 관점에 맞게 자리를 잡는다는 보장은 없습니다. 요약은 새로운 이해를 위한 디딤돌이지 텍스트 읽기의 종착지가 아닙니다.

한편으로 인공지능이 만들어 내는 평균적이며 무난한 텍스트는 필자의 정체성과 위치성·지역성과 역사성을 오롯이 드러내지 못한다는 점에서 한계를 갖습니다. 이는 그 누구도 아닌 자신의 몸으로 써낸 텍스트의 중요성이 커진다는 의미입니다. 세계의 수많은 텍스트를 통계적으로 처리한 매끈한 문장보다 대단한 지식을 담고 있지 못하더라도 자신의 고통과 내면의 목소리에 용기 있게 대면하며 써 내려간 울퉁불퉁 좌충우돌 문장이 더 큰 의미를 가질 수 있습니다.

텍스트의 조작에 의해 순식간에 그럴듯한 글이 탄생한다는 것은, 데이터화되지 않았던 세계를 텍스트화하는 작업, 즉 'world'(세계)에서 'word'(언어)를 이끌어내는 일의 중요성이 커진다는 뜻입니다. 예를 들어 문화기술지적 연구나 구술사 프로젝트를 통해 그간 알려지지 않았던 삶의 이야기를 기록으로 남기고 이를 체계적으로 분석하는 일이 더욱더 중요해질 것입니다. 이미 생산되어 있는 단어들의 연쇄가 담아내지 못하는 세계를 탐색하는 일의 가치가 더욱 커지는 것입니다. 그런 면에서 국가 차원에서 인공지능에 대한 지원만큼이나 이런 분야에 대한 지원이 필요합니다.

6장에서는 인공지능과 함께 새로운 쓰기를 시도해보자는 제안을 드리고 기술 진화의 가속화 속에서 더 세심히 살펴야 할 리터러시 실천을 살펴보았습니다. 다소 긴 여정의 끝에서 드리고 싶은 말씀이 있습니다. 텍스트의 폭발적 증가에 압도되지 않고 형식적 현란함에 마음을 빼앗기지 말아야 합니다. 더 좋은 텍스트를 더 깊고 찬찬히 읽어 내는 데 마음을 두어야 합니다. 함께 공부하고 웃고 떠들고 먹고 마실 수 있는 배움의 벗을 찾아야 합니다. 비약적으로 증가한 텍스트에 휩쓸려가며 세 줄 요약이라는 탈출구를 찾기보다는 특정 분야의 지식을 꿰뚫을 수 있는 양서를 읽는 일이 필요합니다. 읽을 논문이 많아지니 최대한 많은 논문을 초록과 요약본으로 읽어야겠다는 조바심에 굴복하기보다는 자신의 분야에서 모범이 될 만한 글을 집요하리만치 꼼꼼하고 분석적으로 또 굳건히 반복해서 읽어야 합니다. 무엇보다도 읽고 쓰는 일이 동전의 양면처럼 유기적으로 연결되어 있음을 이해한다면 글쓰기만 생성적인 것이 아니며 글 읽기 또한 생성적이라는 사실을 마음에 새겨야 합니다. 생성generation을 표현expression의 영역에 국한하는 것만큼 반생성적인 사유도 없습니다.

비판적 메타-리터러시
: '읽기–쓰기의 미래'가 아니라 '이미
미래가 된 읽기–쓰기'를 상상하기

이제는 클래식이 된 U2의 노래 「With or without you」
(당신과 함께, 혹은 당신 없이)를 여전히 즐겨 듣습니다.
책을 쓰면서 이 노래의 제목이면서 가사의 핵심이 되는
"with or without you"를 "With or without AI"로 바
꿔 읊조리곤 했습니다. 앞으로의 리터러시 생태계에서
우리가 인공지능 기술에 대해 가져야 할 자세를 명쾌하
게 보여 주는 표현인 것 같았습니다. 읽고 쓰는 미래는
'인공지능이 지배하는 시대'가 아니라 '인공지능과 함께'
'오롯이 홀로' '다른 사람들과 같이' 등이 역동적으로 직
조되는 세계였으면 하는 마음이 투영된 표현입니다.

이번 장을 마무리하며 앞으로의 리터러시 연구와
교육이 탐색해야 할 다섯 가지 영역 및 지향점을 제안하
고자 합니다.

첫째, 리터러시 수행 과정이 수반하는 다양한 인지
적·정서적·사회적·기술적·제도적 변화를 깊이 이해하

려는 노력이 필요합니다. '인공지능에 대한 호들갑'AI Hype과 선험적 선언을 넘어, 기술과 리터러시가 엮이고 갈등하며 서로를 변화시키는 구체적 사건들에 천착해야 합니다. 교실에서·회사에서·관공서에서·시민단체에서·지역의 커뮤니티에서·도서관의 읽기-쓰기 관련 프로그램에서 인공지능과 책을 비롯한 전통적인 미디어와 사람들이 어떻게 만나고 있는지, 그로 인해 리터러시 실천이 어떻게 변화하는지, 참여자들이 인공지능의 활용에 대해 어떤 태도와 흥미를 (혹은 무관심과 실망을) 보이게 되는지 꼼꼼히 기록하여 공유하는 일이 필요합니다. 아울러 '읽기와 쓰기의 전도 및 통합 현상'이 리터러시 관행과 교육에 미칠 영향을 살펴야 합니다. 이를 위해서는 전통적으로 이 주제에 천착했던 사회언어학·응용언어학·교육공학 분야의 리터러시 연구자들과 문화 및 기술 특히 인공지능 연구자들의 긴밀한 협업이 요구됩니다. 아울러 인공지능 기반 리터러시의 장단점을 섣불리 단정하지 않고 문화기술지 연구를 통해 구체적인 맥락에서의 작동 방식을 분석해야 합니다.

무엇보다 현장에서 직접 학생들을 가르치고 있는 교수자들이나 시민을 대상으로 리터러시 교육을 실천하고 계신 활동가들 사이의 다양한 접점을 마련해야 합니다. 알고리즘과 인공지능 플랫폼 생산자에 종속되는 '인공지능을 위한 리터러시'가 아니라, 수많은 목소리가 어우러지고 때로 치열한 논쟁을 벌이며 만들어 가는 '행성을 위한 인공지능 리터러시'가 필요합니다.

둘째, 리터러시 속도의 변화가 일상과 교육·노동을 어떻게 재구조화하는지, 그로 인한 변화 속에서 일상과 노동의 속도를 어떻게 변화시키는지 면밀히 관찰하고 기록해야 합니다. 강의에서 우스갯소리로 "인공지능으로 업무의 속도가 빨라지면 남는 시간에 삶을 즐길 수 있을 것 같으신가요? 제 생각에는 업무의 효율과 속도가 빨라지는 것 이상으로 업무의 양이 증가하지 않을까 싶습니다. 더 많은 일을 더 빠르게 해내는 사람은 능력 있는 사람이고, 그렇지 못한 사람은 기술 리터러시가 부족하고 시대에 뒤떨어지는 사람이 되는 것이죠"라고 말하곤 합니다. 그렇기에 무엇을 위한 가속인지, 누구를 위한 생산성인지, 더 나아가 일각에서 논의되는 '인공지능 도구를 통한 창의성의 강화'가 실제 어떤 가치와 효용을 지니는지 따져 물어야 합니다. 기술도 리터러시도 모든 인간에게 나아가 한 사회의 구성원 모두에게 동일하게 작동하지 않는다는 점을 인식하고, 변화의 영역·강도·속도·제도화 등이 사회에 미치는 영향을 리터러시 실천의 상황과 목적·참여자들의 권력 차에 따라 세심히 살펴야 합니다. 예를 들어 기업의 맥락에서 생성형 인공지능의 도입이 가져오는 다양한 이슈가 타 기업이나 정부 기관·교육체계에 어떤 영향을 미치는지, 개별 학생이나 노동자의 삶에 생성형 인공지능이 깊이 파고들었을 때 그들의 일과와 과업·학습자 및 노동자 정체성·사회적 관계 등이 어떻게 바뀌는지에 대해 장기간의 연구가 필요합니다. 동시에 이를 그저 '인간'으로 뭉뚱거리는 것이 아니라, 그들의 계급·연령·젠더·장애·질병·지역·언어 등과 어떻게 엮이는지, 이는 사회문화적·법적 영역에서 어떤 영향을 미치게 되는지 등에 대해 교차성intersectionality의 관점에서 파고들어야 합니다.

　셋째, 저자성과 윤리에 대한 본격적 논의를 시작해야 합니다. 또한 학술 저작의 영역뿐 아니라 교육과 기업 활동 및 시민사회 전반에서 인공지능 활용에 대한 윤리적 기준을 마련해 나가야 합니다. 여러 단체에서 생성형 인공지능의 사용에 대한 권고안이 나오기 시작했지만, 이들 대부분은 선언적 명제만을 담고 있을 뿐, 구체적이며 대표적인 사례에 기반한 상세한 가이드라인을 담고 있지 못합니다. 아울러 저작권과 공공성의 균형을 이루는 방안 또한 강구해야 합니다. 현재의 거대 테크기업의 인공지능 개발에 수반되는 불법적·비윤리적 행태는 근절되어야 하지만, 동시에 견실한 윤리적·법적·학문적 기반 위에 구축된 생성형 인공지능의 활용 방안을 탐색해야 할 때입니다. 정부와 교육계·기업과 언론·직능 및 시민단체는 각각의 영역에 맞는 인공지능 리터러시 윤리 가이드라인을 마련하고, 개별 구성원은 자신이 처한 맥락에 맞추어 유연하게 대처할 수 있는 자율성을 키워 나가야 합니다.

넷째, 사회적 측면에서 인공지능 매개 읽기와 알고리즘적 글쓰기가 가져올 수 있는 불평등에 대한 관심이 요구됩니다. 특히 주목할 것은 담론의 영역과 개인화되는 리터러시 생산 시스템의 영역 모두에서 일종의 '마태효과'Matthew effect가 발생할 수 있다는 것입니다. 읽기 발달에서 리터러시 자원의 격차가 읽기 역량의 불평등을 지속적으로 심화하듯이, 기존의 리터러시 자원의 격차는 AI가 결합된 리터러시의 불평등을 견인할 수 있습니다. 이런 불평등은 조직과 개인의 영역 모두에서 일어날 것입니다. 기존에 풍부한 자원과 아카이브를 구축한 조직은 인공지능의 활용을 통해 속도와 생산성을 더욱 높이고, 특정 분야의 전문가는 그동안 집적한 데이터를 통해 리터러시 수행의 효율성을 빠른 시간 내에 제고할 수 있을 것입니다.

마태 효과는 "무릇 있는 자는 받아 풍족하게 되고 없는 자는 그 있는 것까지 빼앗기리라"라는 성서 구절에 기반한 것으로, 읽기 발달과 관련해서는 인지과학자 키스 스타노비치의 주장을 의미합니다. 읽기의 기초가 형성되는 5~8세 시기에 음운 인식이 뛰어난 아동은 철자와 발음을 연결하는 과업에 큰 어려움을 겪지 않습니다. 음운 인식이 뛰어나면 단어 습득이 용이하고, 개별 어휘를 이해하면 문장의 구조와 의미 이해와 같은 '상위 프로세스' 처리에 직접적인 도움이 됩니다. 일련의 과정은 읽기의 '부익부 빈익빈' 현상을 가속화합니다. 이런 악순환은 생성형 인공지능과 같은 신기술이 급부상하는 시기에 더욱 두드러지게 드러나곤 합니다. 그렇기에 정부와 교육계·기업과 시민단체는 기술의 진화에 따른 리터러시 역량의 불평등 심화에 주의를 기울임과 동시에, 수월성과 서열이 아니라 협력과 평등을 강화할 수 있는 기술 활용 방안을 제도화하고 실행해야 합니다.

　마지막으로, 수많은 생물종의 지능이 어우러지며 때로 갈등하는, 이미–언제나 우리 곁에 존재했던 세계로 리터러시의 주체를 확장해야 합니다. 지금까지 리터러시의 주체는 암묵적으로 인간이었고, 문자 및 기술에 능통한 소수 엘리트 계층이 그 중심이었죠. 하지만 그 가운데 많은 이들이 리터러시의 주변부로 밀려났고 사회경제적 차별에 직면해야 했습니다. 그뿐이 아닙니다. 세계를 구성하는 다양한 비인간 존재들은 리터러시의 주체가 된 적이 없습니다. 강아지와 고양이·꽃과 나무·강과 바다·산과 계곡·햇살과 바람이 우리 삶을 함께 만들어가고 있지만, 그들은 그저 읽기–쓰기의 대상일 뿐이지요.

　이런 의미에서 인공지능의 빠른 진화가 그저 인간의 지능을 강화하는 데 그쳐서는 안 됩니다. 인공지능의 부상은 인간–지능을 새롭게 사유하게 하는 계기이자, 동물과 식물을 비롯한 비인간–지능에 대한 관심을 넓혀 지구와 비인간 주체의 관점을 사유하는 다양한 시도를 이어 나가는 마중물이 되어야 합니다. 리터러시 위계의 가장 꼭대기에 올라 앉은 인간의 리터러시·엘리트의 리터러시·표준화된 교육의 리터러시에 대한 비판적 사유의 출발이 되어야 합니다. 결국 인공지능을 기반으로 한 리터러시는 이제껏 우리가 가정하고 당연시하며 권력을 부여했던 리터러시에 대한 뼈아픈 성찰 즉 리터러시―들과 권력의 지형을 비판적으로 조망하는 '비판적 메타―리터러시'critical meta-literacy로 나아가야 합니다.

비판적 메타―리터러시에 대해 좀 더 자세히 살펴봅시다. 1장에서 생성형 인공지능의 부상에 따라 "인공지능이 사회와 문화·제도와 정치·일상과 교육·환경과 생태계 등에 미치는 광범위한 영향에 대한 지식과 관점, 이에 기반한 시민으로서의 행동과 연대를 포함하는 리터러시"를 비판적 리터러시로 정의하고 이것을 리터러시의 핵심 요소 중 하나로 포함할 것을 제안했습니다. 그런데 여기에 '메타'라는 말을 더해 '비판적 메타―리터러시'를 제안하는 이유는 인공지능에 대한 비판적 인식을 넘어 다양한 리터러시 실천의 양태를 두루 살피고 각각의 역할과 한계 및 가능성과 위험성을 이해하는 역량을 강조하기 위해서입니다. 새로운 기술을 둘러싼 리터러시 담론의 부상을 다양한 리터러시 관행에 대해 돌아보며 이제껏 논의되지 못한 리터러시 실천의 가치를 새롭게 발견하는 기회로 삼자는 제안이기도 합니다. 이에 따라 비판적 메타−리터러시는 인공지능을 비롯한 현존하는 리터러시 관행을 수많은 리터러시 중 하나로 볼 수 있는 능력 (가령 인공지능은 모든 것의 해결책이 되는 유일하며 우월한 리터러시가 아니라, 다양한 리터러시 중 또 하나의 리터러시임을 이해하기)·다른 리터러시를 배제하고 은폐하는 리터러시에 대한 비판 (가령 인공지능의 광범위한 활용 속에서 차별되고 배제되는 집단과 망각되는 리터러시 관행에 대한 자각)·리터러시와 권력의 관계를 인간종을 넘어선 생태적 관점에서 구성할 수 있는 능력(가령 인간지능의 확장으로서의 인공지능을 넘어 동물의 지능·식물의 지능·미생물의 지능·행성의 지능 등을 포괄하는 지능의 생태계를 이해하기)을 포함합니다.

결국 지금 우리에게 요구되는 것은 이런 각성을 가능케 하는 리터러시·기존의 리터러시 생태계와 권력관계를 근본적으로 사유하며 새로운 리터러시를 상상하는 '비판적 메타−리터러시'입니다. 우리가 경험하는 리터러시를 떠받치고 있는 사회적 관계와 권력을 직시하는 리터러시·삶을 지탱하는 핵심 요소이지만 한 번도 리터러시의 중심에 서지 못했던 존재들을 장으로 이끄는 리터러시·체제의 속도와 생산성이 아니라 몸과 마음의 생성과 변화에 귀를 기울이는 리터러시, 그리하여 삶을 돌보는 읽기와 쓰기로 모두를 초대하는 리터러시 말입니다.

인간과 비인간 존재의 삶 나아가 이를 모두 포용하고 있는 행성을 위한 새로운 리터러시 생태계를 구성해내야 한다는 과제가 우리 앞에 놓여 있습니다. 오로지 혼자여서, 주어진 시간에 더 많은 것을 써내지 못했다고 해서 자책할 필요는 없습니다. 최신의 인공지능 플랫폼을 잘 활용한다고 해서 또는 더 많은 정보를 축적하고 생성했다고 해서 우쭐댈 이유도 없습니다. 손에 만져지는 아웃풋을 생성하지 않아도 마음 깊숙이 스미는 경험이 있고, 현란한 결과물을 생성했다고 하더라도 그것이 자신의 삶이나 속한 공동체에 아무런 의미가 되지 못하기도 합니다.

인공지능과의 협업을 통해, 때로는 인공지능 없이 오롯이 혼자서, 때로는 동료 연구자들의 목소리를 들으며, 산책길에서 만나는 강아지와 고양이·새들과 함께, 집에서·버스와 지하철에서·직장에서·공원에서·거리에서, '따로 또 같이' 새로운 리터러시 생태계와 실천을 만들어 갔으면 합니다. 누군가는 침묵과 명상으로, 누군가는 화두를 품고 나서는 긴 산책으로, 누군가는 주요 사회 이슈에 대한 빠른 대응으로, 누군가는 새로운 관점의 학술 논문으로, 누군가는 인공지능의 역사와 인간의 심리에 대한 묵직한 단행본으로, 누군가는 인공지능의 위험에 대해 경고하는 만화로, 누군가는 기술에 대한 경탄에 일침을 놓는 쇼츠로 함께할 것입니다. 각자 쓰지만 함께 쓰는 것이고, 함께 쓰지만 각자의 방식으로 씁니다. 그 모든 읽기와 쓰기의 과정에서 가끔 서로의 얼굴을 떠올리고, 수고와 노동에 감사하고, 더 나은 세계를 상상할 수 있었으면 좋겠습니다. 무엇보다 서로에 대한 따스한 응원과 훈훈한 유머를 잊지 않기를 바랍니다.

비판적 메타–리터러시는 먼 미래에 모두가 성취하게 될 이상적인 리터러시 생태계를 그리지 않습니다. 비판적 메타–리터러시는 지금 여기에서 각자가 실천할 수 있는 성찰적이고 비판적인 리터러시 실천에 주목합니다. 그리하여 막연히 '언젠가 도래할 읽기–쓰기의 미래'를 그리는 것이 아니라 '시간이 지나도 우리의 몸과 마음에 스며 있을 읽기–쓰기'를 함께 상상하고 실행하는 자리에 주목합니다. 인공지능과의 협력 이전에도 우리는 언제나 수많은 사람의 생각과 언어에 잇대어, 펜과 종이·책과 안경·타자기와 워드프로세서·인터넷과 검색 등에 기대어 글을 읽고 썼습니다. 리터러시 생태계에 새로운 친구를 맞이했다고 해서 갑자기 모든 기존 관계를 청산할 이유는 없습니다.

깊은 밤 돌아와 원고를 읽다가 문득 이런 노랫말이 떠올랐습니다. 언젠가 곡을 붙여 읊조리고 싶네요.

With or without you.
때로는 묵묵히 홀로 가만히.
때로는 모두와 엮이고 서로에게 스미며.
때가 되면 그 모든 것들이 만나는 기쁨을 누리고,
때가 아니라면 그저 하루하루를 소소하고 살뜰하게
인간과 기술과 비인간 존재를 엮는
행성을 위한 리터러시를 꿈꿉니다.

나오는 말

리터러시, 더 넓은 세계와 연결되기.
더 작은 나로 살아가기

언어에 대한 정의는 언제나, 암묵적이든 명시적이든,
세계에 존재하는 인간에 대한 정의다.
―레이먼드 윌리엄스

"인간은 ＿＿＿ 동물"이라는 간명하지만 별 의미 없는 정의들이 있습니다. 사실 엄밀한 정의라기보다는 발화자가 강조하고 싶은 면을 부각시키는 수사에 가깝습니다. '호모 루덴스'(유희의 인간)라고 하는데 어떻게 놀아야 할지도 모르고 놀 시간도 없습니다. '호모 파베르'(도구의 인간)라고 하는데 뭐든 고장 나면 눈물을 머금고 바로 수리기사님을 부르지요. '호모 사피엔스'(지혜를 갖춘 인간)라고 하는데 지혜롭지 못한 저와 너무나 자주 대면합니다. 이들 명칭은 인간에게 놀이와 도구·지혜가 중요하다는 점을 강조하는 데에는 효과적일지 모르지만 실존하는 사람 하나하나를 그려 내지 못합니다. 그런 면에서 자신을 몇 개의 키워드로 포착하여 그것을 진실이라 믿는 인간은 "합리적인 동물이 아니라 합리화하는 동물"[23]이라는 로버트 하인라인의 말에는 일리가 있습니다.

인간이 다른 생물종에 비해 특별히 잘났거나 중요하다고 생각하지 않습니다. 아니, 지구상에서 가장 유해한 종일지도 모릅니다. 지금 벌어지는 생태계 파괴와 기후위기·잔혹한 전쟁과 극심한 불평등의 주범이니까요. 섬길 줄도 사랑할 줄도 모르는 사람을 정치인으로 선출하고 가장 취약한 사람을 체제 바깥으로 몰아내는 제도를 열정적으로 옹호하기도 하고요. 차별과 배제·혐오의 언어가 매일 쏟아지는 소셜미디어는 일그러진 우리의 모습을 그대로 반영합니다.

그럼에도 인간의 몸으로 태어나 살고 있고 더 나은 삶과 사회를 위한 리터러시를 갈망하는 저에게 인간을 정의해 보라고 한다면 어떻게 답하면 좋을지 종종 생각하곤 합니다. 여전히 부족하고, 인간 중심성의 한계를 벗어날 수도 없으며, 과학적 정의와는 거리가 멀지만, 저 나름의 의미를 담은 답은 이렇습니다.

인간은 타 생명체에 비해 가장 광범위하며 다면적인 요인의 영향을 받는 존재이다.

위 정의의 핵심은 "인간은 어떠한 존재이다"라는 명제를 구성하는 '어떠한'의 자리에 '가장 광범위하며 다면적인 요인의 영향을 받는'이라는 표현을 넣은 것입니다. 정의의 초점을 인간의 능동성에서 세계와의 엮임으로 이동한 것이죠. 시쳇말로 별것에 다 영향을 받는 존재라는 것입니다. 일상에서 마주치는 수많은 것으로 인해 기뻐하고 슬퍼하고 들뜨고 화내고 삐지고 상처받습니다. 햇살과 바람·구름과 비에 마음이 흔들립니다. 산책길 꼬리를 흔드는 강아지에 마음이 환해졌다가 스쳐 가는 길냥이의 눈빛에 슬퍼집니다. 플레이리스트의 첫 곡에서 휴가를 그리며 설레다가 두 번째 곡에서 예전 아픈 일들을 떠올리며 울적해집니다. 게다가 예술과 기술·학문과 교육으로 자신이 처한 세계를 끊임없이 확장하려고 합니다. 때로 그러한 욕망이 자신을 나아가 지구의 다양한 비인간 존재를 위협함을 모르고 행동하기도 하죠.

　이처럼 비대한 자아를 가진 인간종은 타 생물체에 비해 그 역사가 턱없이 짧습니다. 하지만 두뇌 용량의 증가·지식과 기술의 축적·전 지구적 협력의 확장·유전자 문화 공진화 등으로 인해 다양한 사회적·문화적·정치적·경제적·제도적 세계를 생산하고, 이들의 영향을 받게 되었습니다. 지은 죄가 많으면 발을 뻗고 잘 수 없다는 말처럼, 지어 놓은 세계가 많으니 그 세계의 영향에서 벗어날 수가 없습니다. 어떤 제도와 정치를 경험하느냐, 어떤 사회문화적 환경에서 성장하느냐에 따라 천차만별의 생각과 감정이 빚어집니다. 좀 단순하게 살면 좋았을 텐데 이미 너무 늦어 버렸습니다. 너무 많이 만들었고, 너무 깊숙이 엮였고, 너무 오래 길들여졌습니다.

　이처럼 인간은 복잡다단한 세계와 역동적이면서도 은밀하게 조우하며 살아갑니다. 중첩된 세계는 다양한 방식으로 우리의 생각과 감정·의지와 행동과 엮입니다. 첫째, 다른 생물종과 마찬가지로 물리적 세계의 영향을 받습니다. 기온·습도·대기의 질·소음·땅의 재질과 상태에서 오는 영향을 피할 수 없습니다. 건축물은 그저 들어가 거하는 구조체일뿐 아니라 인간의 심리를 동적으로 변화시키는 마음의 그릇입니다. 둘째, 사회적 관계에서 받는 영향 또한 큽니다. 가족과 지역·학교와 직장·산업과 종교 등에서 완전히 벗어날 도리가 없으니 관계에서 얻는 스트레스와 즐거움을 버릴 수도 없지요. 누구와 함께 일상을 보내고 어떤 동료와 함께 일하느냐는 삶의 안정성이나 만족도에 지대한 영향을 미칩니다.

셋째, 인간은 마음을 가지고 심리적 세계에 거하는 존재입니다. 마음에 영향을 주는 요소는 다양하지만 기억이야말로 우리를 우리로 만드는 대표적인 요소입니다. 동식물에게도 기억이 있지만, 인간만큼 '쓸데없이' 많은 것을 기억하는 존재는 없는 듯합니다. 과거는 끊임없이 현재로 침투하여 지금 이곳에서의 경험과 엮입니다. 따스한 추억에 젖어들기도 하지만 악몽 같은 트라우마와 싸우기도 합니다. 나아가 우리는 시시각각 예상하는 존재입니다. 신경과학의 최신 성과는 우리가 세계를 있는 그대로 지각하고 처리하는 것이 아니라 끊임없이 예상하고 행위에 대한 피드백을 순식간에 엮어 능동적으로 경험을 구성한다는 점을 보여 줍니다. 인간의 예측은 순간에서 수십 년의 미래까지 광범위하게 걸쳐 있습니다. 결국 인간은 현재뿐 아니라 과거와 미래 모두로부터 지대한 영향을 받습니다.

　넷째, 인간은 언어와 소리·이미지와 영상으로 구성된 상징의 세계에서 허우적댑니다. 일례로 언어를 살펴봅시다. 언어는 서로를 잇는 다리이기도 하지만 상처와 배신의 무기이기도 합니다. 우리가 경험한 말글은 내면의 목소리가 되어 우리가 끊임없이 고민하고 궁리하고 갈등하게 합니다. 마지막으로 인터넷과 소셜미디어·동영상 플랫폼·게임과 메타버스 나아가 인공지능 등 기술적 세계의 급격한 확장은 인간이 받을 수 있는 영향의 범위와 깊이를 극한까지 밀어붙이고 있습니다. 촌각을 다투는 기술과 매체의 주의력 쟁탈전 속에서 우리의 감각과 정서가 요동칩니다. 이처럼 우리는 물리적·사회적·심리적·상징적·기술적 세계 등의 광범위한 영향 아래에 있습니다.

　인간에 대한 정의에 대해 길게 설명한 이유가 있습니다. 인간과 기술의 엮임을 살피는 책의 말미에 저의 주관적인 리터러시 이해에 대해 말씀드리고 싶어서입니다. 저는 리터러시를 **인간과 비인간을 포함한 타자와의 관계 속에서 광범위하며 다면적인 영향을 지혜롭게 받(지 않)을 수 있는 실천**으로 이해합니다. 세계에 자신의 흔적을 남기기 위해서가 아니라 세계가 자신에게 스밀 수 있도록 말글·미디어·다양한 기술을 조심스레 선택하고·이해하고·해석하고·만들며 이들을 통해 소통함으로써 자신과 세계의 관계를 빚어 가는 실천 말입니다. 때로는 한 발짝 물러나 세계로부터의 영향을 최소화하는 실천 말입니다. "침묵이 없다면, 규칙의 부재가 아니라 윤리적·정치적 또는 개인적 결정의 순간에 반드시 필요한 도약이라는 공백이 없다면, 우리는 지식을 프로그램이나 행동 방침으로 간단히 전개할 수 있을 것이다. 그 어떤 것도 우리를 이보다 더 무책임하게 만들 수 없으며, 그 어떤 것도 이보다 더 전체주의적으로 만들 수 없다"[24]라는 자크 데리다의 말을 기억하며 틈을 만들고 사이에 거하며 고요 속으로 침잠하는 기예 말입니다. 이를 통해 더 넓은 세계와 연결되어 더 작은 나로 살아가는, 그리하여 순간순간 더 충만하게 새로운 세계와 조우하는 삶의 지혜 말입니다.

생성형 인공지능의 도래는 '타자'를, '관계'를, 그 속에서 우리가 받게 되는 영향의 폭과 너비·강도와 밀도를 재정의합니다. 이러한 상황에서 '광범위하며 다면적인 영향을 지혜롭게 받(지 않)을 수 있는 실천'으로서의 리터러시는 어떻게 재발명되어야 할까요? 저는 전통적 리터러시 개념을 확장하기 위한 일곱 가지 개념적 준거를 통해 이 질문에 답하고자 합니다.

첫째, 리터러시를 개인의 역량이 아닌 사회적 역량으로 바라보는 관점으로의 전환이 필요합니다. 문해력 습득의 책임을 개인에게 돌리는 것이 아니라, 사회가 사람과 조직·자원과 제도를 어떻게 배치하고 관계 짓는지, 그 가운데 개개인이 어떠한 역량을 발휘하도록 하는지에 대하여 함께 고민해야 합니다. 둘째, 리터러시를 독립적인 수행의 영역에서 관계적 행위의 영역으로 이동시켜야 합니다. 말글을 생산하고 이해하는 행위는 언제나 만남 속에서 일어난다는 점을 새기며, 리터러시의 실천은 늘 다양한 존재 사이에서, 여러 삶의 맥락에서 형성된다는 점에 주목해야 합니다. 셋째, 경쟁에서 우월한 지위를 점하는 도구로서의 리터러시에서 탈피하여 윤리적 성찰에 이르게 하는 길로서의 문해력을 추구해야 합니다. 다양한 기술과 미디어를 통해 소통하고 협력하며 더 좋은 세계를 짓는 것이 리터러시를 지혜롭게 향유하는 삶이라면, 그것이 궁극적으로 추구해야 할 가치는 자신을 성찰하고 이해하는 일이기 때문입니다.

넷째, 리터러시의 기준을 특정한 단어와 지식 혹은 기술을 알고 있는가가 아니라 개념과 사태의 복잡성과 다양성을 지속적으로 탐구하고 있는가로 변화시켜야 합니다. '이것도 모르다니, 리터러시가 떨어지네'라는 판단보다는 '깊고 넓게, 무엇보다 꾸준히 배우는 모습을 보니 리터러시를 갖추었네'라는 판단이 더욱 유효하다는 인식을 키워 가는 것입니다. 다섯째, 표준화된 점수로 리터러시를 판단하기보다는 특정한 관계와 맥락에서 드러나는 리터러시에 주목해야 합니다. 시험 성적으로 사람들을 줄 세우는 일이야말로 리터러시의 본령을 저버리는 처사라는 점, 특정한 시공간과 관계·소통의 목적을 이해하기 전에 한 사람의 리터러시 역량을 서둘러 판단하는 일은 차별과 배제로 이어진다는 사실을 기억해야 합니다. 여섯째, 리터러시의 영역을 오로지 인간에 한정하는 인간중심적 문해력 담론에서 탈피해야 합니다. 인간과 기계·미디어와 인공지능·동식물과 미생물·대지와 해양·대기로 이어지는 거대한 생태계 속에서 이제껏 구축되어 온 리터러시가 놓치고 망친 것은 무엇인지 성찰해야 합니다. '행성을 위한 리터러시'를 상상해야 합니다.

마지막으로 여기까지 펼쳐 온 리터러시에 대한 여러 논의는 우리 각자의 몸으로 수렴되어야 합니다. 인공지능을 얼마나 잘 다루는가·책을 몇 권 읽었는가·어떤 시험에 합격했는가·학력을 얼마나 쌓았는가 등은 리터러시의 기준일 수 없습니다. 리터러시는 우리의 몸이 세계와 어떻게 만나는가·다른 몸과 동식물 그리고 대지와 바다를 어떻게 대하는가·그 과정에서 우리 자신은 어떻게 변화하는가로 증명됩니다. 리터러시는 숫자로 서류에 기록되는 것이 아니라 몸을 통해 마음과 세계에 새겨집니다. 리터러시는 결국 '실천하는 몸의 운동'으로, 명사가 아닌 동사로 이해되어야 합니다. "몸이 곧 텍스트"[25]라는 엘리자베스 카로더스 헤론의 말을 마음에 새겨야 합니다.

이제 인사를 드릴 차례입니다. 타이핑은 제가 했지만 책을 쓴 건 저와 연결된 고마운 존재들이었습니다. 우선 책이 나오기까지 변함없는 사랑과 응원으로 함께 걸어와 준 나의 짝 경란에게 깊은 감사의 마음을 전합니다. 유유출판사의 조성웅 대표님, 큰 신뢰를 주신 덕분에 글을 끝까지 써낼 수 있었습니다. 다정하고 날카로운 사공영 편집장님, 정성과 내공을 다해 빈틈 많은 원고를 단단하게 만들어 주셔서 고맙습니다. 이기준 디자이너님, 책에 아날로그와 디지털 공간을 넘나들며 유영할 수 있는 날개를 달아 주셔서 감사합니다. 더 많은 독자의 손에 책이 들릴 수 있도록 애써 주시는 전민영 마케터님 고맙습니다. 장인철·이정아·장은영 선생님을 비롯한 한국영어교육학회 비판적 페다고지 분과 선생님, 학문과 실천의 공동체 캣츠랩의 여러 선생님, 함께 읽고 쓰고 대화할 수 있어서 벅차게 든든합니다. 조은혜·김미소·마이클 체스넛 선생님, 오랜 시간 삶과 이론을 함께 엮을 수 있는 기쁨을 허락해 주셔서 고맙습니다. 오랜 시간 변함없이 글과 삶을 나누며 텍스트에 목소리를 입혀 준 낭독 모임 친구들, 공부와 실천을 엮어 가며 조화로운 삶의 본을 보여 주시는 유기쁨 선생님께 감사합니다. 저의 공부와 집필이 지지부진해질 때마다 존재만으로 힘이 되었던 불광천의 고양이와 오리들, 이젠 오랜 친구가 된 교정의 크고 작은 나무들에게 감사합니다. 무엇보다 계속 공부하고 연구할 수 있는 영감이자 원동력이 되어 준 저의 모든 학생들에게 가슴 깊은 곳으로부터 뜨거운 고마움을 전합니다. 가르친다고 하지만 언제나 제가 더 많이 배웁니다. 긴 여정의 끝까지 함께해 주신 모든 분께 깊은 감사의 말씀을 올립니다. 아울러 인간과 리터러시에 대한 저의 주관적인 정의와 같이 자신만의 정의를 만들어 보시면 어떨까 조심스레 권해 봅니다. 언젠가 반가운 배움의 자리에서 서로의 삶과 리터러시 이야기를 나눌 따스한 시간을 고대하겠습니다. 아, 그땐 인공지능 로봇이 함께할지도 모르겠네요.

주

01  Levin, M. (2024). The Space Of Possible Minds. Noema. https://www.noemamag.com/ai-could-be-a-bridge-toward-diverse-intelligence/

02  Fromm, E. (2013). To have or to be?. Continuum.

03  Didion, J. (2021). Joan Didion, in her own words: 23 of the best quotes. The Guardian. https://www.theguardian.com/books/2021/dec/23/joan-didion-inher-own-words-23-of-the-best-quotes

04  Asimov, I., & Shulman, J. (Eds.) (1988). Isaac Asimov's book of science and nature quotations. Weidenfeld & Nicolson. 281.

05  Foster, E. M. (1981). Maurice: A novel. W. W. Norton & Company Inc.

06  Lévi-Strauss, C. (1981). Tristes Tropiques. Lisboa: Edições 70. 296.

07  Nicolaisen, J., Frandsen, T.F. (2021) Number of references: a large-scale study of interval ratios. Scientometrics 126, 259-285. https://doi.org/10.1007/s11192-020-03764-3

08  https://www.icmje.org/recommendations/translations/korean-2019.pdf

09  Sterling, B. (2020). Laurie Anderson, Machine Learning Artist-in-Residence. Wired Blog. https://wired.com/beyond-the-beyond/2020/03/laurie-andersonmachine-learning-artist-residence/

10  『코끼리는 생각하지 마』(유나영 옮김, 나익주 감수, 와이즈베리, 2015), 186-187.

11 존 나이스비트·패트리셔 애버딘, 『메가트렌드2000』 (김홍기 옮김, 한국경제신문, 1997)

12 Johnson, 2016, 32.

13 『몸짓들』, 203-204, 강조는 필자에 의한 것.

14 Jones & Hafner, 2021.

15 An Open Letter to Professor Michael Sandel From the Philosophy Department at San Jose State U.

16 Rich, A. (2013). The dream of a common language: Poems 1974-1977. WW Norton & Company. 시 「Splittings」 중에서.

17 Flusser, V. (2011). Vilém Flusser – 1988 interview about technical revolution(intellectual level is lowering). Youtube. https://www.youtube.com/watch?v=lyfOcAAcoH8

18 https://a16z.com/the-techno-optimist-manifesto/

19 「쓰기란 무엇인가?」 중에서 Barthes, R. (1977). Writing degree zero. Macmillan. 13-14.

20 Gergen, K. J. (2007). Writing as relationship. Unpublished paper. https://www.swarthmore.edu/sites/default/files/assets/documents/kenneth-gergen/Writing_as_Relationship.pdf.

21 김화영, 장 그르니에 저 『섬』 역자 서문 「글의 침묵」 중에서.

22 『발달을 선도하는 교수학습: 비고츠키 학파의 이론, 실험심리학적 연구』, 정현선 옮김(솔빛길, 2014), 126.

23 Heinlein, R. A. (1955). Tunnel in the Sky. Scribner's. 42.

24 Derrida, J. (1999). Adieu to Emmanuel Levinas. Stanford University Press. 117.

25 Katz, M. (Eds.) (2013). Moving ideas: Multimodality and embodied learning in communities and schools. New York, NY: Peter Lang. 중 Elizabeth Carothers Herron의 시 「The Body is the Text」의 한 구절.

## 참고 문헌

이 책의 일부는 2022-2024년 다른 매체에 기고한 다음 문헌을
수정·보강·발전시켜 완성했습니다.

1장

김성우, 「문해력이란 무엇인가: 문해력의 개념, 내재적 논점, 확장의
　　　준거점」『기획회의』573호(2022), 26-31.

3장

김성우, 「생성형 AI의 부상과 리터러시 생태계의 변동: 변화의 지형과
　　　비판적 메타-리터러시의 가능성을 중심으로」『문화과학』
　　　114(2023). 167-187.

5장

김성우, 연재 칼럼 「영어교육, 개념과 실천의 지도」『함께하는
　　　영어교육』(전국영어교사모임 발간)

6장

김성우, 「보편적 학습설계를 위한 인공지능: 생성형 인공지능과
　　　리터러시 교육의 상상력」『안과밖』56호(2024), 123-152.

이외 본문에서 인용하거나 집필에 참고한 문헌은 다음과 같습니다.

김성우·엄기호, 『유튜브는 책을 집어삼킬 것인가』(따비, 2020)

김초엽, 「인공지능과 소설가의 일」『과학잡지 Epi』24호(2023), 33-
　　　46.

로지 브라이도티, 『포스트휴먼 지식: 비판적 포스트인문학을
　　　위하여』(김재희·송은주 옮김, 아카넷, 2022), 28.

송지호·김재형·형성민, 「한국어 읽기 속도 측정 애플리케이션의

유효성 및 정상인의 읽기 속도에 대한 사전 연구」『대한안과학회지』 57(4)(2026), 642-649.

저스틴 라이시, 『언택트 교육의 미래: 왜 기술만으로 교실을 변화시킬 수 없을까』(안기순 옮김, 구본권 감수, 사회평론아카데미, 2021), 209-240.

조윤정 외, 『보편적 학습설계(UDL) 수업실천 프레임워크와 전략 개발 연구』 정책연구 2019-04 (경기도교육연구원, 2019), 4.

케이트 크로퍼드, 『AI 지도책』(노승영 옮김, 소소의책, 2022)


Acemoglu, Daron. "Power and Progress: Our Thousand-Year Struggle Over Technology and Prosperity" (Hachette UK, 2023)

Alammar, J. (2019). The Illustrated Word2vec. https://jalammar. github.io/illustrated-word2vec/

Ali, R., Tang, O. Y., Connolly, I. D., Fridley, J. S., Shin, J. H., Zadnik Sullivan, P. L., ... & Asaad, W. F. (2023). Performance of ChatGPT, GPT-4, and Google Bard on a Neurosurgery Oral Boards Preparation Question Bank. medRxiv, 2023-04.

Andreessen, Marc. "The Techno-optimist Manifesto," Andreessen Horowitz, https://a16z.com/the-techno-optimist-manifesto/

Atari, M., Xue, M. J., Park, P. S., Blasi, D., & Henrich, J. (2023). Which humans?. PsyArXiv Preprints. https://doi.org/10.31234/ osf.io/5b26t

Barnhisel, G., Stoddard, E. & Gorman, J. (2012). Incorporating process-based writing pedagogy into first-year learning communities: Strategies and outcomes. The Journal of General Education, 61(4), 461-487.

Bender, E. M., Gebru, T., McMillan-Major, A. & Shmitchell, S.

(2021, March). On the dangers of stochastic parrots: Can language models be too big?. In Proceedings of the 2021 ACM conference on fairness, accountability, and transparency, 610–623.

Bowman, R. Samuel. (2023). Eight Things to Know about Large Language Models. arXiv:2304.00612

Brinkmann, L., Baumann, F., Bonnefon, J. F., Derex, M., Müller, T. F., Nussberger, A. M. ... & Rahwan, I. (2023). Machine culture. Nature Human Behaviour, 7(11), 1855-1868.

Brooks, Deanna Maneka. "Untapped Possibilities: Intersectionality Theory and Literacy Research," in Donna E. Alvermann, Norman J. Unrau, Misty Sailors, and Robert B. Ruddell, eds., Theoretical Models and Processes of Literacy (New York: Routledge, 2018), 419.

Brown, T., Mann, B., Ryder, N., Subbiah, M., Kaplan, J. D., Dhariwal, P. ... & Amodei, D. (2020). Language models are few-shot learners. Advances in neural information processing systems, 33, 1877-1901.

Brynjolfsson, Erik., Li, Daniel. & Raymond, R. Lindsey. (2023). "Generative AI at Work," National Bureau of Economic Research No. w31161.

Brysbaert, M. (2019). How many words do we read per minute? A review and meta-analysis of reading rate. Journal of memory and language, 109, 104047.

Bubeck, S., Chandrasekaran, V., Eldan, R., Gehrke, J., Horvitz, E., Kamar, E., ... & Zhang, Y. (2023). Sparks of artificial general intelligence: Early experiments with gpt-4. arXiv preprint arXiv:2303.12712.

Calvo, P., Gagliano, M., Souza, G. M. & Trewavas, A. (2020). Plants
are intelligent, here's how. Annals of Botany, 125(1), 11-28.

CAST, "Universal Design for Learning Guidelines Version 2.2." http://
udlguidelines.cast.org

Cazden, C., Cope, B., Fairclough, N., Gee, J., Kalantzis, M., Kress, G., ...
& Nakata, M. (1996). A pedagogy of multiliteracies: Designing
social futures. Harvard educational review, 66(1), 60–92.

Chen, J., Lin, C.-H. & Chen, G. (2021). A cross-cultural perspective
on the relationships among social media use, self-regulated
learning and adolescents' digital reading literacy. Computers &
Education, 175, 104322. doi:10.1016/j.compedu.2021.104322

Chiang, Ted. (2023). ChatGPT is a Blurry JPEG of the Web. The
New Yorker. https://www.newyorker.com/tech/annals-of-
technology/chatgpt-is-a-blurry-jpeg-of-the-web

Chomsky, Noam., Roberts, Ian. & Watumull, Jeffrey. (2023). The
False Promise of ChatGPT. The New York Times. https://www.
nytimes.com/2023/03/08/opinion/noam-chomsky-chatgpt-ai.
html

Consensus. (AI 기반 학술 데이터베이스 검색 서비스) https://
consensus.app/search/

Cotton, D. R., Cotton, P. A., & Shipway, J. R. (2023). Chatting and
cheating: Ensuring academic integrity in the era of ChatGPT.
Innovations in Education and Teaching International, 1-12.

Cras 3Blue1Brown. (2017). Neural Networks. https://www.youtube.
com/watch?v=aircAruvnKk&list=PLZHQObOWTQDNU6R1_
67000Dx_ZCJB-3pi

Crawford, K. & Joler, V. (2017). Anotomy of AI. https://anatomyof.ai

De Waal, F. (2016). Are we smart enough to know how smart

animals are?. WW Norton & Company.

Deng, Jia, et al. "Imagenet: A large-scale hierarchical image database." 2009 IEEE conference on computer vision and pattern recognition. Ieee, 2009.

Dennett, D. C. (1978). Why you can't make a computer that feels pain. Synthese, 38(3), 415–456.

Desai, A., De Meulder, M., Hochgesang, J. A., Kocab, A. & Lu, A. X. (2024). Systemic Biases in Sign Language AI Research: A Deaf-Led Call to Reevaluate Research Agendas. arXiv preprint arXiv:2403.02563.

Eaton, Elaine Sarah. '6 Tenets of Postplagiarism: Writing in the Age of Artificial Intelligence'(2023. 2. 23.) https://drsaraheaton.wordpress.com/2023/02/25/6-tenets-of-postplagiarism-writing-in-the-age-of-artificial-intelligence/

Elam, Michele. "Poetry Will Not Optimize; or, What Is Literature to AI?," American Literature 95.2 (2023), 281.

Fazackerley, Anna. 'AI makes plagiarism harder to detect, argue academics – in paper written by chatbot', 『The Guardian』(2023. 3. 19.) https://www.theguardian.com/technology/2023/mar/19/ai-makes-plagiarism-harder-to-detect-argue-academics-in-paper-written-by-chatbot

Ferrando, J., Sarti, G., Bisazza, A. & Costa-jussà, M. R. (2024). A primer on the inner workings of transformer-based language models. arXiv preprint arXiv:2405.00208.

Fowler, A. Geoffrey. 'We tested a new ChatGPT-detector for teachers. It flagged an innocent student', 『The Washington Post』(2023. 4. 3.) https://www.washingtonpost.com/

technology/2023/04/01/chatgpt-cheating-detection-turnitin/

Gigerenzer, G. & Goldstein, D. G. (1996). Mind as computer: Birth of a metaphor. Creativity Research Journal, 9(2-3), 131–144.

Golovneva, O., Wang, T., Weston, J., & Sukhbaatar, S. (2024). Contextual Position Encoding: Learning to Count What's Important. arXiv preprint arXiv:2405.18719.

Gupta, S., Shrivastava, V., Deshpande, A., Kalyan, A., Clark, P., Sabharwal, A. & Khot, T. (2023). Bias runs deep: Implicit reasoning biases in persona-assigned llms. arXiv preprint arXiv:2311.04892.

Hao, Karen., Swart, Heidi,. Hernández, Paola Andrea & Freischlad, Nadine. (2023). An MIT Technology Review Series: AI Colonialism. https://www.technologyreview.com/supertopic/ai-colonialism-supertopic/

He, K., Zhang, X., Ren, S. & Sun, J. (2016). Deep residual learning for image recognition. In Proceedings of the IEEE conference on computer vision and pattern recognition, 770–778.

Head, L., Atchison, J. & Phillips, C. (2015). The distinctive capacities of plants: Re-thinking difference via invasive species. Transactions of the Institute of British Geographers, 40(3), 399–413.

Hofmann, V., Kalluri, P. R., Jurafsky, D. & King, S. (2024). Dialect prejudice predicts AI decisions about people's character, employability, and criminality. arXiv preprint arXiv:2403.00742.

Janks, Hilary "Literacy and Power" (New York: Routledge, 2009)

Klein, Naomi. (2023). AI machines aren't 'hallucinating'. But their makers are. The Guardian. https://www.theguardian.com/

commentisfree/2023/may/08/ai-machines-hallucinating-naomi-klein

Knight, Rupert "Oracy and Cultural Capital: the Transformative Potential of Spoken Language," Literacy 58.1 (2024)

Kristeva, J. "Desire in Language: A Semiotic Approach to Literature and Art (New York: Columbia University Press, 1980). 참고

Krizhevsky, A., Sutskever, I. & Hinton, G. E. (2012). Imagenet classification with deep convolutional neural networks. Advances in neural information processing systems, 25.

Księżak, P., & Wojtczak, S. (2023). Toward a Conceptual Network for the Private Law of Artificial Intelligence (Vol. 51). Springer Nature. 참조

Lauber-Rönsberg, A. & Hetmank, S. (2019). The concept of authorship and inventorship under pressure: Does artificial intelligence shift paradigms?

LeCun, Y., Bengio, Y. & Hinton, G. (2015). Deep learning. nature, 521(7553), 436–444.

LeCun, Y., Bottou, L., Bengio, Y. & Haffner, P. (1998). Gradient-based learning applied to document recognition. Proceedings of the IEEE, 86(11), 2278–2324.

Liang, W., Yuksekgonul, M., Mao, Y., Wu, E. & Zou, J. (2023). GPT detectors are biased against non-native English writers. Patterns, 4(7).

Liang, W., Zhang, Y., Wu, Z., Lepp, H., Ji, W., Zhao, X. ... & Zou, J. Y. (2024). Mapping the increasing use of llms in scientific papers. arXiv preprint arXiv:2404.01268.

Long, D. & Magerko, B. (2020, April). What is AI literacy?

Competencies and design considerations. In Proceedings of the 2020 CHI conference on human factors in computing systems, 1–16.

Mahowald, K., Ivanova, A. A., Blank, I. A., Kanwisher, N., Tenenbaum, J. B. & Fedorenko, E. (2023). Dissociating language and thought in large language models: a cognitive perspective. arXiv preprint arXiv:2301.06627.

Marcus, G. (2018). Deep learning: A critical appraisal. arXiv preprint arXiv:1801.00631.

Markelius, A., Wright, C., Kuiper, J., Delille, N. & Kuo, Y. T. (2024). The mechanisms of AI hype and its planetary and social costs. AI and Ethics, 1–16.

McAdoo, Timothy. 'How to cite ChatGPT', 『APA Style Blog』(2023. 4. 7.) https://apastyle.apa.org/blog/how-to-cite-chatgpt

Meiman, Meg. et al. "Diversity, Equity, and Inclusion: A Conceptual Framework for Instruction," ACRL 19th National Conference, "Recasting the Narrative." (2019), 675–682.

Michael Chui, et al., The Economic Potential of Generative AI: The Next Productivity Frontier(McKinsey & Company, 2023).

Microsoft Copilot. https://copilot.microsoft.com/

Microsoft365. (2023). The Copilot System: Explained by Microsoft. https://youtu.be/E5g20qmeKpg

Mikolov, T., Sutskever, I., Chen, K., Corrado, G. S. & Dean, J. (2013). Distributed representations of words and phrases and their compositionality. Advances in neural information processing systems, 26.

Minaee, S., Mikolov, T., Nikzad, N., Chenaghlu, M., Socher, R., Amatriain, X. & Gao, J. (2024). Large language models:

A survey. arXiv preprint arXiv:2402.06196.

Nezhurina, M., Cipolina-Kun, L., Cherti, M. & Jitsev, J. (2024). Alice in Wonderland: Simple Tasks Showing Complete Reasoning Breakdown in State-Of-the-Art Large Language Models. arXiv preprint arXiv:2406.02061.

Noy, S. & Zhang, W. (2023). Experimental evidence on the productivity effects of generative artificial intelligence. Available at SSRN 4375283.

Noy, Stephan. & Zhang, Weihuang. "Experimental Evidence on the Productivity Effects of Generative Artificial Intelligence," SSRN 4375283 (2023)

O'Connor, S. & ChatGPT. (2022). Open artificial intelligence platforms in nursing education: Tools for academic progress or abuse?. Nurse Education in Practice, 66, 103537-103537.

OpenAI, GPT-4 technical report, 2023. 3. 14. https://openai.com/research/gpt-4

Pangrazio, L., Auld, G., Lynch, J., Sawatzki, C., Duffy, G., Hannigan, S. & O'Mara, J. (2024). Data justice in education: Toward a research agenda. Educational Philosophy and Theory, 1–12.

Parks, Justin. "The Poetics of Extractivism and the Politics of Visibility," Textual Practice 35.3 (2021), 353–362. Kate.

Pedregosa, F., Varoquaux, G., Gramfort, A., Michel, V., Thirion, B., Grisel, O., ... & Duchesnay, É. (2011). Scikit-learn: Machine learning in Python. the Journal of machine Learning research, 12, 2825–2830.

Pollan, Michael. 「The Intelligent Plant: Scientists debate a new

way of understanding flora.」, 『The New Yorker』(2013. 12.
15.) https://www.newyorker.com/magazine/2013/12/23/the-
intelligent-plant

Rahimi, F., & Abadi, A. T. B. (2023). ChatGPT and Publication Ethics.
Archives of Medical Research, 54(3), 272–274.

Rosa, Hartmut. "Social Acceleration: A New Theory of Modernity"
(New York: Columbia University Press, 2013).

Rumelhart, D. E. (1991). Understanding understanding. Memories,
thoughts and emotions: Essays in honor of George Mandler,
257, 275.

Rumelhart, D. E., Hinton, G. E. & Williams, R. J. "Learning internal
representations by error propagation," Parallel Distributed
Processing: Explorations in the Microstructures of Cognition,
Vol. I, D. E. Rumelhart and J. L. McClelland (Eds.) Cambridge,
MA: MIT Press, 318–362

Russakovsky, O., Deng, J., Su, H., Krause, J., Satheesh, S., Ma, S. ...
& Fei-Fei, L. (2015). Imagenet large scale visual recognition
challenge. International journal of computer vision, 115,
211–252.

Searle, J. R. (1990). Is the brain's mind a computer program?.
Scientific American, 262(1), 25–31.

Stanovich, E. Keith. "Matthew Effects in Reading: Some
Consequences of Individual Differences in the Acquisition of
Literacy," Journal of Education 189.1-2 (2009), 23–55.

Stanovich, K. E. (2009). Matthew effects in reading: Some
consequences of individual differences in the acquisition of
literacy. Journal of education, 189(1-2), 23–55.

Stechly, K., Marquez, M. & Kambhampati, S. (2023). GPT-4 Doesn't

Know It's Wrong: An Analysis of Iterative Prompting for Reasoning Problems. arXiv preprint arXiv:2310.12397.

The BMJ, 'Authorship & contributorship', 2023.1.24, https://www.bmj.com/about-bmj/resources-authors/article-submission/authorship-contributorship

Touvron, H., Lavril, T., Izacard, G., Martinet, X., Lachaux, M. A., Lacroix, T., ... & Lample, G. (2023). Llama: Open and efficient foundation language models. arXiv preprint arXiv:2302.13971.

Turnitin. (2024). AI Writing Detection Capabilities: Frequently Asked Questions. https://www.turnitin.com/products/features/ai-writing-detection

Wang, A., Morgenstern, J. & Dickerson, J. P. (2024). Large language models cannot replace human participants because they cannot portray identity groups. arXiv preprint arXiv:2402.01908.

Warschauer, Mark. (1998) "Researching Technology in TESOL: Determinist, Instrumental, and Critical Approaches," TESOL Quarterly 32.4

Weatherby, L. (2023). ChatGPT Is an Ideology Machine. Jacobin. https://jacobin.com/2023/04/chatgpt-ai-language-models-ideology-media-production

Wolfram, S. (2023). What is ChatGPT doing... and why does it work?. Wolfram Media Inc.

Wooldridge, M. (2021). A brief history of artificial intelligence: what it is, where we are, and where we are going. Flatiron Books.

Wu, S., Irsoy, O., Lu, S., Dabravolski, V., Dredze, M., Gehrmann, S.,

... & Mann, G. (2023). BloombergGPT: A large language model for finance. arXiv preprint arXiv:2303.17564.

Wu, Y., Schuster, M., Chen, Z., Le, Q. V., Norouzi, M., Macherey, W., ... & Dean, J. (2016). Google's neural machine translation system: Bridging the gap between human and machine translation. arXiv preprint arXiv:1609.08144.

Xu, Z., Jain, S. & Kankanhalli, M. (2024). Hallucination is inevitable: An innate limitation of large language models. arXiv preprint arXiv:2401.11817.

Zentall, T. R. (2011). Animal intelligence. In R. J. Sternberg & S. B. Kaufman (Eds.), The Cambridge handbook of intelligence, 309-327. Cambridge University Press. https://doi.org/10.1017/CBO9780511977244.017

ZeroGPT(AI 생성 텍스트 검사기) https://www.zerogpt.com/

Zhang, Yue et al., "Siren's Song in the AI Ocean: a Survey on Hallucination in Large Language Models," arXiv preprint arXiv:2309.01219 (2023).

Zhou, C., Li, Q., Li, C., Yu, J., Liu, Y., Wang, G., ... & Sun, L. (2023). A comprehensive survey on pretrained foundation models: A history from bert to chatgpt. arXiv preprint arXiv:2302.09419. 참고

Zohny, H., McMillan, J., & King, M. (2023). Ethics of generative AI. Journal of Medical Ethics, 49(2), 79-80.

**인공지능은 나의 읽기-쓰기를 어떻게 바꿀까**
**: 지금 준비해야 할 문해력의 미래**

2024년 8월 4일    초판 1쇄 발행
2024년 10월 14일   초판 4쇄 발행

**지은이**
김성우

---

| **펴낸이** | **펴낸곳** | **등록** |
| --- | --- | --- |
| 조성웅 | 도서출판 유유 | 제406-2010-000032호(2010년 4월 2일) |

**주소**
경기도 파주시 돌곶이길 180-38, 2층 (우편번호 10881)

| **전화** | **팩스** | **홈페이지** | **전자우편** |
| --- | --- | --- | --- |
| 031-946-6869 | 0303-3444-4645 | uupress.co.kr | uupress@gmail.com |

| | **페이스북** | **트위터** | **인스타그램** |
| --- | --- | --- | --- |
| | facebook.com /uupress | twitter.com /uu press | instagram.com /uupress |

| **편집** | **디자인** | **조판** | **마케팅** |
| --- | --- | --- | --- |
| 사공영, 백도라지 | 이기준 | 정은정 | 전민영 |

| **제작** | **인쇄** | **제책** | **물류** |
| --- | --- | --- | --- |
| 제이오 | (주)민언프린텍 | 라정문화사 | 책과일터 |

ISBN 979-11-6770-098-8 03000

이 시리즈는 해동과학문화재단의 지원을 받아
NAEK 한국공학한림원과 도서출판 유유가 발간합니다.

## 지금도 책에서만 얻을 수 있는 것
### 사람들이 읽기를 싫어한다는 착각
김지원 지음

문해력 위기 시대? 문제는 문해력이 아니다. 책 읽는 사람이 줄며 사람들은 너무 쉽게 "요즘 사람들은 읽기를 싫어한다"라고 말하지만, 통계에 따르면 과거에 비해 글 읽는 시간이 짧아지지도, 읽은 글의 양이 줄지도 않았다. 그럼에도 왜 '즐거운 읽기 경험'은 요원하고 어려운 일이 되어 버렸을까? 책을 기반으로 한 인문교양 뉴스레터 '인스피아' 발행인 김지원이 그 질문에 대한 답을 찾아 나간다. 우리는 지금 어떻게 읽고 있는가? 왜 즐겁게 읽지 못하고 있는가? 즐겁게 읽을 수 있는 '좋은' 글이란 무엇일까? '좋은' 글은 어디에 있는가? 고민 끝에 그가 찾은 해답은 책이다.

## 단단한 영어 공부
### 내 삶을 위한 외국어 학습의 기본
김성우 지음

우리에게 친숙하지만 어려운 말 영어. 한국 사회에서 영어는 입시, 취직, 승진을 위한 수단으로 경쟁의 장 한복판에 놓여 있다. 응용학자인 저자는 우리가 오랫동안 잘못 알고 있던 외국어 공부법, 영어에 대한 뿌리 깊은 오해, 원어민 중심주의, 언어를 경험하기보다는 습득 도구로 여기게 만드는 공부 환경 등을 하나하나 되짚으면서 우리가 영어를 하나의 언어로, 사회문화적 맥락에서 바라보도록 권한다. 영어가 하나의 언어이자 소통을 위한 언어라는 사실을 일깨워 주면서 새로운 관점으로 영어공부를 하도록 이끄는 책이다.